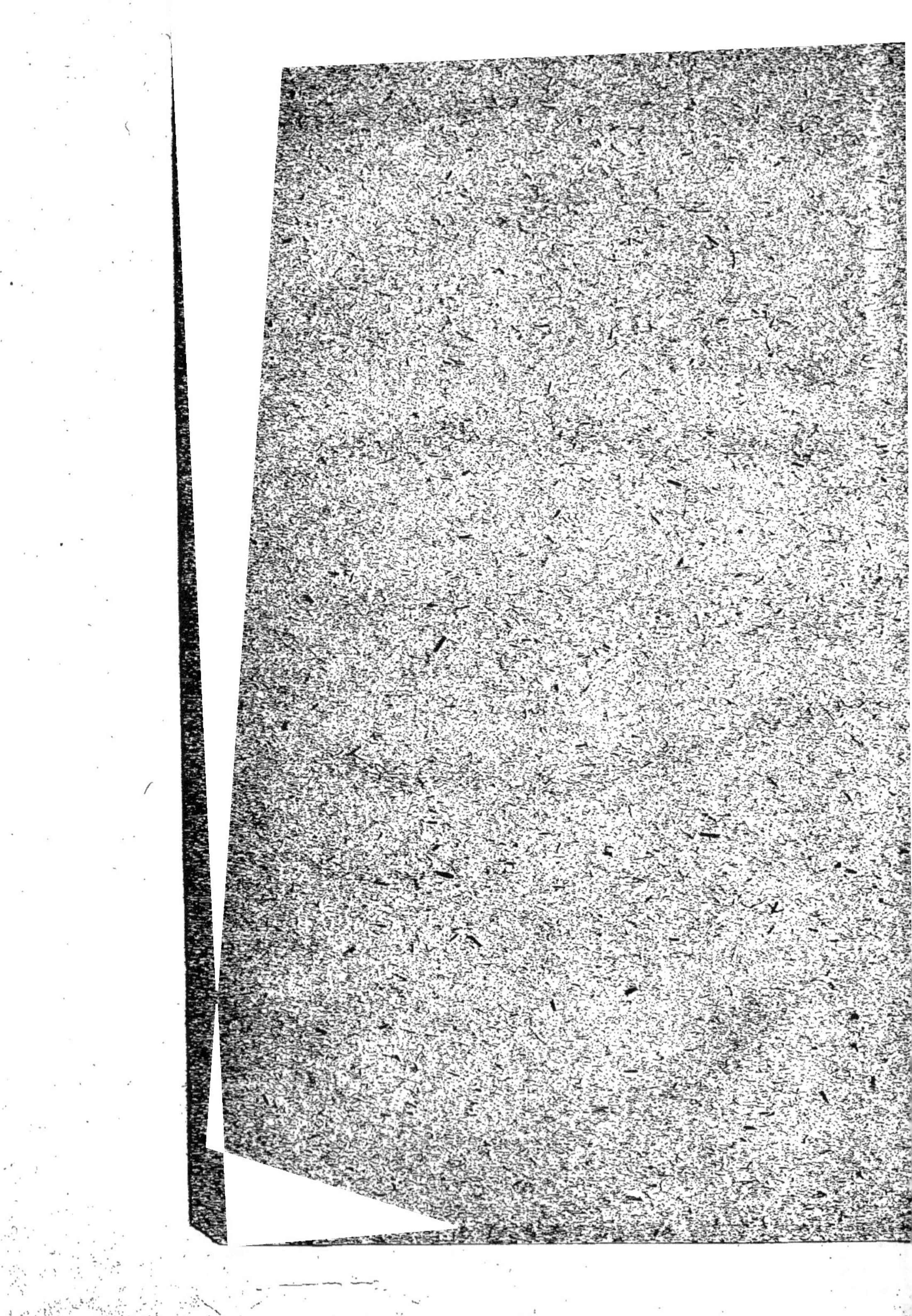

L'ÉGYPTE,

LA TUNISIE, LE MAROC

ET L'EXPOSITION DE 1878

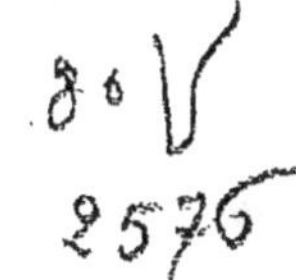

L'ÉGYPTE,
LA TUNISIE, LE MAROC

ET L'EXPOSITION DE 1878

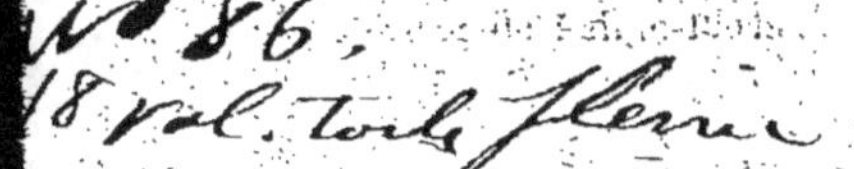

Charles FLINIAUX

Avocat au Conseil d'État
et à la Cour de cassation.

PARIS

LIBRAIRIE CH. DELAGRAVE

15, RUE SOUFFLOT, 15

—

1878

5275-78. — CORBEIL. TYP. DE CRÉTÉ.

L'ÉGYPTE,
LA TUNISIE, LE MAROC

ET L'EXPOSITION DE 1878

PAR

Clovis-LAMARRE
Docteur ès lettres,
Administrateur de Sainte-Barbe.

Charles FLINIAUX
Avocat au Conseil d'État
et à la Cour de cassation.

PARIS
LIBRAIRIE CH. DELAGRAVE
15, RUE SOUFFLOT, 15

1878

AVANT-PROPOS

Les Français, en aucun temps, ne se sont expatriés facilement, et jamais, sauf de rares exceptions, les grands voyages, les séjours de longue durée dans les pays étrangers ne les ont beaucoup tentés : la beauté, le climat tempéré, la civilisation et les richesses de la France les y retiennent naturellement fixés.

Cependant, au milieu du siècle où nous vivons, alors que la vapeur et l'électricité viennent de triompher de l'espace et du temps et que, par suite de cette révolution universelle, la rapidité toute récente des relations fait tomber l'une après l'autre les anciennes barrières qui séparaient les peuples, il semble s'être glissé tout à coup au cœur de l'humanité un immense désir de s'étudier elle-même et de se connaître tout entière. Le succès inouï de l'Exposition de 1878 n'est-il pas la preuve la plus manifeste de cette tendance qu'ont aujourd'hui toutes les nations à mettre en commun leurs industries, leurs sciences, leurs arts, leurs pensées, pour faire vivre la grande famille humaine d'une seule et même vie ? Et dans cet ensemble merveilleux, que n'auraient pu rêver les esprits les plus utopistes du siècle dernier, n'est-il pas probable que l'avenir réservera le premier rang, avec la plus grande prospérité, à celui des peuples de la terre qui en sera le plus savant, à celui qui aura le mieux étudié et compris tous les autres ?

Aussi avec quel soin scrupuleux, dans ces dernières années, n'a-t-on pas dirigé la jeunesse française vers l'étude des pays étrangers ! Des ministres de l'instruction publique, aux idées les plus larges, M. Duruy, M. J. Simon, M. Waddington, M. Bardoux, n'ont rien négligé pour inspirer aux jeunes gens de nos écoles le goût des langues vivantes et de la géographie, qui doit amener celui des voyages et qui précède nécessairement l'étude approfondie des caractères et des institutions des peuples. A tous ces chefs de l'enseignement de l'État se sont vivement unis les directeurs les plus éminents de l'enseignement libre. En ce moment même, l'heureuse innovation introduite par M. Dubief dans le plus grand et le plus florissant des établissements libres et laïques, permet à des divisions entières d'élèves barbistes d'aller passer, chaque année, plusieurs mois consécutifs dans certaines villes d'Allemagne et d'Angleterre ; en même temps qu'ils y apprennent par la pratique les idiomes dont ils ont vu la grammaire, ils acquièrent, dans la familiarité de la vie quotidienne, certaines notions exactes sur les peuples au milieu desquels ils vivent momentanément ; des horizons nouveaux s'ouvrent à leurs esprits ; ils sont étonnés d'apprendre beaucoup hors du pays natal, et ils comprennent déjà que la satisfaction intime qu'éprouve tout homme qui s'instruit, leur deviendra dans la suite d'autant plus sensible qu'ils la rechercheront plus souvent.

L'œuvre à laquelle travaillent ainsi les maîtres les plus autorisés de l'instruction publique, est une œuvre essentiellement nationale. La France vient de montrer, durant plusieurs années, dans la gestion de ses affaires intérieures, un sang-froid, une prudence, un esprit de conduite qu'on ne lui connaissait pas ; la jeunesse, que prépare son enseignement progressif, peut encore être dotée de qualités nouvelles pour la vie extérieure, afin de se tenir prête à profiter des grandes relations internationales que réserve aux peuples qui travaillent un temps tout à fait prochain.

Le caractère patriotique d'une telle œuvre nous a profondément ému, et, dans la mesure modeste de nos forces, nous avons voulu essayer d'y contribuer pour notre faible part. Il nous a semblé que l'Exposition universelle fournissait une excellente occasion d'offrir à la jeunesse studieuse, dans un cadre relativement restreint, toute une encyclopédie des pays étrangers.

Prendre chaque nation en particulier et l'examiner sous toutes les faces ; exposer un aperçu général de son histoire depuis les temps les plus reculés jusqu'à nos jours en nous attachant surtout à la liaison rationnelle des grands faits qui se sont succédé ; étudier ses institutions, son gouvernement, sa statistique ; décrire le sol qu'elle occupe, les provinces qui la composent, les villes où se sont concentrées et sa force commerciale et sa vie intellectuelle ; montrer, par la part qu'elle prend à l'Exposition, le degré plus ou moins élevé de perfection qu'ont atteint chez elle les beaux-arts, l'enseignement public, les produits de la science et de l'activité de l'homme : voilà le plan qui se déroulait devant nous. Et l'ensemble de notre travail embrassait du même coup l'histoire universelle des peuples, la description détaillée du globe, le spectacle grandiose de toutes les richesses de la terre réunies aux découvertes et à toutes les manifestations de l'esprit humain !

Il fallait résumer le développement de ce programme en une vingtaine de volumes d'une lecture aussi facile que possible. Nous voulions en outre les terminer assez tôt pour que nos lecteurs les reçussent au complet dans le temps même de l'Exposition et pussent alors entreprendre avec nous un voyage instructif autour du monde, dans les palais du Champ de Mars et du Trocadéro.

Dans de telles conditions, une pareille tâche nous eût certainement effrayé, si nous n'avions eu la bonne fortune de trouver des collaborateurs intelligents et pleins d'ardeur, ayant fait de longue date une étude spéciale des matières qu'il s'agissait de traiter. Des professeurs agrégés de l'Université, anciens élèves de l'École normale supérieure ; des écrivains de la *Revue des Deux Mondes*, connus par leurs sérieuses publications ; des

savants ayant acquis, par l'intelligence des langues et
par leurs longs voyages, la connaissance exacte des pays
les plus lointains, ont bien voulu nous prêter leur précieux concours. En même temps, la bienveillance que
nous avons rencontrée partout, les documents que nous
ont fournis les ambassades, les consulats, les commis-
sariats des sections étrangères de l'Exposition, nous ont
été d'une aide inappréciable dans les nombreuses recherches que nécessitait notre travail. Enfin, un éditeur
actif, qui s'est offert à nous spontanément, nous a rendu
le service de triompher des difficultés imprévues que
créait la grève des ouvriers de l'imprimerie parisienne.

Puissent nos intentions et tant de bonnes volontés ne
pas rester stériles ! Puissions-nous atteindre le but que
nous nous sommes proposé : donner à nos lecteurs, aux
jeunes gens des écoles surtout, une idée assez nette des
nations étrangères pour qu'ils en apprécient désormais
les divers mérites et qu'ils se sentent, après nous avoir
lu, un désir beaucoup plus vif de les voir, de les étudier,
de les connaître par eux-mêmes !

CLOVIS LAMARRE.

Le 31 mai 1878.

L'ÉGYPTE

ET L'EXPOSITION DE 1878.

INTRODUCTION

SUR LE GOUVERNEMENT ET LA STATISTIQUE.

L'Egypte est un royaume ayant son autonomie, mais elle doit être considérée comme faisant partie de l'empire de Turquie, auquel elle paie un tribut annuel de 18 millions de francs. Elle est gouvernée depuis 1863 par ISMAÏL, né le 31 décembre 1830, qui appartient à la dynastie que Méhémet-Ali parvint à fonder en 1805 à la suite de l'occupation française. Il porte le titre de *Khediv-el-Mesr* ou roi d'Égypte, que lui a conféré l'empereur de Turquie en 1866 ; il n'avait droit auparavant qu'au titre de *Vali* ou vice-roi.

Le Khédive a onze enfants dont sept fils ; la succession au trône, d'après le firman impérial du 21 mai 1866, doit appartenir à l'aîné des enfants mâles, tandis que d'après la coutume ancienne, encore appliquée en Turquie, la succession au trône était précédemment dévolue au prince de la famille le plus âgé. L'héritier présomptif est actuellement le second des enfants du Khédive, le prince Mohammed-Tewfik, né le 19 novembre 1852, qui a épousé, en 1873, la princesse Emineh, fille d'Hamy-Pacha.

Depuis Méhémet-Ali qui s'inspirait, pour constituer son gouvernement, des idées européennes, il y a en Égypte des ministres ; ce sont ceux de l'intérieur avec présidence du Conseil, des affaires étrangères, de la maison du Prince, de l'instruction publique, des travaux publics, des finances, de la guerre et de la marine. En 1856, Saïd institua un conseil d'État ou Conseil privé composé des princes du sang, de quatre généraux et de quatre grands dignitaires, qui, avec les ministres et sous la présidence du Khédive, délibèrent sur toutes les affaires d'administration. Le 25 novembre 1866, Ismaïl a inauguré un Parlement ; les membres en sont choisis par le Khédive parmi les notables de toutes les provinces ; il a pour mission d'approuver les projets déjà délibérés en Conseil privé, et ses séances ne sont pas publiques. Un Grand Conseil est en outre chargé de régler toutes les affaires des tribunaux indigènes.

L'Égypte est représentée dans les pays étrangers par l'ambassade Ottomane.

La superficie totale du royaume est de 2,251,600 kilomètres carrés, dont 550,630 pour l'Égypte proprement dite, 864,500 pour la Nubie, et 836,500 pour le Kordofan et le Darfour.

L'Égypte proprement dite est divisée en neuf provinces (*mudirieh*); en outre sept villes principales ont des gouverneurs particuliers. Le gouverneur de la province ou de la ville (*mudir* ou *bey*) pourvoit à la sûreté générale, prélève les impôts et remplit les fonctions de juge.

La Nubie est partagée en douze districts ou anciens pays. Le Kordofan et le Darfour forment ensemble un gouvernement.

Population. — La population de l'Égypte et des peuplades qui reconnaissent sa suprématie peut se décomposer ainsi qu'il suit :

Égypte propre................	5.252.000 habitants.
Nubie inférieure............	1.000.000 —
Nubie supérieure...........	5.000.000 —
Darfour et autres territoires.	5.700.000 —
Total......	16.952.000 habitants.

La mortalité est de 2,64 $^0/_0$; mais au Caire et à Alexandrie elle s'élève à 4 $^0/_0$, à cause du grand nombre des étrangers, auxquels le climat n'est pas toujours favorable.

La population indigène de l'Égypte se compose pour les neuf-dixièmes d'Égyptiens musulmans, de sectes diverses ; parmi ceux-ci on distingue une race d'agriculteurs nommés *Fellahs*, formée de l'union des Arabes avec les anciens Égyptiens, après la conquête qu'Amrou fit du pays au nom du khalife Omar, en 640 de l'ère chrétienne.

La race indigène qui est ensuite la plus nombreuse, est celle des chrétiens schismatiques, appelés *Cophtes* (de Koptos, ville située, dans l'origine des siècles, près de Thèbes) ; ce sont des descendants de la race primitive ; chrétiens de la secte jacobite au moment de l'invasion musulmane, ils ont modifié leur culte et ont ajouté au rite chrétien des pratiques juives et musulmanes ; leur patriarche réside au Caire.

Dans plusieurs contrées du pays sont disséminés des *Arabes bédouins* qui paraissent descendre des anciennes tribus nomades ayant habité en Asie vers l'Euphrate ; ils vivent encore par tribus distinctes. Les *Turcs Osmanlis*, malgré leur petit nombre, ont encore une position bien établie dans le pays et qu'ils ont conservée depuis que Sélim envahit l'Égypte en 1517 pour lui imposer l'autorité de la Porte-Ottomane.

Parmi les autres races, les *Nubiens* sont ceux qui se rapprochent le plus des anciens Égyptiens ; ils parlent arabe ou un idiome particulier. Dans le Darfour, le Kordofan et le Kamanil se trouve une race nombreuse de *Nègres* qui furent fréquemment amenés en esclavage en Égypte à partir de l'invasion ottomane ; ils y ont laissé des traces de leur

type, quoique le climat ne soit pas favorable au mélange des races, tandis que les Géorgiennes et les
Circassiennes achetées pour les harems, n'ont
point, malgré leur beauté, donné à la race un type
nouveau, le climat leur étant tout à fait contraire.

On trouve encore dans la population, mais for-
mant des castes séparées : des Juifs qui ont conservé, quoique rapprochés du pays des nègres, une
blancheur de teint exceptionnelle ; des Grecs schismatiques ayant au Caire trois édifices religieux et
reconnaissant comme patriarche celui de Constantinople ; des Arméniens qui représentent l'un des
types les plus purs de la grande famille Cauca-
sienne.

Quant à la population européenne, elle n'a guère,
malgré son importance, de racines bien profondes
en Égypte ; ce n'est qu'une population flottante
attirée par les nécessités du commerce. Les catholiques latins y exercent leur culte dans différentes
églises desservies principalement par les Pères de
la terre sainte, religieux de l'ordre de Saint-Fran-
çois ; ils sont restés sous la protection de la France
conformément aux ordonnances de François Ier et
de Louis XIV. Cette protection est d'ailleurs su-
perflue depuis que la nouvelle dynastie donne aide
et protection à tous les cultes ; il y a à Alexandrie,
depuis plusieurs années, un archevêque catholique
romain.

Cette population flottante d'Européens est d'environ 34,000 Grecs, 17,000 Français, 13,900 Italiens, 6,300 Autrichiens, 6,000 Anglais, 1,100 Allemands et 1,300 autres étrangers de nationalités diverses ; en tout 79,600.

Impôts. — L'impôt principal est celui de la terre. Le *feddan* (mesure agraire de 4416 mètres carrés), paie suivant la nature de la terre, de 44 à 60 francs de contributions, sans compter les sur-taxes ; ainsi l'emprunt fait en 1867 a eu pour garantie une surtaxe dite de la *moukabala* (compensation), consistant dans le paiement anticipé de six années de contributions, et facultative à l'origine, elle est devenue obligatoire pour les indigènes.

L'agriculteur (*fellah*) est soumis à un impôt personnel de 2 fr. 32 en raison du sel que l'État offre de lui fournir. Les bœufs paient un impôt de 10 francs, les mulets de 5 fr. 18, les moutons et les chèvres de 1 fr. 16. Les arbres sont également taxés, ainsi que les moulins, machines à vapeur et autres appareils.

Les divers commerçants et artisans ont à solder une redevance variable ; les immeubles construits hors des villes principales sont taxés à 10 % du revenu évalué arbitrairement par le fisc ; enfin la navigation sur le Nil est depuis un temps immémorial soumise à des droits de péage.

Finances. — Le budget de l'État n'a pas toujours été établi d'une façon très-régulière, et le désordre des finances qui s'en est suivi, s'est compliqué de questions relatives à la fortune privée du Khédive, qui porte nom de *daïra*.

Le Khédive a en propriété personnelle d'immenses domaines ; sa fortune mobilière est également considérable et provient en partie des successions de son frère Mustapha-Pacha, de son oncle Halim-Pacha et de son cousin El-Hamy, fils d'Abbas. Il a en 1876 vendu au gouvernement anglais 176,602 actions du canal de Suez, qui lui avaient été concédées au moment de l'établissement du canal sous certaines conditions.

Profitant du crédit que lui assurait ce patrimoine, le Khédive emprunta personnellement, en 1866, 50 millions de francs, en 1870, 156 millions ; il conclut en outre par lettres de change d'autres engagements, et fit émettre par l'administration de la daïra des *daïra-mallieh* ou bons sur l'administration des finances égyptiennes. Il a en outre une dette flottante de 100 millions de francs pour subvenir à ses dépenses personnelles ainsi qu'au commerce et à l'industrie, auxquels il se livre par ses agents.

Dans ces conditions les dettes de la daïra et celles du gouvernement se trouvaient souvent confondues. Sur les réclamations des créanciers anglais et français, porteurs de bons de la daïra, qui nommèrent deux représentants pour en conférer avec le Khédive, celui-ci décréta, le 18 novembre 1876, la séparation des dettes de sa daïra de celles de l'État et la réduction par conversion de la dette unifiée; celle-ci fut en outre séparée de la dette privilégiée et des autres prêts.

La dette de l'État calculée en 1877 se décomposait ainsi:

Dette unifiée...............	1.445.963.400	francs.
Dette privilégiée...........	427.946.400	—
Emprunt 1864...............	41.648.040	—
— 1865-66..........	31.901.180	—
— 1867.............	25.293.240	—
Total......	1.972.752.260	francs.

Si l'on ajoute une dette flottante d'environ 375 millions, le total est de 2 milliards 347 millions au minimum.

Quant au revenu, il a été évalué pour 1875 aux chiffres suivants par un envoyé du gouvernement anglais chargé d'aider le Khédive à mettre de l'ordre dans les finances, savoir:

Taxe de la terre..............	108.489.300	francs.
Moukabala (taxe spéciale de la terre)......................	38.584.170	—
Autres sources de revenus....	122.291.090	—
Total........	269.364.560	francs.

Le budget de 1876 paraît avoir été de 262 millions de francs; celui de 1877 peut être évalué très-approximativement à 274 millions; mais l'insuffisance des inondations du Nil fait prévoir une diminution pour l'année suivante.

Les dépenses administratives, y compris le tribut de 18 millions payé à Constantinople, s'élevant annuellement à 150 millions environ, les 120 millions restants sont insuffisants pour solder les intérêts à 7 p. 100 de la dette de l'État se montant à 2 milliards, en outre de la dette flottante et des 206 millions dus par le Khédive.

Les créanciers de la daïra se sont adressés aux tribunaux mixtes établis par le Khédive depuis 1875 pour les étrangers, et la Cour d'Alexandrie leur a donné gain de cause ; mais la question n'a pu recevoir une solution utile en l'absence de moyens d'exécution, et un arrangement amiable peut seul donner satisfaction aux intérêts des porteurs de bons ; pour arriver à ce résultat, le Khédive a nommé, le 30 mars 1878, une commission d'enquête de délégués français et anglais qui, sous la présidence de M. de Lesseps, a été chargée de spécifier exactement les ressources financières de l'Egypte.

Agriculture. — Le vingtième de la superficie de l'Égypte proprement dite est seul cultivé, c'est-à-dire un peu plus de 2 millions d'hectares français.

La mesure agraire est le *feddan* qui comprenait autrefois 400 quassabs de 3 mètres 64 cent, de côté (59 ares 29 centiares) ; mais pour augmenter le produit de la contribution foncière sans en changer le taux, le gouvernement a ingénieusement diminué la valeur du feddan, qui ne comprend plus que 333 quassabs (44 ares 16 centiares).

1.

La propriété foncière est divisée en quatre classes distinctes auxquelles se rapportent des impôts différents, savoir: 1° les terrains dits *moulks*, *abadiah* et *ochour*, appartenant en propriété à des particuliers; 2° ceux appelés *haradjis*, tributaires, dont l'État a la nue propriété ; 3° les terres dites *moubah*, libres, que l'État distribue tous les ans aux cultivateurs à charge de payer l'impôt ; 4° les biens *wakfs*, frappés d'inaliénabilité au profit d'un établissement pieux.

Le produit moyen du sol est d'environ 75 fr. par feddan, soit 170 fr. par hectare.

Toutes les céréales de l'Europe, blé, orge, riz, fèves, lentilles, etc., sont connues et cultivées dans ce pays qui fut le grenier de Rome et celui de l'Asie. Les fellahs emploient pour leur nourriture, au lieu de froment, une sorte de maïs appelé *dourah*.

Le coton était déjà du temps des Romains une des principales productions du pays ; sa culture a pris aujourd'hui une grande extension et a été pendant la dernière guerre des États-Unis une source de richesses pour l'Égypte ; on en exporte chaque année plus de 2 millions de quintaux. Le lin est également cultivé, mais en moins grande quantité.

L'opium de la Thébaïde a toujours été renommé depuis les temps anciens. La garance, l'indigo, le chanvre, sont d'importation récente ainsi que la canne à sucre dont l'industrie a pris depuis quelques années un grand développement. Quant au thé et au café, on a dû renoncer à les naturaliser.

Le dattier est l'arbre le plus répandu du pays,
qui produit aussi de la vigne, des orangers, des ci-
tronniers, des grenadiers, des oliviers ; dans la haute
et la moyenne Égypte, les palmiers sont, avec les
dattiers, les arbres que l'on rencontre le plus souvent. Le mûrier permet l'élevage des vers à soie.

Industrie. — L'Égypte n'ayant ni bois ni houille,
il n'y a point en réalité d'industrie manufacturière
puisqu'il est difficile d'employer la vapeur. Autrefois beaucoup d'artisans travaillaient chez eux
la soie, le lin, le coton ; le gouvernement s'étant
emparé de la fabrication de tous les produits, les
artisans ont préféré cultiver la terre et le monopole n'a produit aucun résultat sérieux. La fabrication qui a le plus prospéré est celle du sucre de
canne dont les Égyptiens font une grande consommation, et plusieurs raffineries ont été montées
avec succès par le Khédive.

Les carrières sont peu exploitées, quoique le sol
renferme des richesses ; on y trouve encore le granit
employé par les anciens, le porphyre, l'albâtre et
les émeraudes.

Commerce. — Le commerce de l'Égypte avec
les nations étrangères est très-étendu ; il dépasse
5 millions de tonneaux et s'élève à plus de 500 millions de francs par an ; c'est à Alexandrie que le
trafic est le plus considérable.

Les principales marchandises exportées d'Égypte
sont : le coton pour plus de 880,000 quintaux fran-

çais, le sucre pour 660,000 quintaux, puis le blé, le lin et la laine pour une moins grande quantité. On exporte aussi le café, la gomme, les dents d'éléphants provenant du Soudan égyptien.

C'est avec l'Angleterre que les importations et exportations atteignent le chiffre le plus élevé, soit 70 p. 100 en 1876 ; viennent ensuite dans des proportions diverses la France, la Turquie, l'Autriche, l'Italie et la Grèce. — Les exportations d'Égypte pour la Grande-Bretagne ont été en 1876 de 280 millions de francs dont 172 millions de coton écru ; les importations n'ont été que de 66 millions de francs, dont 36 millions de marchandises de coton fabriquées, et beaucoup de ces produits manufacturés ne font que passer par l'Égypte, même depuis l'établissement du canal de Suez. — Les exportations d'Égypte pour la France sont de 60 millions de francs ; les importations venant de Marseille sont de 50 millions en outils, ouvrages en métaux, plomb, peaux, vins et eaux-de-vie, liqueurs, sucre raffiné, bougies, huiles, savons, conserves alimentaires, parfumerie.

Les principales marchandises importées sont : les bois de construction, le charbon pour 1,760,000 quintaux français.

Le fer, le cuivre, les tabacs, les cigares, les soieries et les feutres sont aussi l'objet d'importations étrangères.

Le commerce de transit de l'Egypte a diminué

considérablement depuis l'ouverture, en 1870, du canal de Suez; avec l'Angleterre, il est tombé de 590 millions, chiffre de 1868, à 346 millions, chiffre de 1876. La plupart des marchandises en transit passent maintenant par le canal de Suez; on peut s'en rendre compte, par la progression du nombre de vaisseaux ayant traversé le canal depuis huit années de 1870 à 1877; en voici le tableau :

En 1870,	491	vaisseaux de	436.618	tonnes,
— 1871,	617	— —	761.875	—
— 1872,	1082	— —	1.439.169	—
— 1873,	1171	— —	2.085.270	—
— 1874,	1264	— —	2.423.672	—
— 1875,	1496	— —	2.940.708	—
— 1876,	1461	— —	2.995.870	—
— 1877,	1663	— —	3.418.949	—

Pour l'année 1876 le nombre des vaisseaux se décomposait ainsi par nations : c'est l'Angleterre qui a fait passer le plus grand nombre de navires, soit 1,092, et cela n'a rien d'étonnant puisque le canal de Suez rapproche la métropole de 3,000 lieues d'avec ses 200 millions de sujets indiens ; viennent ensuite : France 89, Hollande 60, Autriche 55, Italie 51, Allemagne 27, Espagne 26, sept nations diverses 61.

Nous reviendrons sur le canal de Suez en parlant dans la géographie de l'Égypte, des routes, chemins de fer, canaux et télégraphes.

Justice. — Les pouvoirs judiciaires et administratifs étant confondus, ce sont les gouverneurs qui rendent la justice sans contrôle sérieux ; toutefois, les procès relatifs aux biens wakfs sont jugés par un tribunal religieux. Aux termes de l'article 8 du Code d'Instruction criminelle égyptien, sont également officiers de police judiciaire les gouverneurs, moudirs, officiers de police et même les chefs de villages (*cheichs-el-béled*). La loi fondamentale pour les sujets égyptiens est le Koran qui est en même temps le code civil et religieux des musulmans. Le Koran préconise la peine du talion, ordonne de couper la main aux voleurs ; les châtiments corporels, le bâton et le fouet jouent aussi un grand rôle parmi les peines.

Depuis un temps immémorial les peuples chrétiens de l'Europe ont dû chercher pour leurs nationaux des garanties contre cette justice administrative et contre l'application des préceptes du Koran qui ordonnent de tuer l'infidèle, de le combattre jusqu'à conversion ou tribut. Le Koran permettant les trèves à la guerre sainte (*djédah*), on en a profité pour conclure ce qu'on a appelé des *Capitulations ;* la première a été octroyée à Pise par Saladin, sultan d'Égypte en 1173 ; Gênes et Venise, en 1453, en obtinrent de Mohammed II ; Florence, d'Abou-Nasr (Kaït-bey) en 1488 ; la France de Kansou, en 1507 et de Sélim, en 1517 ; François Ier et Soliman II empereur ottoman conclurent en 1535 une Capitulation en seize articles qui a servi de modèle à toutes les Capitulations suivantes conclues successivement avec presque tous les pays de l'Europe et avec les États-Unis. Ces articles portés à quatre-vingt-cinq en 1740, ont été repris dans le traité de commerce de 1838 et dans le traité de paix du 29 avril 1861.

En ce qui concerne la justice, les nationaux de chaque pays étaient, d'après ces Capitulations, jugés par leurs consuls respectifs; si les deux parties étaient de nationalités différentes, le consul du défendeur était compétent; les consuls jugeaient également les contestations de leurs nationaux avec les indigènes lorsque ceux-ci étaient demandeurs; mais lorsqu'ils étaient défendeurs, il était difficile de les atteindre. La situation s'est compliquée peu à peu par la quantité des affaires et l'augmentation du nombre des consulats, qui au Caire s'élèvent aujourd'hui à 17; en outre les relations s'étant multipliées avec les indigènes, ceux-ci se croyaient lésés quand ils ne gagnaient pas leur procès. Enfin l'exécution de la sentence était souvent impossible.

Après des pourparlers avec les différentes nations étrangères dans le but de soumettre les chrétiens à une juridiction musulmane, le Khédive consentit en 1875 à l'établissement à Alexandrie, au Caire et à Ismaïlia, de tribunaux mixtes, composés en majorité de juges étrangers; des greffiers, huissiers et avocats servent d'auxiliaires à ces divers tribunaux; une Cour d'appel, siégeant à Alexandrie forme le second degré de juridiction; elle est composée d'un président et de dix membres dont quatre indigènes.

Du 15 février au 31 octobre 1876, le tribunal d'A-
lexandrie a jugé 1407 affaires, celui du Caire, 889,
et celui d'Ismaïlia 523. Les immenses services rendus par ces tribunaux, semblent leur assurer une
durée nécessaire, quoiqu'ils n'aient été institués
que pour cinq ans à titre d'essai. Cependant le
Khédive ayant retardé le paiement des autres fonctionnaires de l'État par suite de la situation financière, a, depuis les dissensions relatives à la daïra,
laissé également en souffrance le paiement de ces
magistrats, et, pour subvenir à leurs émoluments,
ceux-ci ont pris le parti de tripler les frais de la
procédure, ce qui diminuera probablement le nombre des affaires.

Instruction. — L'instruction tend à se répandre
en Egypte depuis quelques années, et 90,000 enfants du sexe masculin fréquentent les écoles, ce
qui fait 34 $^0/_0$ de la population masculine; on n'en
comptait pas plus de 4,000 vingt ans auparavant.
Quant à l'éducation des filles, elle est toujours à
peu près nulle, grâce au préjugé commun aux races musulmanes chez lesquelles la femme n'a jamais cessé d'être tenue dans un état d'asservisse-
ment plus ou moins complet.

Dans les écoles primaires (*Kouttobs*) on se borne à
lire dans le Koran, ce qui entretient malheureusement chez les enfants un fanatisme dont les étrangers ressentent parfois les effets à la sortie des
classes.

Outre les écoles primaires qui sont répandues, même dans les villages, il y a des écoles provinciales organisées à peu près militairement, où l'on apprend la grammaire arabe, l'arithmétique, l'allemand et le français; mais le recrutement en est difficile autre part qu'au Kaire et à Alexandrie. Une Ecole préparatoire où l'on apprend la géométrie, l'arabe, le turc, l'allemand, le français, l'anglais, etc., conduit à l'Ecole militaire d'infanterie, à celles de cavalerie, d'artillerie, et d'Etat-major, à l'Ecole polytechnique, à celles d'agriculture, de médecine ou de droit. Toutefois ces nombreuses écoles ne peuvent dispenser encore les indigènes d'aller chez les nations étrangères chercher un perfectionnement nécessaire à leur instruction.

L'Université théologique d'*El-Azhar* est, depuis un temps immémorial, célèbre dans tous les pays de l'Islam; elle fut fondée en 971 par *Djouhar* après qu'il eut conquis l'Égypte au khalife Fatimite El-Möez.

Un Institut égyptien a été fondé à Alexandrie, en 1859, par Saïd, et a publié d'importants travaux. Un Musée d'antiquités a été ouvert au Caire dans le faubourg de Boulak par Ismaïl, en 1864, et cette collection unique au monde est due principalement aux fouilles opérées sous la direction de Mr Mariette, qui a reconstitué par les monuments l'histoire de l'antique Egypte. Des fouilles sont établies à Tanis, Saïs, Thémis, Cynopolis, Dubastis, Athrabis, Héliopolis dans la Basse-Égypte, ainsi qu'à Memphis, à Saqqarah, Abydos, Denderah, Thèbes et Edfou.

La *propriété littéraire* et la *presse* sont régies en Egypte par une circulaire du ministre des affaires étrangères du Khédive, en date du 7 octobre 1863, qui tient lieu de loi. D'après cette circulaire, la profession d'imprimeur ne peut être exercée qu'avec une autorisation du ministre des Affaires étrangères. — Les livres ne peuvent être mis sous presse qu'après avoir été communiqués à l'autorité locale. — En cas de contravention aux règles prescrites, ils sont saisis par la police et l'imprimerie est fermée. — Quant aux journaux, ils ne peuvent être imprimés sans autorisation préalable, ils doivent s'abstenir de toute critique des actes du gouvernement ou des fonctionnaires et publier les articles communiqués par le Bureau de la presse; le tout, sous peine de suspension temporaire ou définitive après trois avertissements.

Armée et marine. — L'armée de l'Egypte est levée en partie par la conscription. Elle comprenait dans l'année 1877, 4 régiments d'infanterie de 3,000 hommes chacun, un bataillon de chasseurs de 1,000 hommes; 3,500 hommes de cavalerie, 1,500 d'artillerie, et deux bataillons d'ingénieurs de 1,500 chacun.

Il existe, en outre, deux régiments de troupes nègres du Soudan se montant ensemble à 5,000 hommes.

La flotte égyptienne comprenait, à la même époque, deux frégates, deux corvettes, trois grands yachts pour l'usage du Khédive, et quatre canonnières, le tout jaugeant 16,476 tonneaux.

La marine marchande s'élevait à 600 bâtiments jaugeant 62,000 tonneaux, dont 38 vapeurs de 49,000 tonneaux.

La flotte du Khédive était, en 1869, beaucoup plus importante, mais ces armements portèrent ombrage à la Porte-Ottomane et, pour éviter une rupture, le Khédive consentit, en 1870, à lui céder pour 15 millions ses frégates cuirassées ainsi que ses fusils à aiguille.

Monnaies, poids et mesures. — On compte en Égypte par piastre qui vaut 25 centimes, 92, et par paras ou médini. (Il faut 97 piastres pour une livre sterling anglaise.) La piastre vaut 40 paras, ou 100 bons aspres, ou 120 aspres courants ; 500 piastres font une kill (bourse).

Les monnaies d'or sont la guinée de 100 piastres (25 fr. 92), la demi-guinée de 50 piastres (12 fr. 96); celles d'argent, sont le tallar de 20 piastres (5 fr. 18), le demi-tallar de 10 piastres (2 fr. 59), etc.

Pour le commerce en gros à l'extérieur, on se sert principalement de plusieurs pièces étrangères : le quadruple d'Espagne (315 piastres égyptiennes), le ducat (46), le species allemand (20), la piastre espagnole (21), la pièce de 5 francs de France (19$\frac{1}{2}$).

La pièce de 20 francs de France (79), et le souverain anglais (100) sont les pièces d'or qui sont le plus en usage.

La mesure linéaire est le pick (aune) qui varie de valeur ; celui des marchands (*deraa endâzeh*) vaut en mètres 0,6479.

Les mesures de capacité sont l'ardel (183,47), et pour le blé le rébéké (157^{lit},10), le kizloz (170^{lit},59). Il n'existe pas de mesure pour les liquides.

L'unité de poids est le drachme, qui vaut en grammes de France 3^{gr},0884 ; 400 drachmes donnent un oke (1^{k},2373).

Le kantar (quintal) est un poids de 100 rotls.

Il y a cinq sortes de rotls : 1° le rotl du gouvernement à 12 okichs, à 12 drachmes (445^{gr},45) ; 2° le quintal du gouvernement (44^{k},54) ; 3° le rotl forforo très-usité dans le commerce, représentant 140 drachmes (423^{gr},376) ; 4° le quintal forforo (43^{k},238) ; 5° 72 rotls forfori qui équivalent à 70 rotls du gouvernement.

Le Khédive a ordonné l'adoption, à partir de 1876, du système métrique de poids et mesures, mais seulement à titre d'essai pour les marchés publics.

Il est à désirer que cette innovation persiste, car il règne une grande confusion en cette matière et les tableaux les plus complets ne pourraient être exacts, les mesures manquant d'étalon officiel.

APERÇU GÉNÉRAL

DE

L'HISTOIRE D'ÉGYPTE

I

TEMPS PRÉHISTORIQUES.

L'*Égypte* est un des pays du globe qui furent les premiers habités ; aussi l'histoire des peuplades qui s'y fixèrent à l'origine, est-elle pleine de conjectures. On pense que ce furent des tribus nomades venues de l'Asie par la route du désert de Syrie qui s'établirent les premières aux bords du Nil sur le territoire où s'éleva plus tard Memphis.

Le nom indigène du pays était *Kémé* ou *Kémi* qui rappelle celui de *Kham*, fils de Noé ; il signifie *noir* et provient probablement de l'aspect que présente, après les débordements du Nil, la terre végétale de la vallée, dont la couleur sombre tranche sur la blancheur des sables du désert.

Le nom d'Égypte *Y-gypt* signifie dans la langue éthiopienne : terre des canaux ; Homère donne ce nom au fleuve lui-même, dont le lit forme en réalité le pays presque tout entier. Enfin les Arabes désignent le pays par le mot *Mesr*, diminutif de Mesraym, fils de Kham.

C'est dans cette contrée de modeste étendue qu'apparurent les premiers germes de la civilisation ; c'est là que les éléments des sciences, les notions d'astronomie et les essais artistiques se montrèrent tout d'abord pour se propager ensuite en Syrie, en Asie Mineure, en Grèce et en Italie.

Après avoir gardé son indépendance pendant des milliers d'années, d'abord sous le gouvernement des prêtres, ensuite sous celui des rois ou Pharaons, l'Égypte eut la mauvaise fortune d'avoir à subir successivement, de siècle en siècle, les invasions des peuples de l'Asie et des nations de l'Europe.

Ravagée par les *Hyksos* (2214 à 1700 av. J.-C.), soumise par les Éthiopiens (721 à 665 av. J.-C.), envahie par les Perses (527 à 404 av. J.-C.), elle tomba sous la puissance des Grecs (332 à 50 av. J.-C.), puis sous celle des Romains (50 av. J.-C.) et fut mise, à la séparation de l'Empire romain, dans le lot de l'Empire d'Orient (395 ap. J.-C.).

Devenue enfin une des premières conquêtes des Arabes (640), elle resta définitivement musulmane. Possédée successivement par les premiers Khalifes (640 à 661), par les Khalifes ommyades (661 à 750) par les Khalyfes abbassides (750 à 870), elle eut un moment d'indépendance avec la dynastie des Toulonides (870 à 905), et celle des Ekhchydites (934 à 969); conquise par les Khalifes fatimites de Qayrouan (969 à 1171), elle fut ensuite gouvernée successivement par les dynasties étrangères des Ayoubites (1171 à 1250), des mamelouks turkomans (1250 à 1382), et des mamelouks circassiens (1382 à 1517), et tomba enfin sous la domination ottomane (1517); l'invasion française (1798 à 1801) ne fut qu'une courte épopée, et la dynastie actuelle de Méhémet-Ali s'implanta au commencement de ce siècle, sous la suzeraineté de l'Empire ottoman.

Ce fut, suivant la tradition, dans la Moyenne-Égypte que les peuplades errantes se fixèrent tout d'abord; les colonies professaient le culte d'Ammon ou du soleil. Elles se groupèrent autour des temples et le pays se divisa en nomes ou cantons sous la domination des prêtres ayant à leur tête un grand-prêtre, chef suprême de tous les cantons. Mais un peuple qui habitait une contrée aussi fertile et se trouvait entouré de voisins moins bien favorisés, ne pouvait se maintenir en possession de son territoire sans une caste militaire; aussi la nation se divisa-t-elle naturellement en trois parties distinctes, les prêtres, les soldats et le peuple.

Malgré l'importance de la classe des guerriers, le gouvernement théocratique paraît s'être maintenu fort longtemps, et *Théni* (Thinis en grec) la capitale était située près de l'endroit où fut bâtie Abydos.

Cependant il devait arriver qu'un chef militaire plus illustre ou plus ambitieux que les autres cherchât à prendre la direction du gouvernement ; ce fut *Manès* ou *Ménès* qui accomplit cette révolution et établit le pouvoir royal qu'il transmit à ses descendants en ligne directe.

Ménès, tout en laissant à Théni le siége du gouvernement, commença les murailles d'une ville forte qui fut appelée Memphis et qui devint la capitale de l'Égypte dès la III⁰ dynastie. Il fit exécuter des travaux importants, s'occupa de sciences, surtout d'astronomie, et introduisit dans son palais un luxe inconnu jusqu'alors et qui se répandit bientôt autour de lui.

Quelle date faut-il attribuer à la révolution opérée par Ménès? D'anciennes traditions la font remonter à 5867 ans avant l'ère chrétienne; ce chiffre n'aurait rien d'étonnant comparé avec les vingt-quatre mille ans pendant lesquels, suivant la fable, le règne des dieux aurait duré dans ce pays, et avec les quatorze mille ans de règne des demi-dieux, qui se confond probablement avec le gouvernement théocratique renversé par Ménès.

Si l'on en croit l'historien Manéthon, prêtre de la ville de Sébennytus qui, sous le règne de *Ptolémée-Philadelphe* (284 av. J.-C.), écrivit en grec une histoire d'Égypte d'après les archives conservées dans les temples, la révolution opérée par Ménès aurait eu lieu l'an 5004 avant l'ère chrétienne;

l'histoire écrite par Manéthon est presque entièrement disparue, mais il donnait à la fin de son ou-
vrage une liste des rois, qui a été copiée par les
historiens des siècles suivants, et l'on a reconnu, à
la suite des récentes découvertes dans l'art de déchiffrer les hiéroglyphes, que les chiffres donnés
par lui étaient ceux qui coïncidaient le mieux avec
les inscriptions recueillies sur les monuments.

S'il en était ainsi, aucun autre peuple connu ne
remonterait à une aussi haute antiquité, mais il faut
remarquer que les Égyptiens n'ont jamais eu de
chronologie et supputaient seulement les années
par règnes et par dynasties. Il n'y a par suite aucune date sérieuse avant le XVIIe siècle qui a pré-
cédé l'ère chrétienne.

Quoi qu'il en soit, on s'accorde à compter depuis
Ménès jusqu'à la conquête d'Alexandre (382 av. J.-
C.), trente dynasties de Pharaons, rois ou reines ;
car un des rois de la deuxième dynastie *Baïnoute-
rouf* (Binothris) décida que les femmes pourraient
régner en Égypte, et il y en eut plusieurs exemples.

III

ANCIEN EMPIRE DES PHARAONS (DYNASTIES THINITES ET
MEMPHITES) (*Durée de 2000 ans*).

La première dynastie, formée par les descendants directs de Ménès, eut neuf rois. Un sphinx co-

lossal date de cette époque, peut-être même est-il antérieur ; il est situé à Gizèh et doit être considéré comme le symbole d'*harmakhis*, le soleil levant.

La seconde dynastie qui compte aussi neuf rois régna, comme la première à Théni, mais la troisième s'établit à *Memphis*.

Les *Pyramides* qui sont les plus anciens monuments de l'antiquité conservés jusqu'à nous, témoignent de l'industrie et de la patience de ce peuple naissant ; grâce aux hiéroglyphes, les pierres ont parlé et nous ont appris que ces monuments avaient été élevés pour servir de tombeaux aux rois des premières dynasties. Celle de Saqqarah date du quatrième roi de la première dynastie. Ce n'est pas seulement au climat exceptionnel du pays qu'est due la conservation de ces édifices prodigieux, demeures éternelles de la mort, c'est encore à la solidité et à la perfection du travail. Les principaux matériaux employés sont la pierre calcaire, le granit, le grès et la brique fabriquée avec la terre grise et sablonneuse du Nil mélangée de coquillages et de cailloux ; on se demande par quels prodiges de force et d'adresse on a pu, à une époque où les machines n'étaient pas inventées, transporter des carrières de Tourah sur l'autre rive du Nil, non-seulement jusqu'à Memphis, mais encore jusqu'aux sommets des plateaux, les blocs gigantesques de granit qui sont entrés dans ces constructions. La principale de ces pyramides, celle de Gizèh a une base de 132 mètres de côté et une hauteur de 140 mètres : elle a été bâtie par le roi *Khoufou* (Chéops) de la IVᵉ dynastie, il y a soixante siècles ; d'après l'historien Hérodote, cent mille hommes y travaillèrent pendant trente années en se relayant de trois mois en trois mois.

La civilisation ne se bornait pas à la science architecturale. Les hiéroglyphes qu'on trouve sur les monuments, surtout dès la IVᵉ dynastie, montrent qu'on avait déjà, à cette époque, inventé toutes les complications de signes qui se sont conservées jusqu'aux derniers temps où cette écriture fut en usage ; la langue était donc complétement formée. L'astronomie était étudiée ainsi que la médecine ; les connaissances en chimie sont démontrées par la conservation des momies dont un nombre important est parvenu jusqu'à nous. L'agriculture n'était pas moins en honneur ; une foule de canaux sillonnaient les rives du Nil pour augmenter la fécondité du sol ; tous les animaux utiles, sauf le cheval qui ne fut amené d'Asie que sous la seizième dynastie (2000 ans av. J.-C.), étaient employés à l'état domestique ; du reste le culte du bœuf Apis, qui paraît dater de la deuxième dynastie, indique une grande vénération pour tout ce qui touchait à la richesse agricole.

Les travaux d'art n'empêchaient pas les rois de poursuivre des conquêtes. Sur un rocher du mont Sinaï, on a découvert un bas-relief représentant le roi

Snéfrou (Séphouris) de la IVe dynastie, domptant les tribus nomades de l'Arabie Pétrée. Sous la sixième dynastie la domination des rois paraît s'être étendue au sud dans toute la Thébaïde, car on rencontre depuis Tanis jusqu'à Syène des monuments bâtis par l'un des rois guerriers *Papi-Mérira* (Phios), qui combattit même une peuplade nègre en possession à cette époque de la contrée devenue peu après l'Éthiopie.

Après tant de gloire, un marasme complet semble s'être appesanti sur le pays, et, depuis la fin de la sixième jusqu'à la onzième dynastie, l'histoire et les monuments n'ont rien transmis sur les cinq cents ans qui se sont écoulés.

III

DYNASTIES THÉBAINES JUSQU'AUX HYKSOS (XIe A XVe DYNASTIE. 3000 A 2214 AV. J.-C.).

A cette époque il se produisit quelque révolution intérieure, avec la XIe dynastie ; car *Thèbes* devint, à la place de Memphis, pour la première fois, le siége du gouvernement.

L'Égypte reprit sa puissance ; d'un côté l'Arabie Pétrée rentra sous l'obéissance, de l'autre les Éthiopiens furent repoussés sur leur territoire, sous trois princes de la XIIe dynastie, *Ousertasen* Ier, II° et IIIe du nom.

Dès lors de grands travaux continuèrent à être exécutés. Sous le règne d'*Amenemhéat III* (*Mœris* des Grecs) de la XIIe dynastie, fut achevé un vaste monument dont il existe encore des vestiges, et qu'on a appelé *le Labyrinthe;* il était composé de douze palais qui renfermaient trois mille chambres dont la moitié était sous terre; les couloirs étaient disposés de telle façon qu'on ne pouvait sortir sans guide.

Mais la merveille de ce siècle est le lac artificiel qui fut creusé pour tempérer l'effet des débordements du Nil. Il arrivait parfois que ces débordements périodiques étaient insuffisants, et la partie du sol qui n'était pas inondée restait inculte; parfois aussi le fleuve sortant de son lit, avec trop de violence, emportait les digues et causait des ravages considérables. Au moyen d'un lac de soixante-quinze lieues de circonférence, les eaux du fleuve purent être détournées aux époques d'inondations et emmagasinées pour être distribuées dans les années où la crue était insuffisante. Le mot *meri* signifiant lac, les Grecs ont donné le nom de lac *Mœris* à ce vaste réservoir.

IV

DOMINATION DES HYKSOS (2214 A 1700 AV. J.-C.).

L'Égypte était en pleine prospérité depuis plusieurs siècles lorsque sous la XIVe dynastie, 2214 ans environ avant l'ère chrétienne, des tribus nomades venues de l'extrême Orient, après avoir séjourné quelque temps en Arabie et en Syrie, envahirent tout à coup le pays et s'en emparèrent presque sans résistance. Ces hordes barbares, que l'historien Hérodote désigne sous le nom d'*Hyksos*, c'est-à-dire pasteurs, pillèrent et brûlèrent les villes, renversèrent les temples, réduisirent en esclavage une partie des femmes et des enfants et choisirent parmi eux un roi qui s'établit d'abord à *Tanis* (aujourd'hui San) dans le bas Delta, puis à Thèbes.

Néanmoins pendant les 514 ans que dura cette domination étrangère, les Pharaons parvinrent à se maintenir dans quelques parties de la Thébaïde, de la Nubie et même de l'Arabie. Après des guerres incessantes, les Hyksos refoulés peu à peu dans le nord furent enfin contraints de se réfugier dans la terre de Chanaan près d'autres tribus de même origine.

C'est certainement sous le règne d'*Apophis*, l'un de ces rois étrangers, qui du reste avaient presque entièrement adopté les mœurs égyptiennes, que *Joseph*, fils de Jacob, qui était comme eux de la race *Sémite* fut vendu par ses frères à des marchands égyptiens et devint premier ministre. Les membres de sa famille qui vinrent s'établir dans la Basse-Égypte près du Delta, continuèrent à y demeurer après que les pharaons égyptiens eurent repris possession de leurs États, et formèrent la souche de la nation juive.

V

DYNASTIES THÉBAINES DEPUIS LES HYKSOS JUSQU'AUX RHAMSÈS
(XVIIIe DYNASTIE. 1700 A 1461 AV. J.-C.).

Les Hyksos furent chassés à la fin du xviie siècle et les pharaons de la dix-huitième dynastie travaillèrent activement à relever l'Égypte de son abaissement. *Ahmès Ier* (Amosis) (1700 av. J.-C.) non-seulement poursuivit les vaincus jusque dans la terre de Chanaan, mais encore s'avança jusqu'en Mésopotamie.

Amenhotep Ier (Aménophis), Thoutmès Ier et Thoutmès II étendirent leurs États; on lit sur les murailles du temple de Karnak, à Thèbes, les annales de leurs conquêtes et de celles de *Thoutmès III*, surnommé à tort Mœris par beaucoup d'historiens qui lui attribuèrent l'établissement du lac de ce nom construit par Amenemhat; l'empire de ce prince s'étendait à cette époque sur l'Abyssinie actuelle, le Soudan, la Nubie, la Syrie, la Mésopotamie, l'Irak-Arabi, l'Yémen, le Kurdistan et l'Arménie (1625). La première flotte égyptienne date de ce règne; montée probablement par des Phéniciens, elle fut assez importante pour conquérir Chypre, la Crète, les îles méridionales de l'Archipel, les côtes de la Grèce, de l'Asie Mineure et l'extrémité de l'Italie. Ce fut l'apogée de la puissance des Pharaons.

Les monuments qui datent de cette dix-huitième dynastie sont nombreux et importants. *Amenhotep III* (Aménophis) n'obtint pas seulement la célébrité par ses exploits guerriers, mais surtout par la statue colossale qu'il s'éleva à Thèbes et qu'on voit encore; au temps des Romains, sous Tibère, elle rendait au lever du soleil des sons harmonieux, et les Grecs et les Romains croyant que ce colosse représentait Memnon l'Éthiopien, l'un des défenseurs de Troie, disaient que dès l'aube il saluait sa mère l'Aurore; l'empereur Adrien (130 ap. J.-C.) vint même écouter ce prodige, qu'on explique maintenant par le crépitement de la pierre imprégnée de rosée et se comprimant sous l'action des premiers rayons du soleil.

Amenhotep IV à l'instigation de la reine Taïa, sa mère, qui n'était point d'origine égyptienne, voulut réformer les idées religieuses du peuple, le tirer de l'idolâtrie et de la superstition, et le rapprocher du monothéisme. Il changea son nom d'*Amenhotep* (la paix d'Ammon) en celui de *Kou-en-Aten* (la splendeur du disque solaire).

Pour comprendre quel était le but de cette réforme, il faut examiner en quoi consistait la religion égyptienne à cette époque.

D'après les textes sacrés de l'antique Égypte cités par Hérodote, dès l'époque des premiers Pha-

raons, les prêtres et les initiés reconnaissaient « un
« seul Dieu vivant en vérité... qui s'engendre lui-
« même, qui existe dès le commencement, qui a
« tout fait et n'a pas été fait. » Mais ce n'était là
qu'une exception, et la religiou du peuple se bornait, depuis les temps les plus reculés, au culte
d'*Ammon* et du *Soleil* (Ra), compliqué plus tard de
mysticisme, de polythéisme et d'idolâtrie.

Les personnifications de Dieu furent diverses :
Ammon, Imhotep, Phtah, Osiris. Le soleil levant *Hor*
était fils d'Osiris, soleil infernal ou dieu des enfers,
et d'*Isis* principe de la fécondité. La lutte conti-
nuelle d'Hor contre les ténèbres finit par représenter le bien en opposition avec le mal qu'on appela *Set* et, sous la domination des Hyksos, *Baal,*
nom importé des contrées asiatiques.

La course du soleil était regardée comme le type
du pèlerinage que l'âme devait faire dans les lieux
infernaux, et des épreuves, qu'elle avait, après la
mort, à y subir avant de se confondre avec Osiris
lui-même et de donner à son corps resté sur la
terre une vie mystique et surnaturelle ; cette dernière croyance du lien posthume entre l'âme et
le corps est une des causes du soin que prenaient
les Égyptiens d'embaumer les corps.

Si l'âme n'arrivait point à soutenir les combats que
le grand serpent *Apôp*, ennemi du Soleil, lui livrait
dans les vastes champs infernaux, elle revenait sur
la terre sous forme d'esprit malfaisant pour tour-

menter les hommes, ou bien elle entrait dans le corps d'animaux immondes.

La religion égyptienne qui avait pour base l'unité divine et l'immortalité de l'âme, n'étalait cependant aux yeux qu'un polythéisme de divinités bizarres, et souvent monstrueuses, dont le peuple ne comprenait pas la signification cachée. Cette idolâtrie avait un caractère particulier; elle portait presque exclusivement, non sur des images inertes de pierre et de métal, mais sur des images vivantes, et les animaux servaient d'emblème aux idées exprimées dans la conception de chaque dieu.

Le taureau, la vache, le bélier, le chat, le singe, le crocodile, l'hippopotame, l'épervier, l'ibis, le scarabée, etc., étaient, suivant les provinces, choisis pour animaux sacrés. Les animaux désignés pour objet du culte étaient entretenus aux frais de l'État et servis par les plus grands personnages. On était puni de mort si l'on tuait volontairement un de ces animaux, et même si l'on tuait sans le vouloir un ibis ou un épervier. Les animaux sacrés étaient embaumés après leur mort.

La force productrice était représentée à Héliopolis par le taureau *Mnévis*, ailleurs par un bouc, à Memphis par le taureau *Hapi* (Apis). Ce dernier avait fini par être considéré comme l'expression la plus complète de la divinité. Il devait être noir avec un triangle blanc sur le front, une marque blanche en demi-lune sur le dos, et un nœud de chair en forme de scarabée sous la langue ; on le croyait né d'une vache mystérieusement fécondée par un rayon de la divinité ; c'était une incarnation d'Osiris, représentant la bonté, produite par la vertu de Phtah, la sagesse fécondante. On portait le deuil à sa mort jusqu'à ce qu'il eût un successeur ; il ne devait vivre qu'un certain nombre d'années au bout desquelles on le tuait. Embaumé après sa mort, il était déposé dans un temple somptueux, et devenait l'objet d'un nouveau culte, étant par sa mort assimilé à Osiris sous le nom d'*Osor-Hapi*, d'où les Grecs ont fait *Sérapis*. Le Serapeum ou temple de Sérapis découvert à Memphis par M. Mariette en 1850, nous a confirmé l'importance de ce culte dont l'historien grec Diodore de Sicile a raconté les magnificences.

Au temps de la dix-huitième dynastie, il y avait, à côté de la religion égyptienne, celle des Hébreux dont le nombre s'était considérablement accru depuis dix générations, et qui formaient un peuple dans un autre peuple ; mais le monothéisme des descendants de Jacob s'était fort altéré, et surtout matérialisé par suite du contact des idolâtres.

La forme religieuse nouvelle qu'*Aménhotep IV* voulut introduire, se rapprochait sans doute beaucoup du culte des Hébreux ; ce qui est certain, c'est que ces tentatives furent peu populaires et que les Hébreux commencèrent à être persécutés sous les règnes suivants, dont l'histoire est d'ailleurs fort obscure jusqu'à la fin de cette dynastie.

VI

DYNASTIE DES RHAMSÈS (XIXe DYNASTIE. 1461 A 1100 AV. J.-C.).

Rhamsès I commence la dix-neuvième dynastie. *Séti Ier* surnommé *Ménephta* (aimé de Phtah), son gendre et successeur, est certainement d'une race différente, comme l'attestent les traits de son visage reproduits sur les monuments ; on sait d'ailleurs qu'il rétablit le culte de *Soutekh*, dieu national des Hyksos ; il ne serait donc pas étonnant que ces princes fussent des descendants d'anciennes familles des Pasteurs restées dans le Delta.

Le règne de *Rhamsès II* surnommé le Grand (1407 av. J.-C.) est un de ceux dont la légende s'est le plus emparée ; ce prince est désigné par les Grecs sous le nom de Sésostris (*Sésou-Ra*). Pendant la première partie de son règne, qui dura 68 ans, il déploya la plus grande activité, mais la plupart des nouvelles conquêtes qu'on lui attribue, avaient déjà été faites par ses prédécesseurs, et s'il eut à soutenir de longues guerres, c'est que, des révoltes ayant éclaté de toutes parts, il fut obligé aux plus grands efforts pour maintenir l'intégrité de l'Empire. Ce fut d'abord l'Éthiopie qui se souleva conjointement avec les tribus nègres circonvoisines ; peu après, au nord l'Arménie, l'Assyrie, la Mésopotamie, la Chal-

dée, chassèrent les garnisons égyptiennes à l'instigation des Khétas ou Héthéens, descendants des
Pasteurs, qui jouaient alors le premier rôle dans
les affaires de l'Asie occidentale.

Ce fut en Asie que la guerre dura le plus longtemps
avec des alternatives de revers et de fortune ; ainsi la
onzième année du règne de Sésostris, les Égyptiens
étaient presque entièrement repoussés jusqu'à la
vallée du Nil, tandis que, plusieurs années après,
ils pénétraient jusqu'à la vallée de l'Oronte, dans le
cœur du pays des Khétas.

La lutte continua encore, car la paix ne fut signée
avec le roi de ce pays que la vingt et unième année
du règne de Sésostris ; loin d'avoir subjugué ses
adversaires, ce dernier reconnut l'indépendance et
l'intégrité de leur territoire, prit au nombre de ses
femmes la fille du roi Khétasar et rétablit dans
Tanis le culte de Soutekh, le dieu national des Pasteurs ; mais cette paix amena la soumission des
autres contrées de l'Asie qui reconnurent la suzeraineté du pharaon égyptien.

L'orgueil insatiable de ce prince le poussa à construire une foule de monuments ; il acheva les temples de Karnak et de Luxor, éleva les colosses de
Memphis et d'Ibsamboul, fit amener d'Eléphantine
des obélisques dont celui de la place de la Concorde
à Paris est un spécimen. Il fit aussi creuser de
nombreux canaux : on lui attribue à tort le canal de Memphis à la mer Rouge restauré par

son prédécesseur, et qui reliait cette mer à la Méditerranée.

Suivant les légendes racontées par les Grecs, le peuple jouit sous son règne d'un bonheur parfait ; cependant un papyrus du Musée britannique nous montre les laboureurs exposés aux extorsions des collecteurs d'impôts, garrottés et envoyés de force aux corvées des canaux, et les peintures des tombeaux nous représentent les captifs travaillant aux constructions sous l'œil de surveillants armés de fouets ; quand il n'y eut plus assez de captifs, il organisa des chasses aux nègres du Soudan dans des proportions inconnues jusque-là. Quant aux Hébreux, non-seulement il les réduisit à l'esclavage, mais ce fut lui qui, dans le but de les anéantir, rendit l'édit monstrueux ordonnant de mettre à mort tous les enfants mâles qui leur naîtraient.

Pour rendre plus difficiles les révoltes des peuples soumis, il inaugura le système employé plus tard par les rois d'Assyrie et de Babylone ; il transporta en Asie des tribus entières de nègres arrachées à leur pays, et les installa à la place des populations asiatiques qu'il envoya en Nubie.

Son caractère despotique et cruel nous est encore attesté par un curieux papyrus du musée de Turin, qui nous apprend qu'à la suite d'une conspiration de harem, les juges n'ayant pas, suivant lui, prononcé des condamnations assez sévères, il les fit périr avec tous les condamnés. Enfin, aussi peu soucieux de la morale que des lois, il épousa une de ses propres filles, la princesse Bent-Anat, quoiqu'il eût un harem des mieux fournis, puisqu'il laissa à sa mort 170 enfants dont 59 fils.

La fin du règne trop prolongé de ce prince est marquée par une décadence complète. Le peuple asservi ne sait plus résister aux invasions ; un flot de barbares de la race de Japhet qui, venus par mer, s'étaient depuis quelque temps abattus sur la côte africaine, déborda de la Libye et occupa toute la partie occidentale du Delta.

Ménephtah, treizième fils de Sésostris, et son successeur (1321) fut contraint de laisser ces envahisseurs s'établir dans le pays ; il repoussa toutefois une invasion plus considérable de peuplades qui étaient venues sur leurs traces et s'étaient avancées au delà de Memphis.

C'est sous Ménephtah que des calamités de toutes sortes, appelées les *dix plaies d'Égypte*, dévastèrent le pays ; c'est alors que les Hébreux, sous la conduite de *Moïse*, sortirent de l'Égypte et que l'armée qui les poursuivait fut engloutie dans la mer Rouge. Lorsque, près d'un demi-siècle plus tard, ce peuple s'installa dans le pays de Chanaan, tributaire des Égyptiens, ceux-ci ne paraissent pas s'être inquiétés de cette conquête ; il est vrai que *Josué* n'avait point attaqué les villes de la côte qui servaient de jonction principale entre l'Égypte et les provinces de Syrie et de Mésopotamie.

Les invasions des barbares toujours renaissantes présageaient la ruine prochaine de la monarchie, malgré quelques campagnes heureuses des princes de la vingtième dynastie ; ainsi *Rhamsès III* (1312), après avoir battu les Philistins venus de Crète, se vit obligé, ne pouvant les exterminer, de les établir sur la côte près du pays de Chanaan, où ils fondèrent une puissance redoutable non-seulement aux Israélites et aux Phéniciens, mais aux Égyptiens eux-mêmes, auxquels ils enlevèrent bientôt tout le littoral.

Ce règne, par une circonstance particulière, nous fournit la première date certaine de l'histoire des pharaons. On trouve dans un calendrier des fêtes religieuses, gravé sur une muraille du palais de *Medinet-Abou*, que l'une de ces fêtes, le lever de l'étoile Sothis (Sirius), arriva la douzième année du règne de *Rhamsès III*, et, d'après les calculs astronomiques, ce fut en l'année 1300 avant l'ère chrétienne que ce phénomène se produisit. Ce prince fut donc à peu près contemporain de la guerre de Troie.

La faible administration des rois de cette vingtième dynastie qui portèrent tous le nom de Rhamsès, n'eut pas seulement pour résultat la perte des provinces, elle permit les compétitions au trône.

VII

Un grand prêtre d'Ammon, *Pahar-Amousi*, s'empara de la couronne, tandis qu'une dynastie rivale s'élevait à Tanis dans la Basse Égypte (1110 av. J.-C.); c'est pendant ces troubles, que le roi *David* augmenta la puissance territoriale des Israélites. Les rois Tanites finirent par régner définitivement sur toute l'Égypte, et c'est l'un d'eux qui donna sa fille en mariage à *Salomon* (1014 av. J.-C.).

La période de décadence qui suivit coïncide avec la fondation de plusieurs États qui jouèrent dans l'histoire un rôle important; Didon fonde Carthage en 888 av. J.-C., le royaume de Macédoine s'établit en 807 et Rome est bâtie en 753.

Tandis que naissent ces empires, tout s'écroule en Égypte. Après les rois Tanites, dès princes de familles étrangères forment les dynasties suivantes; un grand bas-relief du palais de Karnak, nous représente l'un d'eux *Scheschouk* (le *Sézonchis* des Grecs, le *Sésac* de la Bible), d'origine syrienne, envahissant le royaume de Juda à la suite de Jéroboam (970), et rapportant les trésors du temple de Jérusalem. Mais ce ne fut qu'un éclair de puissance ; *Asa*, le petit-fils de Roboam, repoussa les invasions égyptiennes.

Sous la vingt-troisième dynastie, qui commence en 810, un roi d'Éthiopie, *Piankhi*, s'empara de la Thébaïde (762), et peu après le territoire d'Égypte jusqu'à la Méditerranée tomba au pouvoir de ces rois de Napata, les tributaires d'autrefois (725); *Schabaka* (Sabacon) s'empara de *Bokenranw* (Bocchoris), seul roi de la vingt-quatrième dynastie et le fit brûler vif (721).

L'Éthiopie et l'Égypte furent alors réunies.

VIII

DOMINATION ÉTHIOPIENNE (721 A 665 AV. J.-C.).

Sabacon restaura les chaussées, les canaux et les temples; il voulut porter ses armes en Assyrie, mais vaincu à Raphia, il fut repoussé jusqu'à Thèbes.

Sous son successeur *Sabacon II*, une nouvelle armée fut envoyée au secours d'Ézéchias, roi de Juda, assiégé dans Jérusalem par *Sennachérib* roi des Assyriens; la peste obligea ce prince de rentrer à Ninive; mais en revanche, quelques années après (670), *Assarahaddon*, fils de Sennachérib, vainquit *Tahraka*, successeur de Sabacon II, et ajouta à ses titres ceux de roi d'Égypte et d'Ethiopie.

Tahraka reprit cependant peu après possession de l'Égypte après avoir vaincu *Assour-ban-Habal* (Sardanapale), roi des Assyriens. Mais, après lui, son fils *Roumen* ne put se maintenir et dut se retirer en Éthiopie (665 av. J.-C.).

IX

Par suite de guerres intestines douze chefs se partagèrent la Basse-Égypte ; puis l'un d'eux, *Psamitik*, vainquit ses collègues et fonda la vingt-sixième dynastie égyptienne qui s'établit à *Sais* (656 av. J.-C.).

Ses successeurs, *Néchao II* (611) et plus tard *Ouahprahet* (589) que les Grecs nomment Apriès, essayèrent en vain de porter leurs armes en Asie ; ils furent vaincus, Apriès défendit inutilement Jérusalem qui tomba sous les coups de Nabuchodonosor, roi de Babylone (588).

Sous le successeur d'Apriès, *Amasis*, qui n'était pas d'ailleurs de race royale, l'Égypte paraissait aussi florissante qu'à aucune autre époque de son histoire ; le commerce s'étendait au loin et les étrangers, surtout les Grecs, affluaient de tous côtés ; parmi ceux-ci, les Éginètes avaient même bâti à leur usage un temple à Jupiter, les Samiens à Junon, les Milésiens à Apollon.

Mais cette prospérité n'était qu'apparente ; les institutions anciennes disparaissaient peu à peu sous les influences étrangères, et il n'y avait plus d'armée nationale à opposer au premier conquérant que tenterait cette proie facile.

X

DOMINATION DES PERSES (527 A 332 AV. J.-C.).

Kambousia II (Cambyse), fils de Cyrus, qui gouvernait le puissant empire des Perses, marcha à la conquête de l'antique royaume des Pharaons, et, malgré la résistance de *Psamitik III* (Psamménit) à Péluse, il s'avança victorieux ; Memphis fut prise d'assaut, Thèbes saccagée, et l'Égypte privée pour un siècle de son indépendance (527 av. J.-C.).

Ce prince commença la vingt-septième dynastie. *Darius I*ᵉʳ et après lui *Xerxès* durent soutenir de nouvelles luttes pour imposer le joug de la Perse ; un satrape ou gouverneur administrait le pays avec la Libye et la Cyrénaïque.

A la mort de *Xerxès* (463), le roi de Libye *Inarus* et l'Égyptien *Amyrtæus*, secondés par la flotte des Athéniens, tentèrent une nouvelle révolte ; Inarus assiégé dans Byblus par le satrape Mégabyse fut pris et crucifié à Suze (456). Mais, à la mort de *Darius II Nothus*, Amyrtæus parvint à chasser les Perses (404), et constitua la vingt-huitième dynastie.

Les rois des deux dynasties suivantes parvinrent à repousser les attaques des Perses grâce à l'alliance des Grecs ; *Noufrouthph* (Nepheritès) s'entendit avec les Spartiates (395), son successeur *Hakor* (Achoris) fit alliance dans le même but avec les Athéniens, Chypre, Tyr, les Arabes et les Libyens.

Nectanèbo (377) et *Tachos*, de la trentième dynastie attaquèrent et vainquirent les Perses ; ce dernier s'avança en Phénicie, conjointement avec une
armée lacédémonienne commandée par Agésilas,
et avec une flotte athénienne ; mais son neveu *Nectanèbo II*, qui avait profité de son absence pour le
détrôner, ne sut point défendre son trône ; vaincu
par *Artaxerxès II*, roi des Perses (338), il s'enfuit
en Éthiopie avec les trésors qu'il put emporter. Ce
fut le dernier roi national ; l'Égypte retomba pour
cinq années sous le joug des Perses.

XI

DOMINATION GRECQUE. — LES PTOLÉMÉES (332 A 50 AV. J.-C.).

Alexandre le Grand, après avoir vaincu le roi de
Perse Darius à la bataille d'Issus (333 av. J.-C.),
soumis la Phénicie et conquis la Judée, se dirigea
vers l'Égypte. Pelusium et Memphis lui ouvrirent
leurs portes et les Égyptiens acceptèrent sans
crainte la domination des Grecs dont les mœurs
leur étaient connues depuis longtemps. Alexandre
trouva sur la côte un emplacement qu'il crut favorable pour y fonder une ville ; ses prévisions se
réalisèrent, Alexandrie devint en peu de temps un
des ports les plus fréquentés de l'Asie et de l'A-
frique.

A la mort d'Alexandre (323), l'un de ses généraux,

Ptolémée, fils de Lagos, eut l'administration de l'Égypte ; il prit une part active aux guerres que se livrèrent les généraux du conquérant pendant le règne débile d'*Alexandre-Aigos* et de *Roxane* sa mère, et prit le titre de roi en l'année 305 ; il mourut en 283. Ses successeurs jusqu'à la conquête romaine gardèrent tous le nom de Ptolémée ; ils prirent pour capitale Alexandrie, la ville où le premier des Lagides avait ramené de Syrie le corps d'Alexandre. Prince civilisateur et lettré, il fit de la ville nouvelle le foyer de la science et la métropole du commerce.

Ptolémée II Philadelphe et *Ptolémée III Evergète* furent des conquérants ; la Libye, la Phénicie, la Judée, Chypre et les Cyclades tombèrent en leur pouvoir ; la Syrie et la Perse subirent leurs invasions ; tout le golfe arabique leur appartint avec les côtes de l'Arabie-Heureuse.

Après eux commence la décadence ; la cupidité et la corruption envahissent la cour, et les charges militaires devenues honorifiques n'appartiennent plus qu'aux courtisans. *Ptolémée IV Philopator* fut obligé, au lieu d'attaquer, de se défendre contre *Antiochus le Grand*, roi de Syrie ; malgré la victoire de Raphia (217) il ne laissa qu'un royaume en décadence. *Antiochus* reprit à son successeur *Ptolémée V Epiphane* les villes de Syrie, la Palestine et la Cœlésyrie (198).

L'influence de la République romaine, dans les

affaires d'Égypte, commença à se faire sentir dès cette époque. Les Ptolémées avaient toujours été alliés des Romains ; *Epiphane* (204), et après lui *Philométor* (176), furent mis sous la tutelle du Sénat romain pour les protéger contre *Antiochus ;* cette protection n'était pas inutile ; des ambassadeurs romains se présentèrent à l'envahisseur déjà maître de Memphis et lui demandèrent s'il voulait la paix ou la guerre ; l'un d'eux *Popílius*, ne voulant pas se contenter d'une réponse évasive, traça un cercle autour du roi et le contraignit à répondre avant d'en sortir. *Antiochus* se vit forcé de reculer devant la prépondérance romaine ; mais l'Égypte, au lieu d'un protecteur, s'était donné un maître, et le Sénat romain eut soin d'y entretenir les discordes intérieures jusqu'à la chute complète des Ptolémées.

En 51 avant l'ère chrétienne, *Ptolémée XIII Denys*, âgé de treize ans, monta sur le trône après avoir épousé, suivant la coutume des Lagides, sa sœur *Cléopâtre VII*, âgée de dix-sept ans. A cette époque, Chypre, la Grèce et la Syrie appartenaient déjà aux Romains. *Cléopâtre*, en dissension avec son frère (48), se sauva en Syrie pour réunir une armée, au moment où *Pompée*, vaincu à Pharsale, croyait pouvoir se réfugier en Égypte et était massacré par ordre de Ptolémée dans la barque qui le conduisait au rivage. *César* qui poursuivait son rival, arriva à Alexandrie avec l'avant-garde de son armée ; séduit par Cléopâtre, il prit sa défense, mais Alexandrie se souleva à l'instigation de Pothin et d'Achillas, ministres du roi, des combats sanglants furent livrés dans les rues de la ville, et la bibliothèque, qui contenait 40,000 volumes, fut consumée par les flammes. César fut délivré par Mithridate de Pergame qui arriva avec les légions romaines, et *Ptolémée XIII* périt dans un combat.

Cléopâtre fut replacée sur le trône (47) ; elle dut épouser son jeune frère *Ptolémée XIV*, et tolérer une garnison romaine dans Alexandrie ; après le départ de César, elle eut un fils, qu'elle appela Césarion pour perpétuer le scandale de son origine. Ayant fait empoisonner son frère, elle tenta de se débarrasser de la domination romaine. Aussi, après que la bataille de Philippes (42) eut donné l'empire du monde aux triumvirs, *Octave*, *Antoine* et *Lépide*, et qu'Antoine eut obtenu l'Asie en partage, il appela en Syrie Cléopâtre devant son tribunal pour répondre aux accusations dont elle était l'objet.

Comme César, il fut charmé de sa beauté ; il la suivit en Égypte et reconnut *Césarion* pour héritier légitime du trône ; enfin, oubliant auprès de cette enchanteresse le soin de sa fortune, il l'épousa, après avoir répudié *Octavie*, sœur d'Octave.

Le Sénat lui déclara la guerre (32) ; abandonné à la bataille navale d'*Actium* (31) par les vaisseaux égyptiens commandés par Cléopâtre, il revint en Égypte ; à l'arrivée d'Octave sous les murs d'Alexandrie, il essaya de combattre, mais il fut de nouveau abandonné, et Cléopâtre lui ayant fait persuader qu'elle s'était donné la mort, il se perça de son épée.

La reine croyait que le pouvoir de ses charmes saurait encore adoucir le vainqueur, mais ayant appris qu'elle devait être transportée à Rome pour servir d'ornement à son triomphe, elle se fit piquer par un aspic et mourut empoisonnée. L'Égypte **fut** réduite par Octave en province romaine (30 av. J.-C.).

XII

DOMINATION DES EMPEREURS ROMAINS (30 AV. J.-C. A 330 AP. J.-C.).

Auguste créa pour l'Égypte une forme particulière d'administration, il lui donna un préfet qui eut une autorité absolue. Les révoltes furent d'abord assez fréquentes ; c'est alors que Thèbes, déjà dévastée un siècle auparavant sous les Ptolémée, fut complétement détruite par le préfet *Cornelius Gallus* et réduite, après tant de splendeur, à l'état de simple village (27 av. J.-C.).

La tranquillité une fois rétablie, les premiers siècles de la domination romaine furent pour l'Égypte une période de calme et de prospérité. *Tibère* (14 à 37 ap. J.-C.) fit construire au temple de Dendérah un vestibule à colonnes contenant le zodiaque. Sous *Caligula*, pendant que saint Pierre fonde l'Église d'Antioche, Philon le philosophe fait école à Alexandrie, alliant le platonisme grec aux idées du mosaïsme et au mysticisme oriental (40 ap. J.-C.). *Claude* (41 à 54) encourage les savants. *Néron* (54 à 68) fait sans résultat rechercher les sources du Nil. C'est à Alexandrie que *Vespasien* est proclamé empereur à l'instigation du préfet d'Égypte (69). *Titus* vient à Memphis et y intronise un taureau Apis.

La religion de l'antique Égypte subsistait encore à cette époque ; mais depuis longtemps Alexandrie, cette ville cosmopolite, était devenue le théâtre de discussions entre les philosophes de toutes les nations et surtout de la Grèce, et l'école philosophique qui s'était dégagée de ces études était connue sous le nom d'école d'Alexandrie.

La religion chrétienne trouva en Égypte de nombreux adeptes ; l'antique religion égyptienne, déjà purgée d'une partie des superstitions les plus grossières du paganisme, s'assimila facilement les doctrines nouvelles ; sur la croyance à l'immortalité de l'âme, il y avait un point de contact bien marqué, et en outre la théorie de l'union mystique de l'âme avec le corps avait une vague ressemblance avec le dogme de la résurrection. Saint Marc fut martyrisé à Alexandrie sous *Domitien* (81), et c'est à cette époque que fut fondé le patriarchat chrétien d'Alexandrie au milieu des persécutions.

Le christianisme intronisé au milieu de philosophes devint à Alexandrie le sujet de controverses de toutes sortes ; dès le premier siècle le gnosticisme, qui fut sans doute la plus ancienne hérésie de la nouvelle religion, fit école et préconisa l'ascétisme, négligeant les œuvres pour la contemplation ; l'excès du mysticisme oriental persista dans les siècles suivants, et saint Clément qui mourut en 217, Origène en 254, saint Basile en 379, Grégoire de Nyssé en 398, s'appliquèrent tous à combattre cette tendance.

A côté du christianisme se plaçaient encore des sectes purement philosophiques, dont le néo-platonisme, formé des doctrines de Platon et d'Aristote, fut une des principales, et dura depuis 193 jusqu'à Justinien en 529.

Les successeurs de Domitien s'étaient tenus en dehors de ces discussions ; *Adrien* vint en Égypte et y bâtit Antinoé (130). *Antonin* (138 à 161) réprima une sédition des Alexandrins qui avaient assassiné le préfet romain. *Septime-Sévère* marcha contre Alexandrie opposée à son élection et lui donna un sénat particulier (200) ; peu après, il persécuta les chrétiens d'Égypte, qui avaient alors à leur tête saint Clément, chef de l'école chrétienne d'Alexandrie (202). *Caracalla*, irrité de certains sarcasmes des habitants d'Alexandrie, livra la ville au massacre et au pillage, et, du haut du Sérapeum, assista à sa vengeance (216). *Décius* excita contre les chrétiens les juifs et les

Égyptiens de l'ancienne religion (250); c'est de cette époque que date l'émigration dans la Thébaïde des solitaires dont les plus célèbres furent, au troisième et au quatrième siècle, saint Macaire, saint Pacôme, saint Antoine. Sous *Valérien* et *Gallien*, une révolte dura douze années; la peste et la famine firent des ravages dans Alexandrie (257).

Peu après, le pays eut à subir une invasion; en 267 ap. J.-C., pendant que l'empereur *Claude II* arrêtait à Naïssus les Goths qui menaçaient d'envahir la Grèce, *Zénobie*, reine de Palmyre, qui avait déjà étendu son empire depuis la mer de Phénicie jusqu'à l'Euphrate, envoya son général Zabbas à la conquête de l'Égypte. Les Syriens, vainqueurs de la faible armée égyptienne, s'installèrent à Alexandrie dans le gouvernement du pays; *Probus* envoyé par Claude les chassa, mais ils revinrent après son départ. L'empereur *Aurélien* se transporta en Syrie (270 ap. J.-C.); Zénobie bloquée dans Palmyre fut faite prisonnière (272) et alla finir ses jours en Italie dans une maison de campagne près de Tibur.

Pendant les dissensions qui régnèrent à Rome et les nombreuses compétitions à l'empire, de 275 à 323, des révoltes furent tentées par les Égyptiens, mais elles échouèrent successivement. *Dioclétien* fit pendant huit mois le siége d'Alexandrie qui fut livrée au pillage.

Sous *Constantin*, l'Orient en proie aux luttes religieuses fut troublé par l'hérésie d'Arius, prêtre d'A-

lexandrie, dont l'élection de *saint Alexandre* à l'évê-
ché avait causé le ressentiment de cette ville en
frustrant ses espérances. Constantin fit convoquer
à Nicée, près de Nicomédie où il résidait, un concile œcuménique qui condamna les doctrines
d'*Arius*, déclara la divinité de Jésus-Christ et ré-
digea le symbole de *Nicée* (325).

XIII

DOMINATION DES EMPEREURS GRECS (330 A 640).

La fondation de Constantinople par Constantin
sur l'emplacement de Bysance en 330 apporta une
modification dans l'administration de l'Égypte, qui
fut gouvernée civilement par un préfet du prétoire et
militairement par un haut dignitaire de la cour.

Julien l'Apostat (361 à 363), en rétablissant le culte
des faux dieux, donna occasion à quelques bourga-
des égyptiennes de retourner au culte d'Ammon et
du Bœuf Apis ; mais, sous *Théodose le Grand* (378 à
395), à partir du concile de Constantinople (381), la
religion chrétienne fut universellement celle de
l'Égypte, sauf dans l'île de Philæ où le culte d'Isis
persista jusqu'en 540, époque à laquelle Justinien
fit transporter à Constantinople les statues de cette
divinité.

Dans le partage de l'empire romain entre les fils
de Théodose, l'Égypte échut à l'empire de
Bysance (395).

Arcadius et ses successeurs ne se souvinrent de ce pays que pour le ruiner d'impôts et opprimer les habitants. Deux siècles se passèrent ainsi sans événements remarquables. Le sac de Rome par *Alaric*, roi des Visigoths (410), l'établissement de *Genséric*, roi des Vandales dans le nord de l'Afrique (427), l'expulsion de ces derniers par *Bélisaire*, général de *Justinien* (534), et les invasions qui se succédèrent en Europe, ne modifièrent en rien la situation de l'Égypte.

Sous *Héraclius I*er, Chosroès II, roi des Perses, après avoir subjugué les provinces d'Asie et s'être emparé de Jérusalem, put arriver jusqu'en Égypte avec une armée grossie d'Arabes et de Juifs (615) ; mais il fut repoussé et rentra dans ses États. *Syroès* son fils, après l'avoir assassiné, traita avec Héraclius ; il rendit le bois de la croix de Jésus-Christ enlevé de Jérusalem, et c'est à cause de cet événement que les chrétiens instituèrent la fête de l'Exaltation de la croix (628).

L'empire paraissait sauvé et l'Égypte délivrée ; mais des peuplades venues de la presqu'île arabique inondaient déjà l'Asie entière et les rives du Pont-Euxin ; elles apportaient une religion nouvelle appropriée à leur nature belliqueuse et marchaient de conquêtes en conquêtes.

XIV

L'ÉGYPTE SOUS LES PREMIERS KHALYFES DE LA MEKKE (640 a 661).

L'Arabie habitée dès les temps les plus reculés par des tribus nomades, qui prétendaient descendre d'Abraham, n'était jamais tombée sous le joug des Romains qui n'en avaient occupé que les frontières, levant parfois quelques impôts.

Mohammed (Mahomet), né à la *Mekke* (*la Mecque*), l'an 569 de l'ère chrétienne, dans la tribu des Khoreychites, après avoir longtemps voyagé en Asie et étudié les différents cultes professés par les tribus arabes, résolut de réunir en un seul faisceau, par une religion commune, les populations éparses de l'Arabie; les unes adoraient les idoles, d'autres, le soleil, la lune ou quelque système planétaire; quelques-unes avaient embrassé le judaïsme, et un petit nombre seulement, le christianisme.

S'instituant prophète et apôtre, Mahomet enseigna, comme dogmes, l'unité de Dieu, l'immortalité de l'âme, la croyance aux peines et aux récompenses de l'autre vie, et comme préceptes, la prière, les ablutions, le jeûne et l'aumône; il défendit l'usage du vin et les liqueurs fortes, réduisit à quatre le nombre des femmes de chaque musulman, et ordonna le pèlerinage à la Mekke, au temple de la *Kaabah* (maison carrée), où depuis longtemps on allait adorer la pierre noire, symbole de la divinité.

Chassé de sa patrie par sa propre tribu, Mahomet data de sa fuite à Médine, où il fut bientôt reconnu chef de la ville, une nouvelle ère appelée *hégireh* (fuite). Cette ère correspond pour les Turcs au 16 juillet 622 de l'ère chrétienne, et pour les Arabes au 15 juillet; il faut remarquer que, les musulmans comptant par année lunaire de 354 jours, 100 années chrétiennes font 103 musulmanes.

Sept ans après son départ, Mahomet rentrait victorieux à la Mekke, après avoir combattu les Romains en Palestine et triomphé de ses ennemis; il mourut, l'an XI de l'hégire, à Médine où il fut enterré. C'est surtout après sa mort que se propagea par les conquêtes cette religion adaptée à la fois à l'esprit contemplatif de la race, au sensualisme oriental et aux anciennes pratiques nationales.

Abou-Beker, son beau-père, lui succéda (532) et prit le titre de *Khalifah Resoul Allah* (lieutenant de l'apôtre de Dieu); ce fut lui qui coordonna les sentences écrites par Mahomet et en forma le *Koran*, qui devint non-seulement le code religieux, mais encore le code civil des Arabes.

Après lui, *Omar* (635) qu'il avait désigné pour son successeur prit le titre d'*Emyr-el-Moumenyn* (prince des fidèles). En peu de temps, il se rendit maître d'une partie de la Perse et de toute la

Syrie; Jérusalem, la ville sainte des chrétiens et aussi des Arabes, tomba sous sa puissance et l'église de la Résurrection, bâtie par l'empereur Constantin, fut convertie en mosquée (638).

*Héraclius I*er, oubliant sa victoire contre les Perses, n'avait opposé aux musulmans que quelques milliers d'hommes, et, pour que l'Égypte ne fût point envahie, il offrit de payer à Omar un tribut annuel; mais celui-ci, rentré à Médine, n'en donna pas moins peu après à son lieutenant *Amrou-ben-êl-Aas* l'ordre d'entrer en Égypte sous prétexte que le tribut n'avait pas été payé avec exactitude (639). Memphis, peuplée d'anciens Égyptiens appelés *cophtes* ou coptes, qui étaient chrétiens, mais de la secte hérétique des Jacobites, lui ouvrit ses portes par haine des Alexandrins. Alexandrie était la ville impériale habitée en grande partie par les Grecs d'Asie; elle résista quatorze mois et ne se rendit qu'après avoir appris la mort d'Héraclius et les compétitions de ses débiles successeurs (640).

L'administration d'Amrou fut équitable et tolérante; les cophtes continuèrent leur culte; les impôts vexatoires furent remplacés par un tribut modéré et l'on rétablit les nilomètres, qui mesuraient par les crues du fleuve la valeur des récoltes et indiquaient par suite la quotité de l'impôt.

L'Égypte put un moment se faire illusion et croire qu'elle serait heureuse sous ses nouveaux maîtres; mais ceux-ci n'étaient que des barbares aussi fanatiques qu'illettrés, et, comme pour caractériser la destinée nouvelle des vaincus, le khalyfe *Omar* ordonna à son lieutenant de détruire les précieux manuscrits rassemblés depuis tant de siècles à Alexandrie ; il avait jugé que le Koran était suffisant et que tout autre livre ne pouvait être qu'inutile ou nuisible ; pendant six mois les quatre mille bains de la ville furent chauffés par les poudreux papyrus.

C'est aussitôt après la conquête que fut fondée près de Memphis une capitale nouvelle, autour de la tente du général, qu'on avait abandonnée avant le départ pour Alexandrie, parce que deux colombes y avaient fait leur nid ; d'où le nom de *Fostatt* (la tente) qui fut donné à la ville.

Malheureusement pour l'Égypte, le khalyfe *Othmân* (644-655), qui succéda à Omar, méconnaissant les services d'Amrou, le remplaça bientôt par *Abd-Allah-ben-Sayd*, son frère de lait, qui commença son administration par une augmentation d'impôts.

Amrou ne rentra dans son gouvernement que dix-sept ans plus tard, lorsque, après le meurtre du khalyfe *Othmân* (655) et l'assassinat d'*Ali* son successeur (661), *Moaouyah* fonda, la sixième année de l'hégire, la dynastie des Ommyades, ainsi appelée du nom de son bisaïeul Ommyah.

XV

L'ÉGYPTE SOUS LES KHALYFES OMMYADES DE DAMAS
(661 A 750).

Amrou mourut un an après être rentré dans son gouvernement et eut à peine le temps de réparer les injustices de ses prédécesseurs.

Après le court passage au khalyfat d'*Yésid*, fils de Moaouyah (681 à 684), *Abd-Allah-ben-Zobéyr*, reconnu khalyfe à Médine, eut pour compétiteur *Mérouan* que les Syriens élurent à Damas. Celui-ci se porta sur l'Égypte avec toutes ses forces, battit près d'Héliopolis le gouverneur *Abd-er-Rhaman* resté fidèle à Abd-Allah, entra dans la capitale, et fit trancher la tête à cent Arabes de la tribu de Maafer, qui continuaient à se déclarer partisans d'Abd-Allah.

Il nomma gouverneur de l'Égypte l'un de ses fils *Abd-el-Aziz*, qui garda l'administration pendant vingt ans (684 à 705) ; car Mérouan étant mort de la peste, son autre fils, *Abd-el-Melek*, lui succéda à Damas (684) et parvint, après avoir transporté à Jérusalem le pèlerinage de la Mekke, à réduire son rival Abd-Allah qui, assiégé dans la Mekke pendant sept mois, y fut tué (690). Mais le siége du khalyfat n'en resta pas moins dorénavant à Damas.

Les gouverneurs de l'Égypte, après Abd-el-Aziz, se

succédèrent avec une telle rapidité que jusqu'à la fin de la dynastie des Ommyades (750), c'est-à-dire un demi siècle, on peut en compter près de cent; sous le khalyfat d'*Hécham* (724 à 743) il y en eut plus de vingt; les khalyfes ombrageux craignaient de se créer des rivaux que la prospérité du pays aurait pu rendre redoutables. Les écrits des Cophtes dépeignent tous ces gouverneurs sous les plus sombres couleurs; les moines furent forcés comme les autres habitants de payer le tribut d'un dynar par tête, environ 15 francs, et ceux qui s'y refusèrent furent décapités, ou mis à mort par la bastonnade; puis l'impôt d'un dynar fut doublé; les animaux eux-mêmes furent taxés et les cultivateurs qui ne représentaient pas la quittance, avaient la main coupée; les professions furent soumises à une capitation; enfin, pour voyager sur le Nil, les habitants durent se munir d'un passe-port de dix dynars, environ 150 francs.

Pendant ce temps, la puissance des Arabes s'était accrue considérablement non-seulement en Asie Mineure et en Sicile, mais encore au nord de l'Afrique; Amrou avait fait une première expédition jusqu'à Tripoli; Abd-Allah avait continué les incursions, et les Grecs avaient été chassés définitivement en 689. Un gouverneur particulier avait été envoyé aux nouvelles provinces afin de poursuivre les conquêtes dans le *Magreb* (occident); les Maures et les Berbères, réunis sous les drapeaux de la reine

Damia la Kahena, avaient été vaincus (698) et soumis complétement (708). Maîtres de tout le littoral de la Méditerranée, les Arabes avaient été appelés en Espagne par un vassal rebelle de *Roderic*, roi des Goths ; ils avaient débarqué sous les ordres de *Taryk* près du rocher de Calpé, appelé dès lors *Gibel-al-Taryk* (*Gibraltar*). La bataille de *Xérès* avait mis fin au royaume des Goths en Espagne (711) et, sous le dernier . des khalyfes Ommyades, les Maures, passant les Pyrénées auraient conquis la Gaule si Charles Martel ne les eût arrêtés à Tours (732) et refoulés en Espagne.

Mais plus la puissance des khalyfes était grande, plus le trône était disputé à l'heureux possesseur. En 750, le khalyfe *Mérouan II*, battu à Moussoul par l'armée de son compétiteur *Abou-l-Abbâs*, descendant de Hachem, bisaïeul du prophète, s'enfuyait en Égypte, où il fut tué par ceux qui le poursuivaient ; à Damas, quatre-vingts membres de sa famille de tout sexe et de tout âge étaient mis à mort par ordre d'Abou-l-Abbâs, surnommé *El-Saffah*, le verseur de sang. Un seul put s'échapper ; il s'enfuit en Espagne où il fut proclamé, et fonda le khalyfat de *Cordoue* indépendant de celui de Damas (756).

XVI

L'ÉGYPTE SOUS LES KHALYFES ABBASSIDES DE BAGHDAD
(750 A 870).

Sous les khalyfes Abbassides, les changements de gouverneurs furent aussi fréquents que précédemment; chacun d'eux ne cherchait pendant le court séjour qu'il faisait en Égypte qu'à se hâter d'augmenter les surcharges pour s'enrichir avant sa révocation. L'ombrageux khalyfe *Al-Mansour* (754 à 775) qui fit construire *Baghdad* ne se croyant pas en sûreté à Damas, envoya en Égypte six gouverneurs en sept ans. *Yésid* parvint cependant à gagner sa confiance, il resta huit ans dans son gouvernement (761 à 769) et reçut du khalyfe le titre d'*émyr Mesr*, prince d'Égypte, que portèrent dès lors ceux qui lui succédèrent.

On a beaucoup exalté le règne du khalyfe *Haroun* surnommé *él-Rachyd* (le Justicier) (786 à 809); ce qui fit la réputation de ce prince auquel Constantinople paya tribut, c'est qu'il fit comme son prédécesseur fleurir les lettres et les arts, et qu'il envoya à Charlemagne les clefs du Saint-Sépulcre avec de magnifiques présents et une horloge hydraulique, objet de l'admiration des contemporains; mais sous son règne, le khalyfat de Baghdad ne fut pas davantage à l'abri des compétiteurs; aussi, pour se garantir contre les gouverneurs de l'Egypte, il leur adjoignit plusieurs fois un administrateur spécial pour les finances.

Ces précautions n'étaient point d'ailleurs inutiles; car le khalyfat se démembrait de plus en plus. En 788, un descendant d'Ali, *Edris* fondait en Mauritanie la dynastie des *Edrissites;* en 796, le gouverneur d'Afrique *Ibrahim-ben-Aglab* proclamait à *Kayrouan* son indépendance et fondait la dynastie des *Aglabites,* dont la domination s'étendit bientôt depuis les États de Fez jusqu'à la frontière d'Egypte avec Kayrouan pour capitale.

Al-Mamoun, fils et deuxième successeur d'Haroun-el-Rachid (813 à 833), se vit en 818 sur le point de perdre l'Égypte; il fut obligé de racheter 500,000 dynars (7,500,000 francs) le gouvernement de ce pays à l'un de ses généraux, *Abd-Allah-ben-Taher,* qui s'en était emparé après avoir chassé un compétiteur. Le khalyfe ne se contenta pas de nommer par prudence son propre frère *el-Motassem* gouverneur de l'Égypte, il alla lui-même en 832 repousser la peuplade des Bimaïtes qui inquiètait le pays, et pendant son séjour, il s'occupa des détails de l'administration, fit réparer le nilomètre construit en 715 par Souleyman dans l'île de Raudah au vieux Kaire et ajouta une mosquée à l'édifice qui le renfermait.

XVII

DYNASTIE DES TOULONIDES (870 A 905).

Cependant, les événements allaient bientôt amener en Égypte un homme qui devait soustraire momentanément ce pays à la suzeraineté des khalyfes. Depuis près de deux siècles, les *Turkomans*, les *Mogols* et les *Tartares*, peuplades de l'Asie septentrionale, s'étaient peu à peu fondues dans une nation appelée turque ou tartare qui se trouva limitrophe des possessions arabes en Asie ; de là des guerres continuelles ; les prisonniers turcs furent réduits en esclavage par les Arabes et envoyés dans les provinces ; mais ceux qui avaient la plus haute stature restèrent à Baghdad au service des khalyfes, et plusieurs entrèrent dans leur garde particulière qui finit par se composer exclusivement de ces esclaves affranchis.

Un de ces étrangers, *Touloun*, qui avait été capitaine de la garde turque sous *Al-Mamoun* et sous son successeur *êl-Motassem*, avait donné à son fils *Ahmed* une éducation brillante. Celui-ci n'avait occupé que peu de temps le poste de son père ; il s'était retiré, afin de pouvoir se livrer entièrement à l'étude, et surtout pour se soustraire aux intrigues de cour. En effet, sous le khalyfe *êl-Motouakkel*, la garde turque devint si turbulente que le khalyfe, qui avait fixé sa résidence à Damas, la transporta à *Samarrah*, où il n'en fut pas moins massacré par le capitaine des gardes (861) ; dès lors ce fut la garde turque qui fit et déposa les khalyfes, et qui dirigea l'administration.

Sous le khalyfe *êl-Motaz*, l'un des chefs de cette milice, *Bakbak* fut nommé gouverneur de l'Égypte (868) qui était alors en proie au pillage et à l'anarchie ; il prit pour lieutenant militaire, le lettré *Ahmed-êbn-Touloun* qu'il savait assez énergique pour reconquérir ce gouvernement.

Ahmed, en effet, répondit à ces espérances ; en arrivant il commença par s'adjuger cent esclaves indiens dont l'Inspecteur des tributs se faisait accompagner afin de lever des impôts vexatoires, non-seulement sur les chrétiens, mais sur les musulmans ; il combattit trois compétiteurs qui avaient pu lever des armées importantes, grâce à la mauvaise administration des dernières années. Il fit élever à l'orient de Fostatt, sur un plateau, un palais magnifique entouré d'une vaste citadelle qui pût contenir les munitions de guerre, et qu'il appela *El-Qatayah*, c'est-à-dire fonds concédés, parce qu'il donna les terrains environnants aux chefs de son armée en les obligeant à construire des demeures somptueuses ; ce plateau fait aujourd'hui partie de la ville du Kaire, dont il forme un des quartiers les plus populeux, et renferme une vaste mosquée très-ancienne, appelée *Gamè-Touloun* (mos-

4.

quée de Touloun, c'est-à-dire du fils de Touloun).

La disgrâce de Bakbak, gouverneur titulaire de l'Égypte et le départ de l'Inspecteur des tributs pour la Syrie, rendirent *Ahmed* seul gouverneur; il en profita pour réduire les impôts de 100,000 dynars, faire construire un hôpital, des mosquées, des aqueducs, des fontaines, et se rendre populaire.

En ce temps, le khalyfe *êl-Motamed* avait partagé le gouvernement entre son frère *êl-Mouaffeg* et son fils *êl-Mofaoued*. Ce dernier, jaloux de la puissance et de la renommée d'Ahmed, chercha un prétexte pour le dépouiller et lui demanda une augmentation du tribut annuel; Ahmed se fortifia dans sa citadelle et établit deux nouvelles forteresses sur le Nil; mais les troupes envoyées par le khalyfe se débandèrent avant d'arriver à *El-Qatayah.*

Ahmed, affermi dans son autorité, résolut de profiter de ce que êl-Mofaoued faisait la guerre contre les Zinges, pour soumettre la Syrie; la plupart des gouverneurs se déclarèrent pour lui sans combattre; il réduisit les autres et revint la même année (879) en Égypte. Son propre fils *Abbas* s'était en son absence emparé de son trésor, qui s'élevait à 2 millions de dynars (30 millions de francs). Réfugié à Barbak où il essaya de combattre, il fut ramené à son père qui le tint dès lors enfermé dans son appartement (881).

La révolte d'un des lieutenants d'Ahmed *Loulou*, qu'il avait laissé à Rakkak avec une partie de l'armée et qui s'allia avec el-Mouaffeg, le força à reprendre les armes. Il s'était avancé jusqu'à Antioche lorsqu'il tomba malade pour avoir bu en trop grande quantité du lait de buffle; il se fit transporter en litière jusqu'au Nil, et de là à Fostatt où il mourut la même année, après avoir fait la paix avec el-Mouaffeg (882).

La puissance d'Ahmed avait rivalisé avec celle des khalyfes de Baghdad; son fils *Khomarouyah* lui succéda sans autorisation du khalyfe; ce ne fut qu'en 892 qu'il offrit de payer un tribut annuel de 200,000 dynars (3 millions de francs) moyennant l'investiture pendant trente ans, et sa fille épousa le khalyfe *el-Motadded* (895). Il périt assassiné la même année par des domestiques du palais qui avaient des intrigues avec les femmes du harem et craignaient le châtiment dont ils étaient menacés.

Son fils *Geych*, qui était encore enfant, lui succéda; il fut massacré dans une émeute (896), et *Haroun*, son frère, reçut l'investiture en portant le tribut à un million de dynars (15 millions de francs); mais les gouverneurs de Syrie soumis à l'Égypte, même celui de Damas, s'affranchirent de son autorité et prêtèrent serment de fidélité au khalyfe el-Motadded. La faiblesse d'Haroun encouragea le khalyfe *El-Moktafy*, en 902, à reprendre la Syrie et l'Égypte; Haroun fut tué par ses soldats et les descendants de Touloun chargés de fers.

XVIII

RETOUR DES ABBASSIDES (902 A 934).

Dès lors, les gouverneurs se succédèrent aussi nombreux qu'autrefois, nommés par les khalyfes de Baghdad ; mais ces derniers ne gardèrent que pendant vingt-neuf ans leur suzeraineté reconquise.

XIX

DYNASTIE DES IKHSCHYDITES (934 A 969).

Tandis que la Mésopotamie et la Perse, insurgées contre les khalyfes de Baghdad, recouraient leur indépendance et que la Syrie était ravagée par les Karmates, le gouverneur de l'Égypte, *Abou Beker*, se déclarait indépendant, prenait le titre d'*él-Ikhschid* (le roi des rois) et fondait la dynastie des Ikhchydites (934) ; son autorité s'étendait, comme sous Ahmed, sur l'Égypte, la Palestine, la Syrie, la Mésopotamie jusqu'à l'Euphrate et une partie de l'Arabie ; mais cette dynastie indépendante devait être de courte durée.

XX

L'ÉGYPTE SOUS LES KHALYFES FATYMITES DE KAYROUAN (969 A 1171).

Il y avait à cette époque trois Khalyfats, celui de Baghdad en Asie aux Abbassides, celui de Cordoue en Espagne aux Ommyades et celui de Qayrouan dans la partie nord-ouest de l'Afrique aux Fatymites.

Les Fatymites se disaient descendants du prophète par sa fille Fatyme ; ils réunissaient les possessions des Aglabites et des Edrissites, et se trouvaient voisins de l'Égypte. Pendant qu'*Abou-Beker* se déclarait indépendant, le khalyfe fatymite *Obeyd* s'emparait d'Alexandrie. Ses successeurs gardèrent cette conquête, et, quarante ans après, grâce aux dissensions intestines, *Djowhar*, lieutehant de *êl-Moëz*, khalyfe de Kayrouan, entra sans résistance dans la capitale de l'Égypte (969).

Il s'occupa aussitôt d'agrandir la ville ; la nouvelle ville fut appelée *Mesr-êl-Kahirah* (la capitale victorieuse) d'où nous avons fait le *Kaire* ou *le Caire* ; le khalyfe fatymite y fit son entrée triomphale en 972, et y installa son gouvernement, laissant à Kayrouan un de ses lieutenants qui y fonda, à son tour, une dynastie indépendante.

Son fils *êl-Azir* qui avait épousé une femme chrétienne de la tribu des Melchites eut un règne paisible (975 à 996) ; *êl-Hakem*, son successeur, fit gémir son peuple par ses actes de folie (996 à 1021) ; il se déclara Dieu, et seize mille habitants signèrent par terreur la reconnaissance de sa divinité.

Sous le khalyfe *êl-Mostanser* (1036 à 1094), l'année 1054 fut désastreuse pour le pays ; une famine effroyable décima les habitants ; le khalyfe envoya demander à l'empereur grec de Constantinople, *Michel IV*, des convois de blé; celui-ci y consentit, mais il mourut avant l'envoi et l'impératrice refusa de les livrer sans un traité offensif et défensif; le khalyfe furieux alla saccager l'église du Saint-Sépulcre à Jérusalem, et les chrétiens du Kaire furent longtemps persécutés.

L'autorité spirituelle du khalyfe d'Égypte s'étendit jusqu'en Perse, et le drapeau blanc des Fatymites flotta à Baghdad de 1053 à 1056; mais des troubles intérieurs affaiblirent cette autorité; les Turcs et les Nègres qui composaient l'armée, se battirent à plusieurs reprises les uns contre les autres, et pillèrent le palais. En même temps, une nouvelle famine plus effroyable que la première s'appesantit sur le Kaire, et les habitants mangèrent les dix mille chevaux du khalyfe; *él-Mostanser* lui-même privé de ses trésors vendit jusqu'aux vêtements de ses femmes, qui sortaient nues du palais et tombaient affamées dans les rues (1071). Le gouverneur de Syrie *Bedr-él-Gemaly* sauva le pays de l'anarchie en arrivant avec une armée au secours du khalyfe dépouillé ; les chefs turcs furent massacrés et la milice désarmée; le commerce put renaître et l'Égypte eut vingt ans de tranquillité.

Les complications qui survinrent en Orient devaient, quelques années plus tard, influer sur les affaires d'Égypte ; les khalyfes abbassides de Baghdad avaient été presque entièrement dépouillés de leurs possessions par les Turkomans ; les empereurs grecs avaient perdu Antioche et Laodicée, et l'Égypte, Jérusalem ; la ville fut reprise en 1094 ; mais en Europe les plaintes des chrétiens d'Orient avaient déjà soulevé toute la chrétienté, et les Croisades commencèrent. A la voix de Pierre l'Ermite le peuple partit en masse (1096) ; les chevaliers suivirent. Les débris de ces armées purent arriver à Jérusalem appartenant alors au khalyfe d'Égypte *Ahmed*, fils de Mostanser, et s'y établirent les armes à la main (1099)..

Godefroy de Bouillon devint roi de Jérusalem, et *Baudouin Ier*, qui lui succéda, s'était avancé jusqu'au cœur de l'Égypte lorsqu'il mourut (1117). Ses successeurs ne purent renouveler avant longtemps ces expéditions ; ils avaient à lutter non-seulement contre l'empire turc divisé depuis 1092 en trois sultanies de Roum, de Perse et de Syrie, mais encore contre les *Atabeks*, ou lieutenants des khalyfes qui faisaient des conquêtes à leur profit.

Sous le khalyfe d'Égypte *êl-Added* (1160 à 1171), le vizir *Chaouer*, supplanté dans sa charge, demanda à l'atabek *Nour-ed-dyn* de venir de Syrie le rétablir dans ses fonctions ; un lieutenant de Nour-ed-dyn vint à la tête d'une armée, mais ne quitta point l'Égypte. Chaouer, pour se débarrasser de ce protecteur trop gênant, appela alors à son secours *Amaury*, roi de Jérusalem, qui envahit l'Égypte ; il put en effet s'emparer du Kaire à deux reprises et obtenir des tributs ; mais Nour-êd-dyn, à l'instigation du khalyfe Added, envoya de nouvelles troupes et Amaury battu à son tour se retira (1169).

La tête du vizir Chaouer qui avait été la cause de ces invasions, fut portée au khalyfe Added ; *Chyr-Konék*, lieutenant de *Nour-êd-dyn*, devint grand vizir d'Added (*Emyr-el-Gyouk*) ; il mourut quatre mois après, et son neveu *Salâh-êd-dyn* (salut de la religion) qui l'avait aidé dans ses succès, lui succéda dans les mêmes fonctions.

XXI

DYNASTIE DES AYOUBITES (1171 A 1250).

Salah-êd-dyn devint tout-puissant et n'eut point de peine, à la mort d'Added (1171), de s'emparer des trésors et de fonder la dynastie des Ayoubites, ainsi nommée du nom de son père Aïoub. Il agissait d'ailleurs par ordre de l'Atabek Nour-êd-dyn, qui lui-même dépendait du khalyfe de Bagdhad (1171). La mort de Nour-êd-dyn en 1174 et la faiblesse du khalyfe de Bagdhad *êl-Melek* lui permirent bientôt de se rendre indépendant tant en Syrie qu'en Égypte (1176).

Ses États entouraient le petit royaume chrétien de Jérusalem. L'audace du chevalier *Renaud de Châtillon*, qui entreprit d'aller renverser Médine et la Mekke, rallumèrent les hostilités ; la petite troupe fut exterminée et Salah-êd-dyn, que les historiens des croisades appellent Saladin, s'empara de Tibériade, Césarée, Jaffa, Saint-Jean d'Acre ; le roi de Jérusalem, *Guy de Lusignan*, fut fait prisonnier dans cette dernière ville avec les grands maîtres des Templiers et des Hospitaliers, et Jérusalem, que les chrétiens d'Occident avaient possédée quatre-vingt-huit ans, fut obligée de capituler (1187).

Deux ans après, commençait la troisième Croisade ; *Philippe Auguste*, roi de France, qui avait créé la dîme saladine pour faire face aux frais de la nouvelle expédition, et *Richard Cœur-de-Lion*, roi d'Angleterre, reprirent Saint-Jean d'Acre (1191). Richard resté seul battit Saladin à Assur près de Césarée, mais les dissensions des Croisés l'ayant empêché de marcher sur Jérusalem, il conclut un traité, par lequel la ville sainte serait ouverte librement aux chrétiens qui iraient en pèlerinage au tombeau du Christ ; les Croisés conservèrent le territoire compris entre Tyr et Jaffa (1191).

Sous ce règne de Saladin, malgré des luttes continuelles, des travaux et des embellissements de toutes sortes furent opérés en Égypte ; le Kaire fut dominé par une nouvelle citadelle *Kalah-êl-Gebel* (forteresse de la montagne) ; cette citadelle existe toujours, ainsi que les palais qu'elle renfermait ; un puits creusé dans le roc est encore appelé puits de Joseph, *Youssouf* étant le prénom de Saladin. Pour accomplir plusieurs de ces travaux, il fallut démolir des mosquées, déplacer des tombeaux ; aussi le vizir *Behâ-êd-dyn* reçut-il le nom de *Qara-Qouch* (l'oiseau noir); ce surnom est encore celui que porte au Kaire le polichinelle égyptien (Qaragueuz) dans les spectacles burlesques de marionnettes, dont le peuple fait un de ses amusements favoris.

A la mort de Saladin, ses trois fils aînés formèrent trois États à Damas, à Alep et au Kaire; ses treize autres fils reconnurent la suzeraineté des aînés (1193). Mais *El-Melek-el-Adel* (*Malek-Adel*), leur oncle, parvint à les dépouiller tous et prit le titre de *Sultan d'Egypte et de Syrie* (1196).

La quatrième Croisade des chrétiens commencée en 1202, ayant eu pour résultat le renversement de l'Empire grec et l'avénement de *Baudouin*, comte de Flandre, au trône de *Constantinople* (1204), les luttes avaient recommencé en Orient. Le Sultan tint ses ennemis en échec pendant quelque temps, mais, ayant à réparer les désastres d'un tremblement de terre, il céda Jaffa pour se préserver d'un débarquement.

Son successeur, *Melek-el-Kamel*, en 1218, ne put empêcher les Francs de débarquer sous la conduite du roi de Jérusalem, *Jean de Brienne*, et de s'emparer de Damiette; ils s'avançaient sur le Kaire, lorsque le sultan fit couper la digue du canal de Méhalléh, et le Nil, qui était au plus haut point de sa crue, isola de Damiette l'armée envahissante. Les parties épuisées conclurent la paix, et Damiette fut rendue à l'Égypte (1221).

Quelques années après, l'Égypte allait encore être envahie par les Croisés. *Jérusalem* que *Frédéric II*, empereur d'Allemagne, avait rachetée (1228), était tombée (1244) au pouvoir du sultan d'Égypte *Melek-el-Saleh*, qui avait été aidé par les Kharizmiens, peuplade chassée des bords de la mer Caspienne par les conquêtes de *Tchingis-Khân* (*Genghiskan*), chef des Mogols ou Mongols en 1206. *Baudouin II*, empereur de Constantinople, réclama en Europe aide et assistance. *Louis IX*, roi de France, vint à son secours ; ce fut la cinquième Croisade ; il s'empara de Damiette (1247), et marcha sur le Kaire. Robert d'Artois était entré dans Mansourah, mais il y périt entouré d'ennemis. Le nouveau sultan *Melek-el-Moazzem* reprenant l'offensive captura sur le Nil trente-deux vaisseaux de la flotte ; l'armée des Croisés séparée de Damiette, affaiblie par la peste et encombrée de blessés dut déposer les armes. Louis IX fait prisonnier racheta sa liberté par la reddition de Damiette, et celle de l'armée par la promesse d'une somme de 9,500,000 francs (1250).

Le sultan Melek-el-Moazzem ne jouit pas longtemps de son triomphe ; ayant fait trancher la tête à quarante émirs qu'il accusait des premiers désastres, il mécontenta les chefs des mamlouks ; ceux-ci, craignant pour eux-mêmes, l'assaillirent dans son palais et le percèrent de flèches alors qu'il s'enfuyait du côté du Nil (1250).

XXII

DYNASTIE DES SULTANS MAMLOUKS-TURKOMANS (1250 A 1382).

Les soldats étrangers dont l'Égypte subissait la toute-puissance, étaient Turkomans ou Turks et venaient du Kaptchak, contrée immense de l'Asie septentrionale. Chassés par les Mogols, ils avaient été vendus comme esclaves. Depuis Saladin, ces esclaves (*Mamlouks*) formaient la garde des sultans d'Égypte, comme les Turcs avaient autrefois formé celle des sultans de Baghdad. Malek-el-Saleh en avait imprudemment accru le nombre et les avait casernés dans l'île de Roudah sur le Nil appelé en Égypte el-Bahar, d'où le nom de Baharites qu'on leur donna.

Le costume des chefs était des plus brillants ; ils portaient pour marques de leur grade des insignes brodés sur leurs habits ou incrustés en or sur leurs armures ; c'est à l'imitation de ces insignes représentant des roses, des oiseaux ou des griffons que les Croisés songèrent, dit-on, à inventer les armoiries.

Après l'assassinat du sultan, sa mère, *Chageret-el-Dorr* qui avait été esclave, dut à ses sympathies pour les Mamlouks d'être proclamée reine avec *Azz-êd-dyn-Ybèk* pour Atabek. Mais l'investiture lui fut refusée par le khalyfe de Baghdad, car le prophète avait dit : « Malheur aux peuples gouvernés par des femmes! » Ybek ayant épousé la reine fut reconnu sultan, et la dynastie des Mamlouks Baharites ou Turkomans succéda à celle des Ayoubites.

Sept ans après, la reine jalouse fit assassiner Ybek et fut elle-même massacrée à coups de sandales par les femmes du harem (1257) ; *Aly*, fils d'Ybek et d'une autre de ses femmes, fut proclamé sultan.

L'Égypte toujours exposée aux invasions eut à se défendre en 1259 contre les Mogols, qui en 1258 s'étaient emparés de Baghdad et avaient mis fin au khalyfat abbasside ; le nouveau sultan d'Égypte, *Qottouz* revenait vainqueur lorsqu'il fut tué par le Mamlouk *Beybars* qui lui succéda (1260). Pour consolider son usurpation, celui-ci installa au Kaire un descendant des *Khalyfes abbassides* et lui reconnut le pouvoir spirituel, pouvoir purement nominal qui fut laissé pendant trois siècles aux Abbassides sous la protection des sultans d'Égypte.

Beybars profitant de ce que l'empire latin de Constantinople était tombé sous les coups de la famille des Paléologues (1261), enleva aux chrétiens Césarée et Jaffa ; après la mort près de Tunis de Louis IX, roi de France (1270), délivré des invasions des chrétiens, il alla se prosterner dans Jérusalem, la cité sainte des chrétiens et des musulmans. Toutefois la dernière possession des chrétiens sur le continent asiatique, Saint-Jean d'Acre, ne devait tomber au pouvoir de l'Égypte qu'en 1291 ; ce fut le sultan *Khalyl* qui réduisit cette place et en démolit les murailles.

Pendant un siècle les sultans d'Égypte furent à la merci des esclaves circassiens dont *Qelaoun*, père de Khalyl, avait eu l'imprudence, malgré l'exemple du passé, de composer une garde de 12,000 hommes pour remplacer les Turkomans. Après avoir fait des sultans, un chef de la milice se fit sultan lui-même en 1382.

XXIII

DYNASTIE DES SULTANS MAMLOUKS-CIRCASSIENS (1382 A 1517).

L'émir *Barqouq* n'avait eu qu'à déposer le sultan *Hagy*, âgé de six ans, pour prendre possession du trône d'Égypte et de Syrie; il était fils d'un renégat circassien et avait été amené comme esclave en Égypte dix-huit ans auparavant ; cette dynastie des Mamlouks-circassiens régna cent trente-cinq ans.

Barqouq eut la gloire de résister victorieusement à *Tymour-Lenk* (Tamerlan) qui, à la tête des hordes tartares, avait fondé un empire puissant sur les débris de celui des Mogols et menaçait d'envahir la Syrie. A l'intérieur il mit de l'ordre dans l'administration; neuf grands officiers du royaume dirigeaient le gouvernement avec une assemblée des émirs, et à la mort du sultan cette assemblée nommait son successeur 1382 à 1388).

Malgré cette organisation, les années qui suivirent le règne de Barqouq furent marquées par des luttes continuelles entre les sultans et les khalyfes, qui avaient le pouvoir spirituel et voulaient reconquérir l'autorité suprême. Pendant ce temps, les luttes des grandes puissances de l'Asie allaient préparer la destinée définitive de l'Égypte.

Othman avait par des conquêtes importantes (1299) relevé en Bithynie la puissance des Turcs seldjoucides disparue depuis un demi-siècle après l'invasion des Mogols, et, de son nom, les Turcs d'Asie prirent la dénomination d'Ottomans. Un de ses successeurs *Bayazid* (Bajazet), après avoir battu, en 1396, l'élite de la chevalerie française venue au secours de l'empire grec de Constantinople, s'était trouvé aux prises avec Tamerlan, l'empereur mogol; il fut battu à Anqora (Ancyre) en 1402; mais ses successeurs se relevèrent de cette terrible chute et, sous *Mahomet II*, Constantinople tomba définitivement au pouvoir des Ottomans (1453).

Mahomet II victorieux des chrétiens, fut tout aussi heureux contre le souverain de la Perse *Uzun Hassan*, allié de l'Égypte, et il allait envahir la Syrie lorsqu'il mourut (1480). Son fils, *Bajazet II*, guerroya pendant plusieurs années contre le sultan *Qayt-Bây*, dix-huitième successeur de Barqouq, mais il ne put reconquérir en Cilicie Tarse et Adanah dont les Égyptiens s'étaient emparés (1490).

Cependant la chute de la dynastie des Mamlouks était proche; le sultan d'Égypte *Qansou-êl-Ghoury* ayant eu l'imprudence de soutenir *Korkoud*, un des fils de Bajazet II contre son frère *Sélym* (*Sélim I*) (1512), celui-ci victorieux lança les forces ottomanes sur la Syrie ; Qansou se mit, malgré ses quatre-vingts ans, à la tête de son armée ; vaincu à *Haleb* (*Alep*) (1516), il périt dans la mêlée.

Après ce revers son fils *Tournan-Bây II* n'en continua pas moins la lutte avec le courage du désespoir, et, après douze batailles, il défendit encore les rues du Kaire dont le sol fut jonché de cadavres ottomans. Pris par des Arabes rôdeurs, il fut livré par eux à Sélim et pendu sous l'arcade de la porte *Badzouyléh*, où l'on voit encore le crampon de fer qui lui servit de potence (1517).

C'est ainsi que l'Égypte devint une province de l'empire ottoman ; le khalyfe abbasside, prisonnier au Kaire, fut contraint de renoncer à son autorité spirituelle, et les sultans de Constantinople devinrent les khalyfes légaux de l'islamisme.

Sélim prit le surnom de *Fâtyr-Mesr* (conquérant de l'Égypte) et fit du pays un pachalyk.

XXIV

L'ÉGYPTE SOUS LA DOMINATION OTTOMANE (1517 A 1798).

Le fils de Sélim, *Souleyman* (Soliman), qui régna à Constantinople près d'un demi-siècle (1520 à 1566), contrebalança les pouvoirs du pacha d'Égypte en instituant deux assemblées, que le pacha ne présidait point, et auxquelles il pouvait seulement assister derrière le rideau d'une tribune grillée ; le grand divan était chargé des affaires générales et le petit divan des affaires courantes. Les archives du gouvernement mamlouk ayant été brûlées par les vaincus, on commença le cadastre dans les provinces, mais ce travail ne fut jamais terminé.

Les précautions prises par le sultan n'empêchèrent pas, en 1523, *Ahmed-Pacha* de se déclarer indépendant par haine du grand vizir de Constantinople qui avait voulu le faire assassiner ; mais il fut décapité par des émirs qu'il avait fait emprisonner quelque temps auparavant et étaient parvenus à s'échapper.

Les pachas se succédèrent dès lors avec autant de rapidité qu'autrefois les gouverneurs sous les khalyfes abbassides ; les exactions furent les mêmes et le peuple gémit dans la servitude. L'un de ces pachas, *Aly* (1601 à 1603), ne sortait jamais sans faire tuer dix personnes sur le corps desquelles il faisait ensuite passer son cheval.

La famine désola plusieurs fois le pays ; en 1618 la peste enleva près de 700,000 habitants ; en 1625, 300,000 ; enfin les brigands infestèrent continuellement les provinces.

Les révoltes du peuple ou de l'armée, les plaintes faites au sultan amenaient parfois la déposition ou la décapitation du pacha ; mais les mêmes abus de pouvoir recommençaient sous les successeurs.

Les *beys* ou gouverneurs militaires des provinces imposèrent peu à peu leurs volontés au pacha qui, renfermé dans la citadelle, finit par rester indifférent aux luttes dont la capitale était le théâtre. *Ismayl-bey*, gouverneur du Kaire, sut pendant seize ans maintenir sous sa domination les pachas qui se succédèrent (1707 à 1723); les beys qui vinrent après lui, suivirent son exemple.

Les batailles dans les rues du Kaire et les assassinats des beys par les pachas et des pachas par les beys furent souvent la conséquence de ces dissentiments. Les beys des provinces se battirent aussi souvent entre eux pour avoir la prépondérance et arriver *cheykh-êl-beled* ou gouverneur de la citadelle du Kaire, et le sultan de Constantinople était impuissant à empêcher ces révolutions.

XXV

DÉCADENCE DE LA SUZERAINETÉ OTTOMANE ET RÉVOLTES DES BEYS.

En 1763 *Aly-Bey* entra au Kaire de vive force pour venger son chef *Ibrahim-Kyahya* massacré par *Ibrahim-el-Tcherkassy* et poignarda celui-ci ; obligé de fuir, il rentra victorieux deux ans après pour se retirer encore et établir sa domination définitive en 1766, après que ses partisans eurent assassiné cinq autres beys. Il créa lui-même douze beys qui firent partie du divan et lui donnèrent la majorité dans l'assemblée, chassa successivement deux pachas envoyés par le sultan *Moustafa*, et enfin se déclara indépendant après avoir battu quelques troupes envoyées contre lui de Constantinople (1769).

La tranquillité régna quelque temps en Égypte, ce qui valut à Aly le surnom de *Boulout-gapân* (destructeur des orages). Après s'être emparé de la Mekke, il en remplaça le chéryf et se fit investir par le nouveau titulaire des titres de *sultan, roi d'Égypte, et dominateur des deux mers*. Il avait traité avec les Vénitiens et allait conclure contre la Porte Ottomane une alliance avec la czarine *Catherine II* de Russie, lorsque son protégé et son ami *Mohammed-bey*, qui était à la tête de l'armée, se tourna contre son bienfaiteur et vint assiéger le Kaire. Aly, surpris sans défense, dut s'enfuir; il réunit quelques troupes, mais, trahi de tous côtés et couvert de blessures, il fut pris et ramené au Kaire où il mourut (1773).

Mohammed-bey se fit confirmer par le divan de Constantinople dans les fonctions de cheykh-êl-beled qu'il avait usurpées et obtint en même temps le titre et l'autorité de pacha du Kaire ; mais il mourut peu après de mort subite en 1775, et fut surnommé *el-khayn* (le traître).

Son successeur, *Ismayl*, fut chassé par deux de ses compétiteurs : *Ibrahim-bey* et *Mourad-bey* ; ceux-ci se partagèrent le pouvoir tout en laissant au pacha nommé par la Porte son autorité nominale. Ils gardèrent pour eux tous les revenus du pays, n'envoyant à Constantinople qu'un portefeuille rempli de documents établissant frauduleusement l'excédant des dépenses sur les recettes. Le sultan *Abd-el-hamyd* se décida à envoyer contre eux une armée pourvue d'artillerie et d'infanterie (1785); les cavaliers mamlouks, qui formaient l'armée égyptienne, furent bientôt mis en déroute; le pays fut ravagé jusqu'au Kaire; le Qapytan-pachâ ou général en chef, *Hassan*, entra dans la ville, et les têtes commencèrent à tomber. *Ismayl-bey* fut rétabli dans ses fonctions de *cheykh-êl-beled*, et les Turcs se hâtèrent de retourner en Asie pour combattre les Russes.

Une peste qui fit au Kaire d'innombrables victimes, emporta Ismayl en 1790 ; aussitôt les beys rebelles *Ibrahım et Mourad* ressaisirent le pouvoir; ils se trouvèrent toujours d'accord lorsqu'il fut question d'accabler de leurs actes tyranniques et de leurs déprédations les malheureux habitants et ils épuisèrent les ressources des populations.

Leur rapacité devait leur être fatale; ils s'attaquèrent, malgré l'intervention du pacha impuissant, au commerce étranger ; le silence du sultan Sélim III (1788 à 1807) les enhardit dans leurs vexations. Le consul français envoya au Directoire les plaintes collectives de ses nationaux (1795), et les beys allaient prélever un nouvel emprunt forcé lorsqu'ils apprirent (1798) que le vainqueur de l'Italie, *Bonaparte*, venait de débarquer à Alexandrie à la tête d'une armée française.

XXVI

L'ÉGYPTE SOUS LA DOMINATION FRANÇAISE (1798 A 1801).

La République française en paix avec les nations européennes pouvait se donner les loisirs d'une expédition lointaine ; d'ailleurs, soumettre l'Égypte, c'était s'assurer le commerce du Levant et celui de l'Inde que Bonaparte aurait voulu soustraire à la prépondérance anglaise.

Des bâtiments de guerre et quatre cents transports préparés secrètement partirent de Toulon le 30 ventôse an VI (19 mai 1798) ; par suite d'un traité entre l'Angleterre, l'empire ottoman et la Russie, une flotte anglaise croisait dans la Méditerranée pour empêcher le débarquement. Cependant la flotte française conquit Malte en passant, et put, sans rencontrer les vaisseaux anglais, arriver à Alexandrie.

Bonaparte débarqua avec 40,000 hommes et prit le chemin le plus court à travers le désert de Damanhour. Mourad l'attendait à Chebréiss sur la rive gauche du Nil avec une avant-garde de 4,000 mamlouks, et de grandes barques armées devaient, sur le Nil, barrer le passage aux canonnières françaises. Mais la flottille égyptienne fut, après un vif combat, mise en fuite ; les fougueux coursiers des mamlouks vinrent échouer contre les carrés de l'infanterie française et l'armée s'avança rapidement vers le Kaire.

Une bataille plus importante allait se livrer près des Pyramides, où les troupes égyptiennes se montant à 50,000 hommes étaient massées dans une plaine immense, commandées par Mourad. La même tactique mit en déroute la célèbre cavalerie égyptienne, qui se heurta encore contre des murailles humaines (21 juillet 1798). Ibrahim et le pacha turc qui étaient de l'autre côté du Nil s'enfuirent en Syrie, et Mourad se retira dans la Haute-Égypte.

Deux jours après, une avant-garde française de 200 hommes entra dans le Kaire au bruit du tambour et en prit possession ; puis l'armée vint caserner dans les habitations des beys et des chefs mamlouks.

Cependant une nouvelle désastreuse parvint au général. Les gros navires de la flotte française n'ayant pu entrer au port d'Alexandrie à cause du peu de profondeur des passes, l'amiral *Brueys* s'était imprudemment embossé dans la baie d'Aboukir ; l'escadre anglaise, qui n'avait pu empêcher le débarquement, arriva peu après, et l'amiral *Nelson*, qui la commandait, surprit les vaisseaux français avant qu'ils eussent pu mettre à la voile ; l'amiral Brueys, après une héroïque défense, fut tué sur son banc de quart, ainsi que les principaux chefs de la flotte (7 août 1798).

L'armée française n'ayant plus d'espoir de retour, Bonaparte comprit qu'il fallait flatter les habitants et s'en faire des alliés ; il respecta le culte indigène, et ne fit que modifier la forme du gouvernement pour la compléter, déclarant qu'il comptait rester le vassal de la Porte. Toutefois, la modération et la prudence ne désarmèrent jamais complétement la majorité des habitants trop fanatiques pour obéir à un chef qui n'était point de leur secte, et une révolte formidable qui éclata au Kaire ne put être comprimée qu'après une lutte opiniâtre (21 octobre 1798). Il y eut dès lors quelque repos, et les savants partis avec l'expédition, pour former l'Institut d'Égypte, purent se livrer à leurs travaux qui ont inauguré la recherche des documents relatifs à l'histoire des premiers Égyptiens.

Cependant, la Porte Ottomane, poussée par l'Angleterre, se préparait à la guerre ; aussi, Bonaparte pour devancer une invasion, se porta en Syrie avec 13,000 hommes, en franchissant le désert (février 1799). Il prit tour à tour Gazah, Jaffa où la peste éclata après la victoire, et Caïffa ; mais Saint-Jean d'Acre, ravitaillée sans cesse du côté de la mer par la flotte anglaise, résista à tous les efforts des assaillants dépourvus d'ailleurs de grosse artillerie. La peste régnait dans le camp, il fallait sauver les restes de l'armée; on abandonna les blessés dans les villes et l'on reprit la route du Kaire où l'on rentra le 14 juin 1799. Cette expédition avait enlevé 4,000 hommes à l'armée d'occupation.

A peine arrivé, Bonaparte apprend que les Turcs se préparent à débarquer à Aboukir ; il part avec 6,000 hommes, traverse 45 lieues par une marche rapide et anéantit en une journée les 200,000 janissaires débarqués, dont il ne resta qu'une poignée d'hommes (25 juillet 1799).

Ces succès ne compensaient point les nouvelles désastreuses reçues de France ; l'Italie était perdue, l'Europe se coalisait, le Directoire s'était rendu odieux par son despotisme. Bonaparte présageant ses hautes destinées résolut aussitôt de rentrer en France ; il partit subitement avec ses lieutenants Lannes, Duroc, Bessières, Marmont, Berthier, Murat et une faible escorte, laissant le commandement en chef au général *Kléber* qu'il n'avait point prévenu de ses projets (23 août 1799).

A la nouvelle de ce départ, l'armée et son nouveau chef furent en proie à un profond découragement. Kléber ne songea d'abord qu'aux moyens de quitter l'Égypte avec l'armée qui ne comptait plus 20,000 combattants. Malgré les exploits de *Desaix* qui avait définitivement repoussé Mourad-bey de la Haute-Égypte où celui-ci avait fait, depuis l'origine de l'occupation française, des incursions incessantes, malgré l'insuccès d'une nouvelle des-

cente des Turcs à Damiette, Kléber entama des négociations avec sir *Sidney-Smith*, agent militaire
de l'Angleterre. Les conditions de l'évacuation de
l'armée française furent signées. Mais l'Angleterre
désavoua son agent, après que les positions les plus
importantes eurent été livrées aux Osmanlis, et
demanda que l'armée française se rendît prisonnière.

Cet outrage amena une lutte désespérée ; Kléber
battit à Héliopolis, avec 15,000 hommes, les troupes
du grand vizir qui se montaient à près de 70,000
hommes (20 mars 1800), et le 25 avril, il repre-
nait le Kaire qu'*Ibrahim-bey* avait soulevé. Malheureusement il fut assassiné par un fanatique le
même jour que *Desaix* succombait sur le champ
de bataille de Marengo (14 juin 1800).

Le plus ancien général succéda à Kléber ; c'était
Menou qui, par son incapacité, amena la défaite ;
il laissa débarquer à Aboukir les Anglais et les
Turcs, dissémina ses troupes, et bloqué, dans
Alexandrie, ne put empêcher l'armée anglo-turque
de se diriger vers le Kaire ; une partie de l'armée
française, qui fut enveloppée dans cette ville, obtint
d'en sortir avec les honneurs de la guerre et fut re-
conduite en France aux frais de l'Angleterre
(25 juin 1801). Quelques mois après, le 2 septembre, Menou, renfermé dans Alexandrie et craignant
la famine, conclut, aux mêmes conditions, un
traité d'évacuation. Les deux divisions ramenées
en France formaient un total de 24,000 hommes.

XXVII

DYNASTIE RÉGNANTE.

La Porte Ottomane fit gouverner l'Égypte par un vice-roi, *Khosrey-pacha*, qui se vit obligé de lutter contre la puissance de deux beys mamlouks, d'ailleurs rivaux entre eux, *Osman-Bardissy* et *Mohammed-l'Elfy*.

Au milieu de ces intrigues, le chef d'un corps d'Albanais, *Méhémet-Ali*, qui avait assisté en 1799 à la bataille d'Aboukir avec le contingent levé en Macédoine (Roumélie), ne tarda pas à prendre au Kaire une grande influence ; menacé bientôt par Khosrey-pacha, il s'entendit avec l'un des beys mamlouks *Osman-Bardissy* pour le faire prisonnier ; un autre vice-roi, envoyé par la Porte pour rétablir la concorde, indisposa tous les partis et fut mis à mort ; puis les beys mamlouks furent eux-mêmes chassés par les Albanais (1804).

Khosrey-pacha, toujours prisonnier, fut renvoyé à Constantinople ; le gouverneur d'Alexandrie *Kourschyd-pacha* envoyé par la Porte ne fut pas plus heureux ; Méhémet-Ali, après s'être assuré de son influence, fomenta une révolte et se fit proclamer vice-roi par les Albanais, ses compatriotes, et les Ulémas, docteurs de la loi, dont la puissance s'était accrue depuis peu (1805).

Le sultan *Selim III* ne fit point de difficultés pour sanctionner par l'investiture cette usurpation déguisée. Toutefois, Alexandrie fut encore, pendant sept ans, gouvernée par un délégué du sultan. La Haute-Égypte était au pouvoir des deux beys mamlouks chassés en 1804; ils venaient, lorsqu'ils moururent, d'appeler les Anglais, qui, débarqués à Alexandrie, furent obligés de se retirer au bout de six mois sans avoir rien pu entreprendre.

Pour mettre fin aux rébellions, Méhémet-Ali ne recula point devant les moyens les plus violents; il fit massacrer le même jour dans les provinces jusqu'au dernier des mamlouks, tandis que les chefs conviés par lui à une fête solennelle tombaient aux portes du Kaire sous les coups des janissaires albanais (1er mars 1811). Quelques mamlouks français qui se trouvaient dans la capitale furent exceptés du massacre d'après les ordres formels du pacha. Le vieux bey *Ibrahim* put s'échapper et vécut jusqu'en 1816; quant à *Mourad*, il était mort en 1811.

Délivré de ses ennemis, Méhémet-Ali obtempéra aux ordres de la Porte qui l'envoyait en Arabie combattre les Wahabys, sectaires du Koran, qui menaçaient la Mekke; mais il laissa des ordres pour décapiter le nouveau pacha que le sultan enverrait sans doute en son absence pour le remplacer; ce qui se réalisa comme il l'avait prévu. Revenu peu après dans sa capitale, il n'en reçut pas moins du sultan *Mahmoud II* (1808 à 1839), malgré l'acte d'indépendance qu'il avait accompli, le titre de *Khan*, distinction réservée autrefois aux seuls souverains de Crimée ; son fils *Ibrahim*, qui continua la guerre dans le pays du Nedj et s'empara du chef des Wahabys, fut nommé pacha de la Mekke (1818).

Après avoir soumis les tribus noires du Sennaar et du Kordofan, Méhémet-Ali mit à exécution le projet, qu'il avait depuis longtemps formé, d'instruire son armée à la manière européenne ; il avait déjà, en 1815, ordonné à toutes ses troupes de s'organiser sur le modèle de l'armée française ; mais cette entreprise avait failli lui être fatale ; le fanatisme religieux et les préjugés de l'habitude avaient ameuté les mercenaires étrangers qui composaient l'armée, et bloqué dans son palais, il avait dû rétracter son ordre. Instruit par cette expérience, il se borna d'abord à faire former par un officier français des cadres de régiments avec des mamlouks échappés au massacre de 1811, puis il y incorpora des fellahs et des nègres.

Mais à peine son armée fut-elle organisée et sa marine portée à un degré d'instruction suffisante, que le sultan *Mahmoud II* le requit de lui fournir un contingent contre les Hellènes soulevés pour reconquérir leur indépendance (1824). Ibrahim-pacha partit avec une armée de 24,000 hommes ; il contribua à pacifier Candie et à réduire la Morée à l'impuissance ; mais la coalition de l'Angleterre, de la France et de la Russie, amena la destruction de la flotte égyptienne avec celle des Ottomans dans la baie de *Navarin* (1827) ; cette campagne avait coûté à l'Égypte trente mille hommes et vingt millions de francs.

Pour subvenir à ces dépenses, Méhémet-Ali dut monopoliser à son profit tous les droits et toutes les redevances. Déjà en 1811 il avait confisqué les propriétés territoriales des mosquées ; il s'établit suzerain de tous les biens et ordonna que toutes les productions de l'Égypte seraient versées dans les magasins de l'État ; il prescrivit même le genre de récolte que chacun devait fournir à un prix fixé sans contrôle. Non-seulement il devint le seul cultivateur de l'Égypte, mais encore le seul manufacturier et le seul commerçant pour tous les trafics avec l'Arabie et les grandes Indes.

L'affaiblissement de l'empire turc engagea l'ambitieux pacha à agrandir sa domination ; sous prétexte que le pacha d'Acre *Abd-Allah* avait accueilli près de 18,000 fellahs qui avaient fui l'Égypte pour se soustraire aux impôts, il envoya en Syrie son fils Ibrahim avec 24,000 hommes et 80 bouches à feu (1831).

Gazah, Jaffa, Caïffa, furent enlevées rapidement par ces troupes disciplinées ; mais Saint-Jean d'Acre arrêta Ibrahim pendant six mois comme elle avait arrêté Bonaparte ; il s'en empara cependant grâce à sa grosse artillerie et, poursuivant ses succès, il battit à *Koniah* les troupes turques que le sultan Mahmoud II avait envoyées contre lui (1832).

A la nouvelle de cette défaite la flotte turque n'osa attaquer la flotte égyptienne, elle rentra dans le Bosphore. Mahmoud épouvanté appela les Russes à son aide, mais il réussit à traiter avec Ibrahim avant leur arrivée, et l'investiture de la Syrie fut donnée au pacha d'Égypte (1833).

Le sultan Mahmoud II voulut prendre sa revanche en 1839, et, après avoir réorganisé son armée, il envahit la Syrie; la trahison des Syriens faillit perdre Ibrahim dans la sanglante journée de *Nézib*, mais il parvint à les fairè rentrer en ligne, et sa victoire fut complète. Six jours après, mourait le sultan Mahmoud II ne laissant pour héritier qu'un jeune homme de dix-sept ans, et la flotte ottomane entrait dans le port d'Alexandrie pour offrir à Méhémet-Ali le trône de Constantinople (14 juillet 1839).

La Russie et l'Angleterre, ayant intérêt à empêcher la Turquie de se relever de sa chute, étaient ouvertement hostiles à ce projet; la France, favorable à Méhémet-Ali, lui conseilla la diplomatie, mais le traité de la quadruple alliance auquel elle ne prit point part, anéantit les espérances du pacha.

Peu après en effet, les flottes autrichienne, anglaise et turque bombardèrent les places fortes de Syrie; Méhémed-Ali découragé, ne trouvant plus dans l'Égypte obérée et dépeuplée les ressources qu'il y avait autrefois puisées, laissa sortir d'Alexandrie la flotte ottomane qui y était restée bloquée et ordonna à son fils Ibrahim d'évacuer la Syrie.

Les puissances alliées lui firent signer avec la Porte Ottomane, gouvernée alors par *Abdul-Medjid* (1839 à 1861), un traité réglant les rapports de l'Égypte avec l'empire ottoman (février 1840). La souveraineté de l'Égypte fut assurée au plus âgé des membres de la famille conformément à la loi turque ; un tribut du tiers des revenus devait être payé au sultan.

Méhémet-Ali mourut en 1840 à l'âge de quatre-vingts ans, mais l'année précédente, comme il avait perdu l'usage de ses facultés intellectuelles, la Porte lui avait reconnu pour successeur *Ibrahim*, qui n'était d'ailleurs que son fils adoptif et qui mourut la même année.

Abbas, petit-fils de Méhémet-Ali par sa mère, lui succéda en janvier 1849 ; quoique peu disposé à suivre les innovations de ses prédécesseurs, et d'un caractère despotique, il diminua cependant les impôts, fonda plusieurs maisons hospitalières et abolit la chasse aux nègres que son grand-père, à l'instar des anciens gouverneurs, faisait faire sur les limites de ses États, non pour les vendre comme autrefois, mais pour les incorporer dans son armée. Il vécut en bonne intelligence avec la Porte qui, en 1851, lui envoya des renforts pour l'aider à reprendre le Hedjaz ; en revanche, lorsqu'en 1853 les Russes eurent passé le Pruth pour marcher contre les Turcs, il fournit 25,000 hommes qui se firent remarquer par leur courage et leur discipline. Il mourut étranglé par deux serviteurs qui se vengèrent, dit-on, d'un châtiment injuste (15 juillet 1854).

Son successeur fut *Saïd*, fils de Méhémet-Ali qui, ayant étudié en Europe, modifia l'administration. Il institua un Conseil d'État, précisa les pouvoirs des gouverneurs, régularisa le recrutement de l'armée et de la marine, transforma en impôt monétaire l'impôt en nature, et sépara la gestion de ses biens particuliers de ceux du domaine de l'État. Enfin, après une expédition heureuse dans le Soudan en 1857, il abolit définitivement l'esclavage et le commerce des esclaves. Mais sa prodigalité l'obligea à rétablir peu à peu les anciens impôts, et les réformes qu'il entreprit ne furent pas poursuivies avec persévérance.

Sur les instances du gouvernement français, il accorda en 1854 à l'ancien consul de France M. Ferdinand de Lesseps, son ami d'enfance, l'autorisation de percer l'isthme de Suez et de joindre par un canal la mer Rouge à la mer Méditerranée; il voulut être un des principaux intéressés dans cette colossale entreprise, dont il ne put voir la réalisation; après un voyage en Europe en 1861, il mourut au Kaire le 18 janvier 1863.

Ismaïl, second fils d'Ibrahim, succéda à Saïd, son oncle; né en 1830, il avait fait son éducation à Paris et y avait suivi l'École d'état-major; avant son avénement au trône, il avait reçu de l'empereur de Turquie le titre de Pacha à la suite d'une mission à Constantinople en 1849.

Hostile au gouvernement d'Abbas, il avait au contraire pris une part active à celui de son oncle Saïd; il poursuivit les réformes de ses prédécesseurs, et le 25 novembre 1866 inaugura un Parlement. Des travaux opérés par son ordre dans le port d'Alexandrie ont rendu au commerce maritime des services importants, et le Kaire embelli s'est peuplé de Français attirés par le percement de l'isthme de Suez.

En 1867, il vint en France visiter l'Exposition universelle. En 1869, il se rendit lui-même dans toutes les cours de l'Europe pour inviter les souverains à assister à l'inauguration du canal, qui fut livré à la navigation le 17 novembre 1869 ; il fut reçu partout avec des honneurs qui faillirent porter ombrage au sultan de Constantinople.

Le gouvernement ottoman accorda à ce prince des titres et des qualités qu'aucun de ses prédécesseurs n'avait portés. Ainsi, le 21 mai 1866, un firman impérial du sultan *Abdul-Aziz* changea la dénomination de *Vali* ou vice-roi en celle de *Khediv-el-Mesr*, roi d'Égypte. La succession au trône fut en outre assurée, non plus à l'aîné des princes de la famille, mais, contrairement à la loi turque, à l'aîné des fils du prince régnant ; s'il n'y avait pas d'enfant mâle, le trône serait dévolu à l'aîné des enfants mâles du frère le plus âgé. Le tribut annuel fut en outre fixé à 17,625,000 francs.

Un autre firman du 8 juin 1873 accorda au Khédive le droit de conclure des traités avec les puissances étrangères et celui d'avoir des armées, droits qui sont les prérogatives ordinaires du souverain.

Enfin, par un firman du 1er juillet 1876, l'empereur de Turquie lui a cédé le district de Zeyeœ sur le golfe Arabique, moyennant une augmentation de tribut de 375,000 francs ; ce qui a porté le tribut total à 18 millions de francs.

Malgré les pouvoirs étendus dont jouit le Khédive, la suzeraineté de la Porte ne s'en exerce pas moins dans certaines circonstances d'une manière effective, et lors de la guerre entre la Russie et la Turquie (1877-1878), l'Égypte a fourni, comme sous Abbas, un contingent de troupes qui combattit en Asie avec l'armée ottomane.

Anna
Tripoli
Damas
Jérusalem
Mer Morte
Isthme de Suez
Suez
ARABIE PÉTRÉE
Aoualet Aly
CAIRE
Fayoum
Médineh
Benisouef
Syouah
Petite Oasis
ou El Ouah el Bahariéh
Mailah
Désert
Oasis de Dakhle
Ababdeh
Istabl-antar
Médine
Oasis del Khordych
Aïn El Mors
Qalâbcheh
Jambo
Aïn Cheb
Ibrym
Meharragah
Djar
Rabagh
I'bsamboul
Djoddah!
Oasis de Sélimeh
Semneh
Tafaoui
LA MECQUE
Aïn
Grand Désert
Kababychs
DONGOLAH
Hannek
Maraka
Hograt
Soliimaniyeh
Bir el Adjera
Taqua
Dongolah
Bendala
Bir-el-Mallek
Kababychs
TAGUA
Dongolah
Dar Béni-
Mohammed
Gizmaret
Désert de Bahiouda
Khartoum
El-Obeid
KORDOFAN
Sennaar
Baghara
DAR FERTIT
Djonkor
Keilah
Nomersi
DENKA
Kéquesou Kvks
Librairie CH. DELAGRAVE

GÉOGRAPHIE

DE L'ÉGYPTE.

Bornes. — La position de l'Égypte au nord-est de l'Afrique l'a mise plus en rapport avec l'Asie et avec l'Europe qu'avec les peuples de l'Afrique. Au *nord*, la mer Méditerranée, le long de laquelle elle s'étend sur une largeur de près de deux cents lieues, a été plutôt un point de jonction avec l'Europe, qu'un obstacle naturel. A l'*est*, l'isthme de Suez a permis aux peuplades asiatiques de descendre successivement dans la vallée du Nil, et le golfe Arabique ou mer Rouge qui s'étend tout le long du pays n'a point empêché, grâce à son peu de largeur, les relations suivies avec Médine et La Mekke. Au *sud*, les déserts de Nubie, qui entourent une étroite vallée, formaient autrefois une limite naturelle ; mais aujourd'hui la Nubie, et plus au sud le Sennaar, le Kordofan, le Darfour et une partie de l'Abyssinie sont sous la domination égyptienne. Enfin à l'*ouest*, le grand désert de Libye ne laisse qu'un passage resserré le long des côtes de la Méditerranée du côté de la régence de Tripoli.

Climat. — Il n'y a guère en Égypte que deux

saisons, la saison tempérée qui dure du mois d'octobre à la fin de mars, et la saison chaude. La température moyenne est, à Alexandrie, de 20 degrés cent., elle est de 21° au Kaire, de 26° à Kenneh, de 29° à Karnah et dans la Haute-Égypte. Elle ne dépasse pas à Alexandrie 35°, au Kaire 40°, et à Syène sur les confins de la Nubie 46° ; elle s'abaisse quelquefois à Alexandrie et au Kaire jusqu'à 3°.

Dans le Delta, à cause du voisinage de la mer et des nombreux canaux, les pluies sont assez fréquentes ; mais au Kaire l'air est déjà 153 fois moins chargé d'humidité qu'à Alexandrie, et l'on ne compte par an que 125 jours de ciel nuageux et 12 jours où il pleut ; dans la Moyenne et dans la Haute-Egypte il ne pleut jamais.

Les vents du nord sont les plus fréquents ; le vent du sud qui souffle au mois d'avril, surtout dans la Haute-Égypte, est brûlant et cause à l'esprit un engourdissement ; il porte le nom de *chamsin* (cinquante), parce qu'il règne ordinairement 50 jours, de Pâques à la Pentecôte. Aussi les Européens que leur commerce attire dans la Haute-Égypte évitent-ils avec soin cette saison mortelle.

Le Nil. — L'Égypte n'est, à vrai dire, que dans la longue vallée, qui borde son fleuve et qui n'a que 20 kilomètres au plus de largeur ; elle n'a qu'un fleuve, le *Nil*, qui coule du sud au nord, mais il fait la richesse de son sol. Des voyageurs modernes, plus heureux que leurs prédécesseurs, Livingstone et après lui Stanley, sont arrivés à en découvrir les sources mystérieuses, que Cambyse, Alexandre, les Ptolémées, César et Néron avaient fait en vain rechercher.

Le réservoir supérieur du Nil est le *Victoria-Nyanza* ou lac *Oukéréwé;* on avait cru longtemps qu'il sortait du lac Tanganyka, d'une largeur de 20 à 30 kilomètres, découvert en 1858; mais en 1871 on vérifia qu'il n'en était point ainsi. Le lac Victoria est une véritable mer intérieure de l'Afrique, de 84,000 kilomètres carrés, c'est-à-dire d'une étendue qui couvrirait la sixième partie de la France.

Le Nil est un des trois plus grands fleuves du globe. Depuis sa source jusqu'à la Méditerranée, il mesure 6,100 kilomètres; on compte jusqu'à Syène, à l'entrée de l'Égypte, douze cataractes, qui ne sont d'ailleurs que de petites chutes de quelques mètres. Aucun autre fleuve au monde ne poursuit son cours d'une façon aussi étrange; dans sa partie supérieure, il se ramifie en tous les sens, et se trouve alimenté par d'innombrables affluents; les Arabes l'appellent *Bahr-el-Abiah* (fleuve blanc); mais, après qu'en Nubie, il a reçu le *Bahr-el-Azrek* (fleuve bleu), et l'*Atbarah* venant des hauteurs de l'Abyssinie, il ne reçoit plus jusqu'à la mer le plus petit ruisseau; il coule dès lors en plein désert, resserré entre deux chaînes de montagnes, dans un pays où il ne pleut jamais ; ayant traversé l'Égypte, il se jette dans la Méditerranée par des bouches nombreuses, dont les deux principales forment ce qu'on appelle le Delta.

C'est ce fleuve qui apporte chaque année au pays l'abondance ou la disette ; pendant trois mois, aux mêmes jours anniversaires, vers le solstice d'été, il s'élève grossi par les torrents de pluie qui tombent sous la zone torride, et dépose sur la terre égyptienne le limon qui féconde ce sol poudreux. Détourner le fleuve de son lit pour le faire passer à travers les déserts de l'Afrique, ou même l'arrêter dans son cours, ce serait anéantir l'Égypte ; c'est ce qui manqua d'arriver en 1624 : l'empereur d'Éthiopie ayant établi une digue, le pacha Mostanser dut lui envoyer des présents magnifiques pour que les eaux fussent rendues à leur cours naturel. Pendant l'inondation, on voit sortir, du milieu des eaux rouges et jaunâtres, les villages, les palmiers et les digues étroites qui servent de communication ; après la retraite des eaux, le sol est noir et fangeux ; enfin pendant l'hiver tout le pays semble renaître au milieu de la verdure et des fleurs.

Le débordement insuffisant ou la crue trop abondante sont également redoutables. Une crue extraordinaire du Nil, survenue en 1863, démontra la nécessité de procéder à de grands travaux qui eurent un résultat complet ; car, en 1866, le fleuve ayant dépassé de deux coudées le niveau de 1863, il n'en résulta aucun ravage sérieux.

Routes. — Les routes intérieures de l'Égypte sont par eau : le Nil, et les canaux du Delta dont les plus importants sont le canal *Mahmoudieh* allant d'Afteh à Alexandrie et celui de l'*Ouady*, allant de Boulak au canal maritime de Suez ; un embranchement de 90 kil. (canal Ismaïlieh) du Kaire jusqu'à l'Ouady fut creusé par Ismaïl pour fournir de l'eau douce aux travailleurs du canal de Suez, et coûta 20 millions de francs. Les routes de terre sont les digues, principalement pendant l'inondation, et la route postale qui tantôt suit le Nil et tantôt coupe à travers le désert pour aboutir à Khartoum en Nubie. Une route empierrée va du Kaire à Suez ; elle fut établie par Abbas en 1850.

En outre, on compte trois groupes de routes servant principalement aux caravanes : 1° les routes des caravanes du Sahara et du Soudan qui se dirigent vers l'oasis de Siouah, la petite ou la grande Oasis ; 2° les routes du sud par Gondokoro, le point le plus reculé de la navigation sur le Nil, à 12 kilomètres au sud de Khartoum ; 3° les routes de l'Asie dont les principales vont de Gondar en Abyssinie à Massaouah, sur la mer Rouge, de Khartoum à Souakin, le port principal de la mer Rouge, et du Kaire jusqu'en Asie, par l'isthme de Suez.

Canal de Suez. — L'Égypte est réunie à l'Asie au nord-est par une bande de terre sablonneuse qu'on appelle l'isthme de Suez ; cet isthme sépare la mer Rouge ou golfe Arabique de la mer Méditerranée ; le peu de distance entre les deux mers a suggéré l'idée de les réunir dans l'intérêt du commerce européen.

' Cette idée qu'un Français a mise à exécution dans ce siècle, n'est point, à proprement parler, une idée moderne ; la communication a existé dès les temps les plus reculés ; seulement, les vestiges de ce canal démontrent que c'est par le moyen du fleuve qu'avait lieu autrefois cette communication ; ce canal formait un arc de cercle, d'Arsinoé (Suez) à la Babylone égyptienne sur le Nil en passant par Hériopolis et Héliopolis. Les anciens avaient préféré ce détour, croyant sans doute la différence de niveau entre les deux mers plus grande qu'elle ne l'est réellement ; il faut d'ailleurs remarquer que l'isthme, contrée sablonneuse et semée de lacs, ne faisant point partie du cœur du pays, la jonction qui nous paraît la plus longue au point de vue européen était la plus courte au point de vue égyptien.

Le canal ancien existait avant Rhamsés I (1461 av. J.-C.); ensablé à cette époque, il fut restauré par ce prince et ses successeurs, puis abandonné vers 1300 av. J.-C. ; aussi Hérodote put-il croire qu'il datait de Néchao 625 av. J.-C. qui l'aurait interrompu parce qu'un oracle lui aurait prédit qu'il travaillait pour des barbares. Darius, fils d'Hystaspe

(500 av. J.-C.), reprit les travaux; Diodore, qui voyagea en Égypte soixante ans avant l'ère chrétienne, rapporte que Ptolémée II (270 av. J.-C.) y avait mis la dernière main et avait fait établir une séparation artistement construite, qu'on ouvrait et qu'on refermait pour la navigation ; aussi s'est-on demandé si l'invention des écluses ne remontait point à cette époque.

Ce canal ne devait probablement être praticable que quelques mois de l'année, à l'époque de la crue du Nil, à cause de la faiblesse de pente entre Bubaste et la mer Rouge ; c'est ce qui expliquerait pourquoi Cléopâtre après la bataille d'Actium, qui eut lieu le 2 septembre (31 av. J.-C.), ne put ramener ses vaisseaux dans la mer Rouge pour se réfugier dans l'Inde, comme elle en avait d'abord eu l'intention.

D'après le témoignage de Pline, ce canal fonctionnait sous Néron (54 ap. J.-C.), il fut agrandi sous Trajan, qui lui donna son nom ; mais il paraît avoir cessé d'être navigable sous le règne d'Adrien (117) ou sous celui d'Antonin (138). La navigation fut certainement rétablie par Amrou, sous le khalyfe Omar (640); mais elle fut définitivement interrompue par ordre du khalyfe Al-Mansour qui fit combler le canal (762), pour empêcher qu'on ne fît parvenir des vivres au rebelle Mohammed-Ben-Abd-allah.

La nouvelle communication entre les deux mers

à travers l'isthme (Tell-el-Kébyr) fut commencée en 1859 et terminée en dix ans ; l'inauguration solennelle eut lieu le 20 novembre 1869 ; M. Ferdinand de Lesseps, qui en a été l'instigateur, l'a tracée par la voie la plus courte ; entre Port-Saïd et Suez la largeur de l'isthme n'est que de 117 kilomètres, mais le canal, à cause de plusieurs circuits nécessaires, a 160 kilomètres de longueur, il est creusé dans le sable et traverse de la mer Méditerranée à la mer Rouge le lac *Menzaleh*, le lac *Bellah*, le lac *Timsah* et les *lacs amers*. Sur le parcours de Port-Saïd à Suez ne se trouvent que quelques endroits habités *Elbuisr, Ismaïlia, Serapeum* et *Chalouf*. La largenr du canal est de 50 à 100 mètres, mais la profondeur n'est que de 8 mètres ; les vaisseaux ne mesurant que 430 pieds et ne tirant que 25 pieds 9 pouces d'eau, peuvent seuls passer ; dans beauçoup d'endroits, le peu de profondeur ne leur permet pas de se croiser entre eux et de nombreuses gares permettent d'attendre que le passage soit libre.

Vers le milieu de l'isthme près du lac Timsah, la petite ville d'Ismaïlia sert de port intérieur à l'endroit où le canal, dont nous avons parlé, amène du Nil l'eau douce dont le pays est totalement dépourvu.

Chemins de fer. — L'Égypte avait, au mois de janvier 1877, un réseau de chemins de fer d'une longueur de 1,763 kilomètres ; les principales lignes sont celles d'Alexandrie au Kaire et du Kaire à Suez qui furent établies sous Abbas par une compagnie anglaise en 1850 et 1853; il y a 800 kilomètres en voie de construction. Un chemin de fer avec le Soudan doit ouvrir un nouveau débouché au commerce et permettre d'améliorer l'administration de ce pays.

Tous les chemins de fer appartiennent à l'État, à l'exception d'une petite ligne de 8 kilomètres.

Télégraphes et postes. — L'Égypte est reliée à l'Europe par un câble télégraphique allant de Malte à Tripoli et se prolongeant jusqu'à Alexandrie par une section qui longe les côtes; une autre section traverse la Syrie en desservant Jérusalem, Alep, Tripoli et Beyrout, et franchit le Bosphore pour se souder aux lignes de la Turquie d'Europe.

A l'intérieur, l'Égypte possédait en 1877 une ligne télégraphique d'une longueur totale de 6,550 kilomètres appartenant à l'État, avec 77 bureaux de transmission.

Les postes transmettent environ 37 millions de lettres et journaux par an.

Topographie. — Depuis un temps immémorial, l'Égypte proprement dite a été divisée en trois parties, savoir : au Nord, la Basse-Égypte (*Mesr-el Bahri*), qui comprend le *Delta*, ou triangle formé par les deux embouchures principales du Nil, vers Rosette et vers Damiette; le Delta est sillonné d'une foule de canaux qui y entretiennent une température modérée, même dans les plus fortes chaleurs ; au milieu, la Moyenne-Égypte (*el-Wustani*), qui commence au Kaire et comprend le *Fayoum*, surnommé le Jardin de l'Égypte ; au Sud, la Haute-Égypte (*el-Saïd*), la Thébaïde des anciens, qui s'étend jusqu'à la Nubie.

Au sud de la Haute-Égypte se trouvent les contrées du Soudan égyptien comprenant la Nubie, le Sennáar, le Kordofan, le Darfour ; à l'est la côte de la mer Rouge, jusqu'à l'Abyssinie ou Éthiopie, ne comprend, outre le Sennaar, que quelques peuplades soumises également à l'Égypte.

Au nord-ouest et à l'ouest, dans le désert du Sahara, l'Égypte possède la grande Oasis, la petite Oasis et trois autres plus éloignées de la vallée du Nil.

La capitale de l'Égypte est LE KAIRE, située aux confins de la Basse-Égypte, sur la rive droite du Nil, à 20 kilomètres environ du point où commence le Delta. La ville est au pied du mont Mokattam qui fait partie de la chaîne Arabique ; les faubourgs s'étendent jusque sur la rive gauche du Nil, et le vieux Kaire est dans la partie sud ; le port sur le Nil est au nord-ouest et porte le nom de *Boulak*.

Le Kaire est l'entrepôt du commerce d'Alexandrie avec la Haute-Égypte et l'Arabie ; c'est la ville la plus peuplée, non-seulement de l'Égypte, mais de toute l'Afrique ; sa population s'élève à 350,000 habitants. Elle possède quelques palais spacieux dont celui du khédive est le plus remarquable ; on y compte 400 mosquées dont la principale est celle d'Amrou, bâtie l'an 640 av. l'ère chrétienne.

La plupart des anciennes rues sont étroites et les maisons mal bâties ; mais, depuis quelques années, de beaux boulevards ont été percés, de magnifiques maisons élevées dans le style européen, des théâtres construits en rotonde, l'eau et le gaz installés dans la plupart des quartiers. Enfin, en 1872, le khédive a fait établir un beau pont sur le Nil et une large route ombragée permet de se rendre en voiture aux Pyramides. On publie au Kaire cinq ou six journaux en langue étrangère.

Dans la Haute-Égypte les ports les plus importants sont Alexandrie, Damiette et Port-Saïd sur la mer Méditerranée, et Suez sur la mer Rouge :

ALEXANDRIE (Iskendereyyeh) près du lac Máriout, ville fortifiée, a été fondée par Alexandre le Grand, en 330 avant Jésus-Christ, à l'ouest du Delta sur l'emplacement d'une bourgade appelée Rhacotis. Elle fut la capitale de l'Égypte sous les Ptolémées et pendant la domination romaine. C'est le port principal de l'Égypte et son commerce avec l'Europe est très-étendu. Sa rade, la plus vaste du globe, est mal abritée contre les vents, mais de grands travaux exécutés, en 1873, dans le vieux port, et qui ont coûté 50 millions, en ont fait un abri large et sûr; les passes ont été également rendues moins dangereuses pour les bâtiments de guerre.

La ville a deux stations de chemins de fer, l'une pour le Kaire, l'autre pour Ramley. Le chiffre de la population a doublé depuis trente ans : il est de 220,000 habitants, parmi lesquels 55,000 étrangers. Parmi les monuments anciens on remarque deux obélisques en granit rouge nommés vulgairement aiguilles de Cléopâtre, qui datent, selon Pline, du roi Mesphra-Thotmosis et furent transportés par Cléopâtre d'Héliopolis à Alexandrie devant le temple de César. Sur une colline se trouve la colonne dite de Pompée qui, en réalité, a été élevée à Dioclétien (296 ap. J.-C.) par Publius, préfet d'Égypte.

Il se publie à Alexandrie environ douze journaux en langue étrangère.

Damiette est un petit port de commerce, situé près de la branche orientale du Nil. Très-important avant la fondation d'Alexandrie, il a encore joué un rôle considérable au temps des Croisades (1247); mais les Sarrasins reculèrent, dit-on, le port en amont du fleuve (1251) pour qu'il fût moins exposé aux attaques des Francs ; c'est actuellement un chef-lieu de province ; sa population qui est de 30,000 habitants, était autrefois plus considérable ; mais la création de Port-Saïd en a fait diminuer le nombre. Elle fait le commerce principalement avec la Syrie et l'Orient.

Port-Saïd (10,000 hab.) a été érigé récemment sur l'emplacement de l'ancienne Péluse à l'extrémité nord du canal de Suez ; sa rade bien tenue reçoit, à cause de sa situation, de nombreux vaisseaux. La ville correspond par la poste et le télégraphe avec l'Europe et les Indes, communique avec Alexandrie par un service régulier de bateaux à vapeur et avec Suez et les villes de l'intérieur par le canal maritime et des canaux d'eau douce.

Sur le golfe Arabique, Suez (ancienne Arsinoé), chef-lieu de province, avait déjà quelque importance avant la création du canal qui porte son nom, et servait de tête de ligne aux paquebots français et anglais faisant le service de l'océan Indien et de l'océan Pacifique ; il servait aussi de port d'embarquement pour les pèlerins se rendant à la Mekke. Depuis l'ouverture du canal maritime, son importance s'accroît journellement et sa population est actuellement de 15,000 habitants.

Les autres villes de la Haute-Égypte sont sur le littoral : *Rosette* (ancienne Bolbitine), à l'embouchure de la branche orientale du Nil et peuplée de 15,000 habitants. — *Aboukir* (ancienne Canope), simple bourgade près de la baie de ce nom et sur une plage propice aux débarquements ; les Français y battirent les Turcs en 1799. — Sur la rive droite de la branche orientale du Nil, à 50 kilomètres de Damiette : *Mansourah* ou *Massoure* (16,000 hab.), petite ville où Louis IX fut fait prisonnier par les Sarrasins en 1250. — Dans l'intérieur du Delta, *Mekallet-el-Kebir* qui a 20,000 habitants. —

A l'est *Zagarig*, chef-lieu de province (40,000 hab.); — *Sân* (ancienne Tanis) située sur le territoire de *Ovady*, l'ancien pays de Gessen où s'étaient fixés les Hébreux. — Sur le canal de Suez, *Ismaïlia* (3,000 hab.), chef-lieu de province, station du chemin de fer d'Alexandrie à Suez par Zagarig ; elle possède une église catholique, une église grecque et une mosquée.

Dans la Moyenne-Égypte les villes principales sont :

En face du Kaire et au nord de l'emplacement de l'ancienne Memphis : *Giseh* sur la rive gauche du Nil, ville située non loin des Pyramides et près de laquelle Bonaparte repoussa les Mamlouks en 1798. —Au sud-ouest dans le Fayoum, *Medinet-el-Fayoum* près du lac Mœris ; — plus au sud, *Minieh* sur la rive gauche du Nil ; — *Mantafoul* près de laquelle se trouve la vaste grotte de Samoun renfermant une quantité considérable de momies.

Dans la Haute-Égypte :

Siout, ancienne Lycopolis, qui a 28,000 habitants ; *Tanta* à 12 lieues de Siout, ville de commerce qui renferme 60,000 habitants et possède une église catholique ; *Girgeh* près des ruines d'Abydos, *Kenech* (13,000 hab.) ; *Denderah* (ancienne Tentyra) ; *Karnak* et *Luqsor*, villages qui n'ont d'autre mérite que de se trouver au milieu des ruines de l'ancienne Thèbes, la capitale déchue, dont les splendeurs sont encore attestées par des sphinx de grandeur prodigieuse, les restes du palais d'Amenophis Memnon, les gigantesques vestiges d'un autre palais des Pharaons, les galeries souterraines servant aux tombeaux des rois, les débris du colosse de Memnon. C'est de ces ruines qu'a été tiré l'obélisque placé au milieu de la place de la Concorde à Paris. — Sur la mer Rouge, *Kosséir* (ancienne Leuce), port assez fréquenté. — Sur le Nil, *Edneh*, puis *Edfou* et enfin en face de l'île d'Éléphantine, *Assouan* (ancienne Syène) qui est la ville la plus méridionale de la Haute-Égypte.

Au sud de l'Égypte proprement dite se trouve la Nubie, dont la partie inférieure forme, comme l'Égypte, une seule vallée le long du Nil; le désert de Nubie à droite, celui de Libye à gauche rendent d'abord la partie habitable fort resserrée. Mais dans la Nubie supérieure la vallée s'élargit, le Nil n'est plus le seul fleuve; les pluies très-rares dans la Nubie inférieure comme en Égypte, sont continuelles de juin en septembre dans la Nubie supérieure, qui est couverte de prairies et de forêts épaisses. La partie située entre le Nil et son affluent l'Atbarah est appelée *île de Méroé* et de temps immémorial elle fut connue pour sa fertilité. La ville de *Khartoum* au confluent des deux fleuves a maintenant une population de 30,000 habitants.

Cette contrée est partagée entre un grand nombre de peuplades; le Sennaar dans la partie méridionale a formé longtemps un État important.

Au moyen âge le port de *Souakim* sur la mer Rouge était une des villes les plus riches de l'Orient; déchue de sa splendeur, elle est restée, par sa position presque en face de Djeddah où l'on débarque pour la Mekke, le rendez-vous des caravanes du centre de l'Afrique qui se rendent à la ville sainte.

L'Égypte trouve en Nubie des bestiaux engraissés dans les pâturages; le Kordofan et le Samhara lui fournissent de la gomme provenant surtout des acacias. C'est aussi du Soudan que le khédive tire une partie de l'ivoire qui est exporté par Alexandrie.

Les OASIS du nord-ouest de l'Égypte sont fertiles et relativement très-peuplées; l'oasis de *Syouah* la plus éloignée n'a que 16 kilomètres carrés et contient 5,600 habitants; celle de *Baharieh* (8kc,68) en possède 2,410 habitants; celle de *Sarafrey* (3kc) 3,345 habitants; celle de *Dakkel* (60kc) 20,000 habitants; et celle de *Kharjeh* (8kc,36), sur les confins de la Nubie, 5,600 habitants.

DEUXIÈME PARTIE

L'ÉGYPTE A L'EXPOSITION DE 1878.

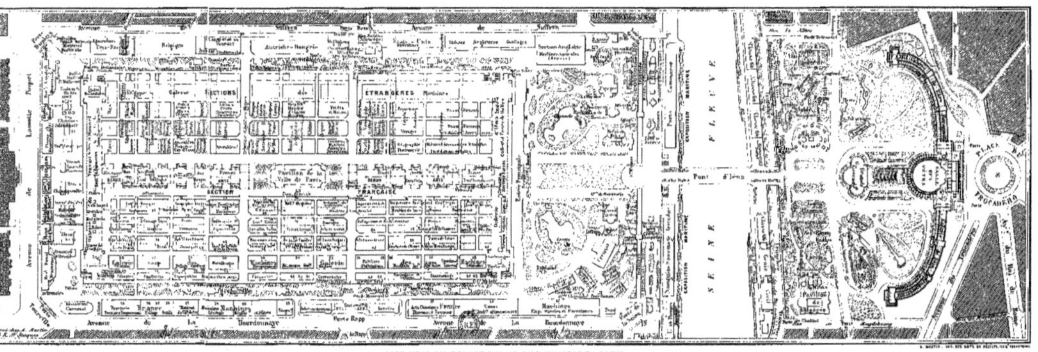

LIBRAIRIE CH. DELAGRAVE, 15, RUE SOUFFLOT. PARIS.

CHAPITRE PRÉLIMINAIRE

SUR LE PLAN GÉNÉRAL DE L'EXPOSITION

I

LE CHAMP DE MARS.

Le grand vestibule; les trophées. — L'entrée principale de l'Exposition se trouve du côté du pont d'Iéna. Le fronton qui la décore pèse environ 10,000 kilogrammes; il se compose d'un écusson aux initiales R. F. Deux femmes génies, les ailes déployées, se tiennent par une main, et, portant de l'autre une gerbe et un flambeau, lui servent de support. Au sommet de l'écusson, on lit en relief, sur un fond d'épis, le mot *Pax*, qui deviendra la devise nationale de la France; à la base, 1878.

Le vestibule d'honneur, qui tient toute la largeur de la façade, est splendide avec ses voussures en or mat qui rappellent les tons discrets de Saint-Marc de Venise; à droite, dans de hauts pavillons, rouge foncé, découpés artistement et surmontés de petits dômes en cuivre sourd, sont exposés les trésors qué le prince de Galles a rapportés de son voyage des Indes. La statue équestre, avec de beaux bas-reliefs représentant la réception des princes indigènes, domine ces merveilles. A gauche, une manière de temple grec abrite les tapisseries des Gobelins : des étagères, placées à l'avant et à l'arrière, font valoir les vases gigantesques de Sèvres, ou les pièces délicates de notre manufacture nationale. Au centre, avec ses quatre cadrans, une grande horloge s'élève, surmontée d'une sphère qui indique le mouvement de la terre et de la lune. Derrière cette horloge s'ouvre la galerie de la sculpture française et, après elle, toute la section des beaux-arts jusqu'à l'École militaire, tandis que toute la place est réservée, d'un côté, à la section française et, de l'autre, aux sections étrangères.

Les grands dômes couvrant les pavillons qui forment les quatre coins du Champ de Mars sont des plus élégants ; vitrés, ornés d'armes, de banderoles de toutes couleurs et de tous pays, ils forment les extrémités des deux galeries des machines françaises et étrangères. Quatre trophées ornent ces angles, ce sont : une colossale statue équestre de Charlemagne, du fondeur Thiébaut ; l'empereur est là, sceptre en main, diadème en tête ; de chaque côté, deux guerriers tiennent les rênes du cheval. On a eu toutes les peines du monde pour hisser à 10 mètres de hauteur ce groupe en bronze pesant 25,000 kilogrammes.

A l'autre angle de la galerie des machines françaises, qui se trouve du côté de l'École militaire, éclate un immense trophée de tubes métalliques, surmonté d'une sphère de cuivre de trois mètres de diamètre.

Les deux autres dômes sont à l'Angleterre et aux Pays-Bas ; la première a échafaudé un kiosque énorme et très-compliqué, au sommet duquel on lit : *Canada*, et qui renferme à sa base des curiosités de l'Amérique anglaise ; les Pays-Bas ont formé, avec les végétations de leurs colonies océaniennes, un dernier trophée flanqué des coupes les plus diverses d'arbres rares des îles de la Sonde et autres.

La rue des façades et la galerie du travail manuel. — Une idée ingénieuse et absolument nouvelle, c'est celle d'une voie à ciel ouvert qui traverse tout le palais sur une longueur de plus de 700 mètres. Là, chaque nation a sa façade typique ; la France devait avoir, parallèlement, des constructions originales de Bretagne, d'Auvergne, du Midi et du Nord, mais on a dû renoncer à ce projet trop dispendieux.

L'Angleterre a cinq façades, entre autres un pavillon en simples briques rouges avec encadrement de pierres blanches et fenêtres à vitraux, et deux cottages des plus confortables, dont l'un est spécialement réservé au prince de Galles.

Les États-Unis nous montrent une maison en bois comme en construisent les colons dans l'intérieur des terres ; la Suède et la Norwége font remarquer leurs fortes constructions en bois de style scandinave ; vient ensuite l'Italie dont la façade est une grande arcade flanquée d'autres plus petites, séparées par des colonnes de stuc, imitant le marbre vert ; entre ces colonnes se dressent des marbres sculptés et des terres cuites. Le Japon est représenté par un petit temple bouddhique ; la Chine, tout ornée de monstres et de chimères, laisse flotter à son sommet un drapeau blanc où un dragon bleu, absolument fantastique, se dresse tout hérissé. La façade d'architecture mauresque de l'Espagne rappelle le péristyle de l'Alhambra de Grenade, qui est ciselé et historié comme un bijou ; voici maintenant l'Autriche-Hongrie dont la galerie de neuf arcs est supportée par des colonnes accouplées ; aux ailes, deux pavillons ; la corniche qui couronne le bâtiment supporte des statues allégoriques : l'Art, les Sciences, le Commerce, etc. ; cette façade ne mesure pas moins de 75 mètres.

La Russie nous offre un *isba*, vaste construction en bois, faite de rondins dégrossis, agrémentés d'élégantes découpures qui ne manquent pas d'originalité. Plus loin, la Suisse arrondit une coupole élégante et azurée, ornée des signes du zodiaque. La devise nationale se détache au sommet de l'entablement : « *Einer für Alle ! — Alle für Einer !* »

(un pour tous, — tous pour un!) Une horloge forme le milieu de l'édifice; à l'heure, deux mannequins revêtus d'armures qui datent, dit-on, de la bataille de Granson, frappent à tour de rôle sur un timbre avec des marteaux. La façade de la Belgique peut être considérée comme l'œuvre capitale de la section étrangère; les Chambres belges ayant voté un crédit de 500,000 francs pour l'Exposition, on a bien fait les choses, en bâtissant un hôtel en briques et en pierres bleues de Soignies et d'Écaussines, avec des colonnes de ses beaux marbres noirs, bruns ou verts; il est conçu dans le style flamand de la fin du XVIᵉ siècle, style propre aux Pays-Bas. La Grèce paraît bien petite à côté, mais elle intéresse avec sa maison blanche qu'elle intitule : « *la maison de Périclès* », et sa *loggia*, qui défend des ardeurs du jour. Viennent successivement le Danemark, puis les États de l'Amérique centrale et méridionale, qui donnent un spécimen riche et simple de leurs constructions ; un joli balcon leur prête un cachet tout oriental.

Les royaumes de Perse et de Siam, la Tunisie et le Maroc se suivent fraternellement; malgré l'exiguïté des façades, l'œil s'arrête sur le minaret tunisien, où il semble qu'un *muezzin* va apparaître. Le grand duché de Luxembourg, la principauté de Monaco, la république du Val d'Andorre, sont réunis dans une devanture commune. Le Portugal a dessiné les poétiques arceaux du cloître des Hiérony-

mites de Belem et du couvent de Batalha ; deux
merveilles que ces arceaux ; ce ne sont que sculptures et ciselures dans la pierre blanche, où de
grands saints se détachent admirablement. Les
Pays-Bas terminent cette avenue imposante de
l'architecture de tous les peuples. Leur façade en
pierres et briques rouges représente l'hôtel de ville
de la Haye, avec son léger beffroi.

On arrive ainsi à l'entrée qui fait face à l'École
militaire ; ce côté, parallèle au vestibule d'honneur, sert de galerie au travail manuel ; là, de jeunes ouvrières font des éventails, des colliers, des
fleurs, et tous ces jolis bibelots parisiens qui ne vivent qu'un jour et sont si charmants. Au milieu, la
taillerie de diamants française, la première établie
à Paris, laisse voir les intéressantes opérations par
lesquelles passe la précieuse matière avant de devenir parure scintillante.

Ces travaux reposent du perpétuel mouvement
des galeries des machines.

Le pavillon central de la ville de Paris. — Les galeries des beaux-arts sont séparées, au centre
même du palais du Champ de Mars, par l'élégant
pavillon de la ville de Paris. A proprement parler,
ce n'est pas un type de l'architecture française,
mais plutôt un assemblage des styles composites,
qui forment ce qu'on appelle l'architecture du dix-
neuvième siècle. Il est très-orné, très-chargé de

terres cuites, de faïences, de dorures, soutenu par des colonnettes de fonte et recouvert d'une toiture transparente en verre dépoli. Il renferme tout ce qui a rapport au service municipal : écoles, égouts, pompes, travaux de la ville, plans en relief, entre autres celui du marché aux bestiaux de la Villette et celui de l'Hôtel de ville restauré. Autour du pavillon et sur ses murs mêmes sont plantés les produits les plus remarquables des magnifiques serres de la ville, dont les spécimens sont sans cesse renouvelés. Un petit jardin, orné de statues, de gazons et de bancs, sert de repos, de chaque côté. C'est sur ces parterres que s'ouvrent, par des portiques monumentaux, les deux entrées de la galerie des beaux-arts. Ils sont couverts d'émaux, de paysages et de figures allégoriques ; ils représentent : l'un, Apollon sur son quadrige, l'autre, une réduction du Parthénon et de la maison dite la Lanterne de Diogène, offrant le type de l'architecture grecque.

A gauche et à droite du Champ de Mars sont des cafés et des restaurants qui coupent l'exposition d'horticulture. Inutile de dire que l'affluence est grande de ces côtés où les Tziganes, avec leurs concerts improvisés, font florès. A côté d'eux, on admire le tonneau de MM. Wilhaumser et Müller, de Strasbourg, mesurant 4 mètres à la tête, et 4 mètres 50 au plus fort diamètre ; il contient 600 hectolitres.

Le parc du Champ de Mars. — Une immense pelouse verte de 223 mètres de longueur, placée entre les deux palais, repose la vue et permet de contempler l'ensemble du palais du Trocadéro, qui éclate de toute la blancheur de ses colonnes et de ses statues.

Cette partie est très-animée, les allants et venants se reposent là de préférence dans des chaises-paniers très-confortables. Ce ne sont, de tous côtés, que massifs d'azalées et de rhododendrons ; deux petits lacs, bornés par des rochers et des cascades artificiels, mettent la fraîcheur au milieu de cette végétation. Sans entrer dans le détail des œdicules qui meublent ce parc très-vaste, s'étendant jusqu'au pont d'Iéna, citons, outre un restaurant belge et un restaurant français, le chalet des manufactures de l'État, où l'on assiste à la fabrication des cigarettes et des cigares de la régie ; le pavillon de notre grande usine métallurgique du Creuzot, où l'on peut étudier de près les machines les plus puissantes, telles que le fameux marteau-pilon, un véritable phénomène ; un peu plus loin, le ministère des travaux publics expose sa collection si complète de pierres et de marbres français de toutes espèces ; le hangar de Terre-Noire, près duquel un escalier et un petit pont conduisent à l'Exposition agricole qui s'étale tout le long du quai d'Orsay.

La tête de la grande statue de Bartholdi, représentant l'Union américaine, est placée entre le Champ de Mars et le Trocadéro.

II

LE TROCADÉRO.

Le pont d'Iéna, la ferme japonaise, le quartier tu-nisien. — Le pont d'Iéna est élargi au moyen de poutres métalliques placées en travers et appuyées sur des socles qui reposent sur l'ancien tablier; entre les deux tabliers courent trois énormes conduits qui amènent au Champ de Mars l'eau de la grande cascade du Trocadéro.

Sur la gauche, en montant la pente du Trocadéro, on voit le Japon agricole représenté par une maison de ferme exactement semblable à celles qu'on rencontre dans l'intérieur des îles japonaises; on y pénètre par une porte cochère très-travaillée, sur le sommet de laquelle se dressent, avec une véritable verve, un coq et une poule sculptés; à droite et à gauche, des branches pleines d'épines sont travaillées avec art. On se trouve alors dans un jardinet plein de plantes du pays; l'habitation, basse et ouverte à tous vents, laisse voir des meubles pittoresques; à côté, une fontaine où l'on peut boire; le poulailler, rempli de jolies poules blanches à crêtes rouges; le parasol, à l'ombre duquel la famille peut venir se reposer; les faïences d'usage quotidien, les bronzes, etc., etc. Le Japonais en costume du pays qui vous reçoit, parle très-bien le français. On fait le tour de la barrière en bambou, et l'on voit successivement : les Tunisiens avec leurs jolis bibelots ciselés, leurs parfums pénétrants et leur musique monotone ; la maison aux armes de Lion et soleil, qui a reçu le Schah de Perse, mystérieuse avec ses vitraux de couleurs : plus loin, un village norvégien-suédois, au centre duquel une tour en bois s'élève, ayant à son sommet une horloge de Stockholm ; l'Égypte, aussi représentée par une bâtisse originale, ainsi que le Maroc, qui a son musée et son café.

Partout, des oasis de verdure et de fleurs ornent ce paysage unique, dessiné par tous les pays du monde.

L'habitation chinoise, les forêts, l'aquarium. — La Chine offre le spécimen très-curieux et absolument authentique d'une maison des environs de Pékin ; elle est riche en ciselures dorées des plus fines, qui se détachent sur fond rouge. Dans la cour intérieure se dresse un kiosque très-découpé qui offre un abri contre les chaleurs du jour. Un grand nombre de Chinois en costume national, avec leurs grandes robes en soie et leurs cheveux tressés en longues queues, vendent des porcelaines et des curiosités du Céleste Empire.

A droite, voici le pavillon de l'administration des Forêts, qui n'est qu'une dentelle de bois sculpté ; puis, la blanche façade du palais algérien, de forme rectangulaire, flanquée à ses angles de quatre tours couronnées de créneaux. La façade principale se fait surtout remarquer par une porte richement encadrée de faïences et émaillée d'arabesques. C'est la reproduction de celle de la célèbre mosquée de Sidi-Bou-Médin ; de chaque côté, sont deux petites tours aux dômes très-bas surmontés d'un croissant d'or ; dans un des angles se dresse la haute tour carrée d'un minaret qui rappelle celui des ruines de la mosquée d'El-Man-Souka. Une frise polychrome décore la muraille blanchie à la chaux, rendue éblouissante au soleil ; l'intérieur est riche et gracieux comme toutes les constructions mauresques ; sa cour est formée par quatre galeries à arcades supportées par des colonnes torses, dont les parois à jour varient les effets de lumière et d'ombre. Une fontaine jaillissante, encadrée des arbustes et des fleurs les plus caractéristiques du climat et de la flore de l'Algérie, et provenant du Hamma d'Alger, forme le milieu de cette magnifique construction.

L'aquarium d'eau de mer et l'aquarium d'eau douce abritent les habitants aquatiques les plus variés ; on descend dans ces réservoirs souterrains avec bonheur, pour s'y mettre au frais. C'est le plus vaste palais de poissons qui existe.

Le palais et la salle des fêtes. — Le palais du Trocadéro se compose d'une immense rotonde exhaussée de deux tours ; elle a, à son sommet, une Renommée en bronze doré, du sculpteur Mercié, et se complète par deux ailes en demi-cercle. Tout l'extérieur du monument est à jour ; c'est un promenoir dont les colonnes de pierre blanche se détachent sur fond rouge. La grande rotonde a trois étages, ornés de trente statues allégoriques représentant : la Peinture, l'Agriculture, la Géographie, la Médecine, la Navigation, etc. ; six grands groupes en fonte de fer dorée symbolisent les parties du monde. Ils sortent de mains de maîtres, tels que : MM. Falguière, Mathurin, Moreau, Millet, Schœnewerck et Delaplanche. Entre ces figures, jaillit une cascade qui tombe avec fracas, et va s'affaiblissant sur des degrés de marbre du Jura ; de ci, de là sort un jet écumant, et quatre groupes colossaux d'animaux en fonte dorée se dressent de chaque côté.

Dans la rotonde centrale se trouve la grande salle des fêtes ; l'amphithéâtre, à lui seul, ne contient pas moins de 4,000 spectateurs. La scène est construite de telle sorte que quatre cents musiciens y jouent à l'aise, en temps ordinaire ; l'adaptation d'un plancher mobile, qui, partant de l'extrémité de la scène, va s'abattre sur les premiers rangs des fauteuils, permet en outre de donner des auditions exceptionnelles, auxquelles peuvent prendre part 1,200 exécutants. L'orgue qui s'élève au fond de la scène, est d'une hauteur de douze mètres, et d'une puissance telle que les soufflets sont desservis par une machine à vapeur. L'éclairage de cette salle splendide, de MM. Davioud et Bourdais, dont la hauteur intérieure n'a pas moins de trente-deux mètres, est entretenu par 4,000 becs de gaz qui éclairent *a giorno* l'immense coupole.

Dans les deux pavillons adjacents à la rotonde centrale se tiennent les conférences et les congrès, dans lesquels sont traitées les questions qui se rattachent à l'origine, à la production, à l'exécution, aux progrès, à la législation, à la protection légale des œuvres et des produits de toute nature, réunis dans l'enceinte de l'Exposition.

Les galeries des ailes sont destinées à l'art rétrospectif sous toutes ses formes, et encore à l'exposition spéciale des sciences anthropologiques, et enfin, de chaque côté de la rotonde surgissent au-dessus de l'édifice les deux grandes tours latérales, sveltes et élégantes, qui donnent tant de légèreté au monument, et dans l'intérieur desquelles fonctionnent deux ascenseurs menant le public au sommet; de ce point élevé, on plane à vol d'oiseau sur le panorama d'ensemble.

L'Exposition de 1867 était certainement remarquable, mais quelle place était perdue! Son palais ne couvrait qu'une surface de 146,000 mètres carrés; celui de 1878 en occupe 200,000; en dehors du palais, en 1867, il y avait une surface de 7,000 mètres répartis entre tous les pavillons; en 1878, en dehors du palais, on a couvert 20,000 mètres, dans le Champ de Mars seulement.

Le succès toujours croissant de l'Exposition de 1878 ne tient pas seulement aux dimensions plus vastes de ses deux palais; mais aussi au concours plus empressé qu'y ont apporté tous les peuples, et au nombre des exposants, qui s'élève à 35,000.

L'ÉGYPTE

A L'EXPOSITION DE 1878.

Grâce à la merveilleuse découverte de notre Champollion, le monde savant n'est plus exposé à errer dans l'épigraphie colossale qui recouvre les monuments de l'antique Égypte ou les oracles d'Hermès, comme on le faisait au dernier siècle, ou dans les psaumes de David, comme on l'a fait en celui-ci ; on a la clef de ces hiéroglyphes si long-temps mystérieux, et si l'on ne sait pas encore tout ce qu'ils renferment, on sait du moins ce qu'ils ne renferment pas. On a lu les noms des Pharaons sur les monuments élevés par Sésostris et celui de Tibère sur le portique de Denderah, de sorte qu'il n'est plus possible de nier ni la haute antiquité des uns, ni la jeunesse relative des autres.

Mais il n'y a point en Égypte que des hiérogly-phes à déchiffrer ; on y rencontre à chaque pas des sujets de méditation et d'étude qui, pour parler comme J.-J. Ampère dans son *Voyage en Egypte et en Nubie*, s'imposent au voyageur quel qu'il soit, s'il a des yeux pour voir, une mémoire pour se souvenir et un peu d'imagination pour rêver. Cette vallée et ce fleuve, dont la source se dérobe au loin, ne ressemblent à nuls autres ; ce pays, en apparence isolé du monde, est mêlé à toute son histoire ; c'est le berceau de Moïse et la tombe de Kléber ; sur ce sol, Cambyse heurte Sésostris, Plotin coudoie Origène, saint Louis rencontre Bonaparte. Les Romains ont tenu garnison au bord de ses cataractes, les croisés ont campé dans ses sables, et les soldats de la République ont bivouaqué au pied de ses pyramides. Est-ce assez de prestige, assez de contrastes, et pour les esprits moins curieux du passé que soucieux de l'avenir, n'est-ce donc rien que cette tentative qui se poursuit là-bas, depuis soixante ans, de greffer la civilisation occidentale sur les anciens rameaux de la barbarie musulmane.

Il serait téméraire de vouer cette tentative à un insuccès fatal, de même qu'il y aurait naïveté à la déclarer en bonne voie de réussite, sur la foi de quelques voyageurs d'une humeur trop facile ou des documents officiels que publie de temps à autre le gouvernement égyptien. Ces documents doivent être lus *cum grano salis* et à la manière dont l'abbé Galiani, de spirituelle mémoire, disait qu'il fallait lire ses petits livres économiques entre les lignes et sur les marges. Le caractère assez particulier qu'affecte l'exposition égyptienne, ne permet pas davantage de se prononcer sur une question aussi délicate ; les personnes qui s'intéressent à l'Égypte contemporaine telle que, sous le rapport économique et social, l'ont façonnée et l'implacable volonté de Méhémet-Ali et les quinze ans de règne de celui de ses petits-fils qui la gouverne actuellement sous le nom d'Ismaïl Ier, ces personnes n'ont guère que la ressource ou d'aller visiter ce pays, ou de s'en rapporter à quelques bons livres : à l'*Aperçu général* de Clot-Bey, par exemple, malgré ses quarante ans de date, aux *Lettres* de M. Barthélemy Saint-Hilaire, à celles de M. Gellion-Danglars, aux *Statistiques* de MM. de Regney-Bey et Dor-Bey, *à l'Égypte à petites journées* de M. Rhoné, enfin et surtout au volume tout récent de M. Mac Coan : *Egypt as it is* (l'Égypte comme elle est), dont la tendance, il est vrai, semble beaucoup trop optimiste, mais dont l'esprit général n'accuse du moins ni parti pris, ni manque de sincérité matérielle.

Ce n'est point au Champ de Mars qu'il faut chercher l'exposition égyptienne. Ce qui s'explique facilement puisque ce pays n'a point d'industrie proprement dite en dehors de son agriculture ; dès lors on ne voit pas trop comment il eût pu remplir de ses produits quelques-unes des galeries splendides que montrent d'autres pays, tels que l'Inde, la Chine, le Japon par exemple, dont la civilisation générale est également arriérée, mais qui ne laissent pas pour cela de posséder quelques industries spéciales, depuis longtemps classées sur le marché du monde. C'est dans l'enceinte du Trocadéro que l'Égypte a fait son exposition, partie dans le palais même dont la galerie d'*Exposition rétrospective* renferme les objets antiques, partie dans un pavillon spécial, masse carrée qu'ont dirait taillée dans un seul bloc de pierre gigantesque.

Ce pavillon se compose uniquement d'une enceinte rectangulaire que flanquent deux tours carrées qui figurent des pyramides tronquées. Les murailles n'offrent aucun jour au dehors, si ce n'est quelques meurtrières percées à une élévation telle que les regards du passant ne peuvent pénétrer au dedans ; le toit est en terrasse et sans inclinaison, comme c'est l'usage dans tout l'Orient et surtout en Égypte là où il ne pleut pas. Ce pavillon n'a qu'une porte qui donne accès sur un vestibule sur lequel s'ouvrent deux galeries, l'une à droite de l'édifice, l'autre à gauche ; une cour et un promenoir complètent l'édifice ; il représente, nous dit-on, une construction découverte dans les ruines d'Abydos, près de Girgeh, qui remonterait à la onzième dynastie et qui par conséquent serait antérieure d'un millier d'années au temps de Joseph. Et cette antiquité n'a rien qui doive étonner : le climat, les institutions, l'habileté de la construction et sa solidité massive, tout contribuait en Égypte à assurer la conservation des monuments. Il n'y a dans la vallée du Nil d'autres ruines, selon le mot de M. Barthélemy Saint-Hilaire que celles de la barbarie et de la vengeance ; sans les fureurs des Pasteurs, de Cambyse, des Grecs, des Arabes, sans les déprédations innombrables des envahisseurs, Thèbes serait aujourd'hui entière, et nous pourrions la voir à peu près telle que l'a vue Rhamsès, comme nous admirons encore les pyramides qu'a pu contempler Joseph, le ministre du Pharaon.

Pour le dire en passant, ces ruines d'Abydos, dont le pavillon du Trocadéro exhume un des édifices, ont bien mérité de la science moderne, en lui fournissant ces fameuses tables chronologiques, connues sous le nom de *Tables d'Abydos*, qui ont permis de reconstituer quelques-unes des dynasties égyptiennes. Les fouilles que M. Mariette-Bey a poursuivies, de 1858 à 1874, sur l'emplacement de Karnak, l'ont également mis en possession de documents fort intéressants : ce sont plusieurs listes géographiques des contrées soumises par le roi Thoutmès III, ainsi que des pays de la terre dont les Égyptiens avaient connaissance à cette époque, c'est-à-dire dix-huit siècles avant Jésus-Christ ; c'est aussi M. Mariette qui a découvert le texte démotique de la tablette de Tanis, inscription destinée à devenir la pierre de touche de la philologie égyptienne, comme le fameux texte trilingue de Rosette, trouvé par le colonel du génie Boussard, avait été son point initial. Ce sont encore deux Français, de Guignes et Quatremère, qui ont signalé le copte comme la langue vulgaire des vieux Égyptiens, et sans rabaisser le mérite des Lepsius, des Brügsch, des Wilkinson, la France, dans la personne des Letronne, des Lenormant, des Ampère, des Saulcy, des Rougé, des Mariette et des Chabas, ne garde-t-elle pas le sceptre de l'Égyptologie?

Mais revenons au pavillon du Trocadéro. Dans une de ses pièces on a réuni tout ce que le khédive fait exposer, en ce qui concerne l'enseignement public dans ses États ; dans les autres pièces, on voit les produits agricoles.

La Société du canal de Suez et l'*Association internationale africaine* ont dans le même bâtiment des expositions spéciales.

Nous parlerons d'abord des produits égyptiens et de l'enseignement public en Égypte ; nous dirons ensuite quelques mots des expositions particulières de la *Société du canal de Suez* et de l'*Association internationale africaine*.

I

PRODUITS ÉGYPTIENS.

Dans la galerie intérieure du vestibule, nous rencontrons d'abord, en suivant l'ordre du catalogue officiel, une collection de graines représentant

les diverses essences forestières du pays (groupe V
classe 44 : *Produits des exploitations et des industries
forestières*). Cette exhibition peut être fort intéressante pour les hommes spéciaux ; mais elle laisse
assez indifférent le visiteur ordinaire. Il passe,
après y avoir jeté un coup d'œil distrait par forme
d'acquit, et, pour parler comme le fabuliste, le
moindre grain de mil, c'est-à-dire le moindre arbuste, la moindre fleur capable de le faire songer à
la faune égyptienne, ferait bien mieux son affaire.
Peut-être, son imagination aidant, le palais du
Trocadéro, le palais du Champ de Mars et la Seine
qui les sépare, disparaîtraient-ils à ses yeux et se
croirait-il un instant transporté au milieu d'un tout
autre paysage, parmi les bosquets touffus de grenadiers, d'orangers, de cassiers aux fleurs jaunes, de
limoniers aux fruits d'or du delta du Nil; peut-
être s'imaginerait-il voir ces bosquets coupés d'innombrables canaux et encadrés de moissons jau-
nissantes, plaine immense, sans la moindre
hauteur, que dominent à peine les huttes en pisé
des fellahs, qu'inonde une lumière chaude et dorée
et que frangent à l'horizon, comme autant de colonnes, les troncs sveltes des palmiers à la verdoyante
aigrette.

Parmi les produits non alimentaires, on voit figurer, sous forme de graines également ou bien à
l'état brut, des laines, des chanvres, des cotons.
Quoique le célèbre *Byssos* d'Hérodote fût du lin et

non du coton, il est certain que les anciens Égyptiens cultivaient la dernière de ces plantes ; mais il y avait bien longtemps qu'on n'en parlait plus, lorsqu'en 1821 un médecin français, qui visitait au Caire le palais d'un bey, rencontra dans les jardins un plant de coton, longue séve croissant à l'état sauvage. La découverte vint aux oreilles de Méhémet-Ali, qui saisit avec empressement la perspective de s'ouvrir un nouveau monopole et qui donna l'ordre de semer immédiatement de la graine de ce plant dans l'une de ses fermes. L'essai réussit à merveille, et, stimulée fortement par le chômage prolongé du marché américain pendant la guerre de sécession, la culture cotonnière n'a cessé de se développer dans la vallée du Nil. Ainsi, en 1875, les statistiques officielles annonçaient pour ce textile une récolte de 131,259,000 kilogrammes, les plantations embrassant alors une aire de 348,728 hectares, et ce n'était point, tant s'en faut, le dernier mot de cette culture que des juges très-compétents regardent comme susceptible de s'élever, en année moyenne, à 1,000,000 de balles de 374 kilogrammes chacune.

Plus d'un pacha, d'un bey, d'un sheik, continue de nettoyer chez lui sa récolte avant de l'envoyer au marché ; mais le nombre va toujours croissant de ceux qui l'envoient aux ateliers de nettoyage en grand, qu'ont fondés des marchands et des capitalistes, Anglais ou Grecs pour la plupart ; ces ateliers ne consistaient d'abord qu'en une petite construction en pisé au toit fait avec un de ces appareils que les Anglais et les Américains appellent *Cotton Gin ;* mais ils sont devenus avec le temps des édifices ayant quelque prétention au style architectural, bien éclairés, bien ventilés, aux toits surmontés de hautes cheminées et dans lesquels fonctionnent des machines fixes à vapeur de la force de trente, quarante et cinquante chevaux. On a ainsi remédié à la confusion complète, dans leurs récipients communs, des graines de toutes les sortes de cotons nettoyés, confusion qui ne pouvait manquer de se produire, au bout de quelques jours, alors que deux rainures longitudinales pratiquées dans le plancher élevé de quelques pieds au-dessus du sol, recevaient les semences du coton une fois détachées de sa fibre. Mais le mélange ultérieur de ces semences, bonnes ou mauvaises, supérieures ou inférieures, reste toujours possible, et, pour l'empêcher, il faudrait corriger chez les fellahs la mauvaise habitude qu'ils ont d'ensemencer à nouveau, avec la première graine qui leur tombe sous la main, les terrains qui offrent des espaces vides, ou bien de conserver quand même des jeunes plants d'une mauvaise venue.

Une autre circonstance nuit également au coton de l'Égypte sur le marché de Lancashire, c'est que, la culture ayant lieu dans des terrains qui ne reçoivent aucune fumure riche en phosphate, sa fibre se détériore facilement. La difficulté serait vite écartée si les fellahs utilisaient comme combustible les tiges du cotonnier et les substituaient aux excréments d'animaux mêlés à de la paille hachée, pour la cuisson de leur pain. Mais ils tiennent à ces tourteaux ou *gillehs*, comme ils les appellent, parce qu'une fois allumés et à l'état incandescent, ils conservent bien la chaleur et maintiennent le four au degré de température convenable pendant toute la durée de la cuisson, avantage très-apprécié de pauvres gens qui ne cuisent leur pain qu'une fois par semaine et qui prennent sur leur sommeil le temps nécessaire à ce soin. Toutefois la fumée que les tiges de cotonniers font en brûlant, et l'acide pyroligineux qui s'en dégage, sont, dit-on, capables de gâter le pain, et quelques sheiks qui avaient essayé de les utiliser pour le séchage du coton, auraient été obligés d'y renoncer pour le même motif.

La presque impossibilité d'obtenir du fellah qu'il renonce aux gillehs, a suggéré à un correspondant du *Times* qui a son grain d'*humour*, comme tout bon Anglais, un moyen fort original. « Pourquoi, « s'écrie-t-il, ne pas extraire des catacombes de « Sakkarah les ossements de tous les anciens ani- « maux sacrés, singes, oiseaux et reptiles, pour « les broyer et vendre ensuite leur poussière aux « sheiks qui se livrent à la culture du coton ? » Ce conseil, qui ne vient certes pas d'un antiquaire, n'a que peu de chances d'être suivi : les reliques enfouies dans les pyramides et dans les nécropoles appartiennent désormais au monde entier, et par l'attrait qu'elles ont pour les voyageurs, elles constituent une source de richesse nationale. Il y a d'ailleurs d'autres engrais possibles; indépendamment de leurs pigeons domestiques, beaucoup de sheiks élèvent des ramiers, ou pigeons sauvages, auxquels ils ont bâti avec le limon du Nil de petits palais en leur genre, hauts de 9 à 15 mètres, et qui de loin ressemblent à d'immenses pains de sucre de couleur brune; le guano qui provient de ces pigeonniers est recueilli soigneusement : il n'a servi jusqu'ici qu'aux cultures de melons d'eau, de concombres et autres produits maraîchers, mais rien ne s'oppose, si ce n'est l'habitude prise, à ce qu'il soit également utilisé sur les plantations cotonnières, et la question mérite bien quelque attention, car les chemins de fer et la culture du coton ont effectué en Égypte une révolution économique dont il serait difficile d'apprécier déjà toutes les conséquences.

Les produits alimentaires de la *classe* 46 sont représentés par des maïs, des froments, des orges, des riz, des pois, des haricots, des lentilles et autres farineux. Le dourah ou maïs est la principale céréale du pays, c'est la nourriture ordinaire : sa récolte s'est élevée, en 1875, à 10,502,000 *ardebs*, contre 6,602,000 pour le froment et 3,103,000 pour l'orge. Le riz est avec le coton, la grande culture du Delta, et celui que l'on récolte dans les environs de Rosette est fort estimé, sous le nom de *sultani*, des riches consommateurs d'Alexandrie et de Constantinople. Quand la rizière a été une fois préparée, des bœufs, un bandeau sur les yeux, font tourner des roues à chapelets qui versent de l'eau dans un bassin d'où elle se répand sur le champ ; on laisse cette eau séjourner pendant une semaine, puis on enlève les racines des vieux plants, auxquels on substitue de jeunes plants, hauts d'un pied ; inondés chaque jour, ils croissent avec une rapidité merveilleuse, et, plantés en juillet, ils sont prêts à être coupés en novembre. Les gerbes une fois coupées sont étendues sur l'aire ; là paille en est hachée à l'aide de roues, et le van la sépare ensuite du grain. Il ne reste plus alors qu'à détacher à la meule le riz de ses pellicules et à l'ensacher dans des paniers en feuilles de palmier qui s'appellent des *couffes*.

Les savants de notre grande expédition du dernier siècle, en évaluant à 297,000 kilomètres carrés toute la surperficie de l'Égypte proprement dite, n'avaient assigné à sa partie arable que 24,700 kilomètres carrés, soit 2,476,000 hectares. Aujourd'hui les progrès de l'irrigation l'ont portée à 2,928,000 hectares ; mais plus d'un tiers est sans culture. Sur le pied de cinq millions et demi d'habitants, ce serait donc une proportion de 187 habitants par kilomètre carré de terrain cultivable, et cette proportion supérieure à celle de la Belgique, le pays de l'Europe dont la population est la plus dense, serait par elle-même une excellente condition de progrès agricole, si diverses circonstances n'en paralysaient l'action : ce sont le manque de bras d'abord, puis les anomalies du régime terrien et les inégalités de traitement fiscal qui les accompagnent.

Si, en tout pays musulman, le *domaine éminent* du sol, comme disaient nos anciens jurisconsultes, appartient au souverain, les terres n'en sont pas moins l'objet d'appropriations individuelles ou collectives, et elles se divisent en trois grandes catégories : les terres tributaires, les terres de dîme et les biens ecclésiastiques. Les Arabes n'appliquèrent point une autre règle à l'Égypte conquise et cette division du sol dura sur les bords du Nil jusqu'à ce qu'il plût un jour à Méhémet-Ali de se déclarer non-seulement nu propriétaire, mais encore usufruitier de la majeure partie de la terre égyptienne, et d'en indemniser les occupants par une simple pension viagère. Saïd-Pacha remit les choses en leur ancien état et, comme autrefois, on trouve là-bas, ainsi que le lecteur le sait déjà, quatre sortes de terres agricoles : les terres tributaires et les terres dites libres, qui forment environ les trois quarts de l'aire cultivée et qui paient le *miri* ou impôt foncier tout entier ; les terres de dîme, qui échappent tout à fait à cet impôt ou qui n'en supportent qu'une portion, le tiers en moyenne ; enfin les terres *wakfs*, ou biens de mosquées qui n'ont à compter ni avec le *miri*, ni avec la dîme. L'impôt du sol varie donc suivant la classe dont il fait partie et plus encore suivant la nature de ce sol. Ainsi, pour ne parler que des terres *karadjis*, taxées à 19 francs par *feddan*, dans la province d'Esnch, elles le sont à 33 francs dans celle de Gizeh, et l'*oushr* ou dîme qui est de 14 fr. 55 en certains endroits tombe à 3 fr. 50 dans d'autres.

Le manque de bras pèse d'une façon plus fâcheuse encore sur l'agriculture égyptienne. Ce n'est pas qu'avec la superficie actuellement arable du sol leur nombre ne suffise ; mais il est singulièrement diminué par l'ancien système de la corvée, qui persiste toujours quoique légalement aboli, de sorte qu'à la première réquisition, les champs se désertent parfois pendant des semaines entières au profit des chantiers de travaux publics. En même temps, des milliers d'hommes et de chevaux sont employés fort inutilement à la manœuvre de ces appareils primitifs d'arrosage que l'on appelle des *sakkias*, des *tabouts*, des *chadoufs* et dont l'usage remonte aux époques les plus reculées, comme l'attestent les sépultures de Thèbes et de Médinet-Abou. Le khédive et quelques-uns des plus riches fonctionnaires les ont remplacés par des pompes centrifuges, mais les paysans et les petits propriétaires tiennent beaucoup aux anciens usages. Les méthodes agricoles sont restées ce qu'elles étaient au temps où Joseph était premier ministre et la charrue est toujours ce hoyau renversé et traîné par des bœufs, qui se voit sur les monuments.

Les fellahs sont les vrais descendants des Égyptiens des époques pharaoniques, et le voyageur s'étonne souvent de retrouver en eux, surtout chez les femmes, les originaux des statuettes exhumées des tombeaux, et dans les traits d'un ouvrier en haillons le profil exact du grand Sésostris. Ce sont des gens doux, gais, intelligents, honnêtes. Ce n'en est que plus grand dommage de les voir écrasés d'impôts et réduits à la plus misérable existence, ainsi que nous les dépeignent la plupart des voyageurs, et aussi des Anglais résidant chez eux. M. Mac Coan, il est vrai, ne partage pas la même façon de voir : il avoue bien que les taxes qui frappent les fellahs sont lourdes et que la kourbache joue un grand rôle dans les perceptions. Mais il ne trouve pas les impôts excessifs, et à propos du bâton, il plaide les habitudes orientales, ainsi que la réputation de contribuable récalcitrant qui est acquise, selon lui, au paysan égyptien depuis le règne de Chéops jusqu'à celui d'Ismaïl Ier. Cette logique du bâton (*Stick logic*), est une opinion dont il faut laisser à cet auteur la responsabilité tout entière ; nous savons que le vainqueur de Valmy, qui avait servi dans les troupes allemandes s'y était toujours très-bien trouvé des *schlagues* qu'il y avait données ou reçues, mais il n'est nullement certain que le fellah se fasse un point d'honneur « de ne desserrer les cordons de « sa bourse qu'après une ou deux douzaines de « coups de kourbache » et qu'il passe « pour un « capon aux yeux non-seulement de ses camarades, « mais de sa moitié elle-même, » s'il n'affronte pas la cinquantaine. Ce qui paraît certain, d'après des témoignages dignes de foi, c'est que la bastonnade est employée par les agents inférieurs, à l'insu du khédive, comme un moyen habituel de commettre de révoltantes extorsions, bien plus que comme une méthode d'amener à résipiscence un débiteur intraitable.

Le sucre est, après le dourah et le riz, le troisième produit alimentaire important de l'agriculture égyptienne, et à voir la façon dont la culture de la canne à sucre s'est développée dans le cours de ces quinze dernières années, on peut la croire appelée à devenir l'un des principaux éléments de la richesse du pays. Il y a quarante ans, elle n'occupait pas plus d'une centaine d'hectares, tandis qu'elle en occupe aujourd'hui plus de 30,000 dont les six dixièmes environ appartiennent à la Daïra, ou domaine privé du khédive. Les cannes sont manipulées dans dix-neuf usines, appartenant aussi à ce prince, le coût d'établissement ne s'en est pas élevé à moins de 150,000,000 francs, au calcul de M. Mac Coan, parce qu'elles ont été installées sur un pied beaucoup trop grandiose, sans compter qu'elles sont trop nombreuses, eu égard à leur approvisionnement en matière première, et qu'elles ne sont point placées au milieu des plantations elles-mêmes, ce qui occasionne des frais de transport très-coûteux.

Mais c'est le propre des monarchies orientales de céder en tout et partout au faste et il n'y a rien d'étonnant à voir un prince éclairé joindre des travaux de pure ostentation aux œuvres les plus utiles. Si le gouvernement égyptien a le goût des constructions grandes et fécondes, comme il l'a déjà prouvé du reste, il rendra un véritable service aux populations du Delta en songeant à reprendre les travaux des Romains qui avaient assuré à la ville d'Alexandrie de vastes réservoirs d'eau potable, tandis qu'à cette heure cette eau est plus ou moins mauvaise aux époques de baisse du Nil, et tout à fait impotable, susceptible même d'engendrer des affections épidémiques, quand le fleuve est tout à fait bas. Pour restituer à la culture les 80,000 hectares du lac Maréotis, il suffirait, d'une part, de quelques écluses et d'une jetée sur les bords de la mer, de l'autre, de l'établissement d'un petit canal afin d'amener le limon du Nil sur les terrains asséchés, à moins qu'on ne jugeât préférable de curer et d'élargir les canaux d'autrefois. C'est par l'emploi de moyens analogues que dans l'humide comté de Lincoln, l'initiative privée a desséché 300,000 hectares de marécages ou de terrains envahis par la mer et que tel domaine qui, avant l'opération, ne s'était vendu que 175,000 francs, s'est revendu postérieurement 1,425,000. Mais personne ne songe au desséchement du Delta du Nil, qui se présenterait toutefois dans des conditions plus favorables, sous le rapport du résultat définitif, car les marais du Lincolnshire n'avaient pas reçu le riche dépôt de limon du fleuve égyptien.

Il y aurait encore à canaliser le Nil afin de parer à l'insuffisance éventuelle de son débordement, de même qu'on a déjà procuré pour le cas de débordement excessif un écoulement plus facile des eaux vers le littoral. La hauteur plus ou moins grande de cette crue n'est pas seulement pour l'Égypte une question d'abondance ou de disette : c'en est encore une de salubrité publique, puisqu'à la suite d'un mauvais Nil, comme on dit là-bas, la saison des basses eaux, qui se place ordinairement en juin, se manifeste alors dès le mois de février, c'est-à-dire au début des chaleurs torrides. Ce fut ce qui arriva en 1869 : la chaleur fut terrible, et, au début même de l'été, le pays se trouva complétement desséché. La masse d'eau douce du fleuve n'étant pas suffisante pour faire équilibre à l'eau de la mer, celle-ci, en vertu de sa plus grande densité, s'infiltra dans les terres, infecta les sources, ainsi que les conduites d'eau d'Alexandrie, et sala le

Nil jusqu'à 10 kilomètres en amont de ses bouches. A Rosette, l'eau du fleuve devint impropre à l'usage, soit de l'homme, soit des animaux; le bétail mourut, la végétation dépérit et l'on vit des habitants payer des prix énormes une outre de l'eau boueuse et puante que l'on pouvait encore puiser aux quelques mares qui ne s'étaient pas évaporées sous l'action des rayons solaires. Il y avait de quoi déterminer une explosion de la peste ou de quelque autre contagion épidémique. La crédulité et la terreur publique s'en mêlant, les rumeurs les plus étranges coururent et les explications les plus extraordinaires s'accréditèrent, au point que le gouvernement crut devoir instituer une commission spéciale à l'effet de rechercher les causes du mal et d'y porter remède s'il était possible.

La curiosité des géographes anciens était excitée au plus haut point par les crues régulières et périodiques de ce fleuve qui, sans aucun symptôme précurseur, sans cause apparente et comme par un pouvoir surnaturel, pour parler comme un des savants de l'expédition française, s'élève graduellement, couvre toute la surface de la contrée, puis décroît dans un intervalle déterminé et rentre dans son lit, à l'époque même où les autres fleuves en sortent. Aujourd'hui, tout mystère a disparu sur ce point et l'on sait que l'inondation de la vallée du Nil est le résultat des pluies qui commencent sur le plateau abyssin, au mois de mars, et dont l'effet ne se manifeste sur le fleuve que vers la fin de juin. Quant à la question de savoir si les hautes crues du fleuve ont quelques rapports avec la rareté ou l'abondance des taches solaires, elle n'est pas encore élucidée. Sous l'empire de certaines idées théoriques concernant la constitution physique du soleil, William Herschell avait cru reconnaître un certain rapport entre les taches de cet astre et la température terrestre : « Les années, disait-il, où ces taches sont le plus abondantes, sont aussi les années les plus sèches et les plus fertiles. » Pour justifier cette assertion, il prit pour terme de comparaison les variations du prix du blé en Angleterre ; mais les recherches ultérieurement faites en ce sens par MM. Arago, Barral et Gautier, de Genève, n'ont nullement confirmé l'hypothèse, et nous pensons avec le savant auteur du *Ciel*, que c'est là une question à étudier par d'autres moyens. En tous cas, s'il y avait quelque chose de vrai dans l'hypothèse d'Herschell, les Égyptiens n'auraient jamais à souhaiter que le soleil montrât de nombreuses taches, puisque pour eux les années de pluies abondantes sont les plus fertiles, à moins cependant que ce soient MM. Lockyer et Meldrum qui aient raison, quand ils prétendent qu'un maximum de tache solaire correspond à un maximum de pluie. *Adhuc sub judice lis est et grammatici certant :* « Le procès est encore pendant, et les astronomes ne sont point d'accord. »

Pour terminer l'exposition agricole, il suffit de dire que des dattes, du miel, des cocons de soie, de l'indigo, des gommes, des peaux de bêtes fauves, complètent la collection des productions du pays.

Quant au sous-sol de l'Égypte, ses richesses d'autrefois sont délaissées ; entre Edfou sur le Nil et la mer Rouge, on exploitait jadis des mines d'émeraudes et de plomb ainsi que des mines d'or dans le pays des Bisharis et des mines de turquoises dans la péninsule du Sinaï, mais les travaux en sont depuis longtemps abandonnés et ces divers dépôts paraissent tout à fait délaissés, quoiqu'il y ait des raisons de croire que les procédés de la science moderne pourraient utilement s'appliquer à certains d'entre eux. Aucun gîte d'argent, d'étain ou de fer n'a été découvert, et c'est tout au plus si quelques traces des plus faibles de plomb, de fer et de cuivre se sont révélées dans les roches des environs de Thèbes.

La richesse souterraine de l'Égypte est représentée à l'Exposition par des échantillons de soufre, de natron, de marbre, de grès et de granit rose. Ce marbre est magnifique, ce granit rose vient des carrières d'Assouan, l'antique Syène, qui fournirent tous les obélisques, beaucoup de statues et de sphinx, et ces grès sont tirés des carrières de *Gebel-el-Selseleh* (Silsilis), d'où sortirent les colonnades de Thèbes. Les carrières s'étendent sur les deux rives du fleuve et sont les unes à ciel ouvert, et les autres taillées dans la montagne en forme de grottes. « Là vous trouvez, dit un voyageur, Laorty Hadjy, dans son livre intitulé l'*Egypte*, des passages aussi larges que les plus belles rues de nos villes d'Europe et fermés de chaque côté par des murailles de cinquante ou soixante pieds de haut, quelquefois droits, quelquefois s'allongeant en spirales immenses ; vous les voyez s'étendant du bord de la rivière jusque dans les entrailles des montagnes, où ils aboutissent à de grandes places également taillées dans le rocher, et si vous vous dirigez vers le nord, vous arrivez à une multitude de chambres gigantesques, avec des colonnades prodigieuses dont les toits sont formés de blocs irréguliers, que supportent des piliers massifs de forme carrée ou polygonale, ayant pour la plupart quatre-vingts ou cent pieds de circonférence. »

Des tissus de laine ou de soie richement rayés d'or et des meubles représentent l'industrie manufacturière. Ces meubles sont exposés par un Turinois, M. Parvis, qui est établi depuis longues années au Caire, mais qui est, ainsi qu'il l'a dit lui-même, un élève de nos ébénistes parisiens. Nous y avons particulièrement remarqué une armoire en bois d'Albergia incrustée de nacre sur ses côtés et dont l'ornementation, à la fois riche et sobre, fait le plus grand honneur à M. Parvis qui en a donné le dessin aux ouvriers indigènes. Le même éloge s'applique aux reproductions d'une fenêtre grillée ou *moucharabi* et d'une porte de harem, avec inscriptions du Coran, de même qu'aux chaises et aux gargoulettes revêtues de peintures monochromes et à teintes plates, dans le style des hypogées. Du même exposant on remarque encore un album photographique très-curieux et dont la représentation la moins intéressante n'est pas celle du dallage de la salle de réception du palais élevé par Ibrahim-Bey, un des fils de Méhémet, et occupé par Bonaparte pendant son séjour au Caire. Mentionnons enfin un tableau qui représente une caravane surprise par le Khamsin dans le désert; les chameaux, affaissés sur leurs genoux, étendent leurs longs cous sur le sol et cherchent à cacher leurs têtes difformes dans le sable. Les voyageurs s'abritent auprès d'eux, comme derrière un mur, et, couchés le ventre contre terre, ils attendent le choc du khamsin qui arrive et s'abat sur eux, remplissant l'atmosphère d'une poussière brûlante et fouettant avec rage les branches de quelques palmiers qu'on aperçoit sur le fond de la scène.

II

EXPOSITION SCOLAIRE.

Le caractère d'Ismaïl Ier, le khédive actuel, a été l'objet d'appréciations diverses. Il serait injuste de le confondre avec ces tyrans orientaux dont Abbas-Pacha, petit-fils de Méhémet, fut dans l'Égypte même, un des types les plus tristes. Ismaïl est un prince éclairé, très-laborieux, désireux du progrès et qui, comme son grand père, aime les constructions grandioses sans négliger les travaux utiles. Sans doute en Égypte l'*État c'est le khédive*, mais ce n'est pas Ismaïl qui a créé la situation, et l'on doit d'autant plus lui savoir gré de ses goûts progressifs, tout dispendieux qu'ils soient, et le féliciter spécialement de ses efforts pour répandre l'instruction à tous ses degrés parmi ses sujets. Son aïeul Méhémet-Ali lui avait donné l'exemple, et dès 1825, à la suite de ses heureuses campagnes contre les Wahabys, il établissait au Caire une école d'état-major, qui fut bientôt suivie d'une école de chirurgie militaire, puis d'écoles spéciales pour l'enseignement de la science des fortifications et de l'artillerie, de l'art vétérinaire, de la mécanique appliquée et de l'agriculture. Plus tard, encouragé par le succès de ces premières tentatives, le célèbre vice-roi songea même à l'instruction primaire et fonda des écoles au Caire, à Alexandrie et dans les principaux chefs-lieux de province. Mais, après les événements de 1840, cette éducation, dont la pensée mère avait été toute militaire, ne lui parut plus avoir sa raison d'être, et si les écoles restèrent ouvertes, elles virent le nombre de leurs élèves tomber bientôt de 20,000 à 11,000. Abbas-Pacha les ferma toutes et durant les six années de son règne, l'Égypte se trouva de nouveau réduite à la portion congrue d'instruction tout à fait élémentaire que pouvaient lui distribuer les mosquées et les écoles de village. Saïd Pacha, plus libéral, rouvrit plusieurs écoles spéciales et dota d'une façon magnifique les écoles étrangères du Caire et d'Alexandrie ; mais il ne fit rien pour améliorer l'enseignement primaire, et les écoles de village étaient encore à sa mort ce qu'elles étaient du temps des mamlouks ou, pour mieux dire, du temps des Sarrasins.

Deux tableaux appendus au mur du pavillon égyptien donnent pour l'année 1877 le chiffre des dépenses de l'instruction publique à tous ses degrés : elles s'élèvent à un total de 8,277 bourses 345 piastres, la bourse valant environ 128 francs, cela fait un peu plus de 1 million de francs inscrits au budget de l'État, mais auxquels il faut ajouter 357,000 francs, libéralité du khédive. Ce sacrifice qui pourrait passer pour mesquin en présence d'un budget annuel de 250,000,000 de francs, acquiert de la valeur, si l'on réfléchit au milieu où la dépense se produit et surtout si l'on se rappelle que la Turquie, avec un budget plus que double et une population quintuple, ne consacre pas plus de 1,250,000 francs au même objet.

Laissant de côté les institutions militaires, on voit que l'enseignement supérieur ou professionnel compte neuf établissements, parmi lesquels l'école

polytechnique, l'école industrielle, l'école de droit
et des langues, l'école de médecine et de pharma-
cie. Les cours de l'école de droit durent quatre ans
et l'enseignement comprend, outre le droit musulman et le droit européen, l'histoire, ainsi que les
langues arabe, turque, persane, italienne et française. La plupart des juges de paix sortent de cette
école, et elle prend chaque jour une nouvelle importance sans rendre cependant les mêmes services
et sans avoir la même notoriété que l'école de médecine de Kasr-el-Ain, laquelle fondée en 1827 par
Méhémet-Ali, fermée par Abbas-Pacha en 1849 et
rouverte par Saïd, sept ans plus tard, a compté depuis parmi ses professeurs des célébrités médicales
telles que les Clot-Bey, les Reyer, les Laitner, les
Griesinger. Le préjugé musulman sur la dissection
ayant disparu depuis longtemps, et les résultats les
plus récents de la pathologie occidentale y étant
franchement acceptés, l'école de Kasr-el-Ain est
très-florissante, et il en sort des sujets qui ne pa-
raîtraient nullement déplacés en Europe.

Parmi les établissements d'instruction secondaire ou mixte, on peut classer l'école normale
d'instituteurs. L'instruction des filles est nulle dans
les provinces, mais un essai a été fait au Caire ;
deux écoles indigènes de filles sont dues à la haute
et généreuse initiative de la princesse Thserma
Haft Khanum, la troisième femme du khédive.
Jusque-là la répugnance si vive des Orientaux pour

toute instruction donnée aux femmes avait fait
échouer tout projet de ce genre, et même en 1873,
les débuts de la nouvelle institution furent péni-
bles, malgré l'avantage qui s'offrait aux classes
pauvres d'être ainsi dispensées pendant cinq ans de
la nourriture, du logement et de l'entretien de leurs
filles. Ces obstacles ne sont point encore complétement vaincus, car si les deux écoles du Caire
renferment aujourd'hui 450 élèves, la race musulmane n'y est pas en majorité et il y a des enfants
de toutes les religions du pays, — arabes, cophtes,
nubiennes, juives, chrétiennes. Toutes les conditions sociales depuis la fille du pacha jusqu'à la
jeune esclave y sont réunies; l'enseignement qu'on
y distribue comprend la lecture, l'écriture, l'arithmétique, la géographie, la langue turque et la
langue française, la musique, les travaux d'aiguille,
la cuisine, la buanderie et autres travaux domestiques. Pour peu que ce grand effort se propage
dans d'autres villes, on peut espérer que l'émanci-
pation des femmes, le grand problème de la solution duquel dépend la régénération des races
orientales, finira tôt ou tard par ne plus être une
utopie irréalisable.

Il y a encore deux établissements d'aveugles,
trois écoles industrielles et vingt-trois écoles mu-
nicipales dont la plus remarquable est celle que le
prince Tewfik, héritier présomptif du khédive, fondait, il y a quatre ans, sur son domaine de Kobbah

près du Caire, et dans laquelle l'enseignement technique et pratique de l'agriculture se mêle à un cours complet d'instruction secondaire. Toutes ces institutions dépendent du gouvernement, tandis que les collèges attachés aux mosquées (*Medres-sehs*) et les écoles de village (*Kouttabs*) en sont, à peu d'exceptions près, tout à fait indépendants. En tête de cette deuxième catégorie se place le grand collége d'El-Azhar (Le splendide), qui fut longtemps célèbre comme le centre universitaire de l'Islam et qui, en 1476, était encore fréquenté par 11,095 étudiants, venus de tous les points de l'Orient et représentant, dans des proportions iné-gales, les quatre sectes ou rites entre lesquels l'orthodoxie sunnite se partage (1). Que ce mot d'u-niversité et que cette énorme affluence d'élèves ne fassent pas cependant illusion : ce qu'on apprend au collége d'El-Azhar se réduit à la grammaire et à la rhétorique arabes, à la logique, au droit et à la théologie du Coran, accompagnés de notions astro-nomiques qui sont fort en retard de l'ère coper-nicienne, puisque, paraît-il, on y professe encore que la terre est plate, que le soleil tourne autour

(1) Ce sont les Hanéféïtes, les Schaféïtes, les Malekites et les Hambalites, ainsi nommés des quatre grands docteurs de l'orthodoxie sunnite. La première de ces sectes règne en Tur-quie et dans l'Orient ; la seconde en Égypte et en Syrie ; la troisième dans l'Afrique Nord-occidentale et au Maroc, tandis que la quatrième comprend les Wahabites de l'Arabie centrale avec quelques fanatiques de Baghdad et de Naplouse.

d'elle et que la voûte céleste se compose de cent globes superposés.

Mais veut-on la vraie mesure du degré d'instruction répandue dans la grande masse des fellahs, c'est aux kouttabs qu'il faut la demander. Ces écoles, d'après un essai de recensement fait en 1876, seraient au nombre de 4,685 avec 90,000 enfants. Elles datent pour la plupart de l'apparition même de l'islamisme en Égypte, mais leur niveau intellectuel est si bas que M. Mac Coan les compare à ces écoles en plein vent, derrière une haie, qui fonctionnaient encore dans les hameaux irlandais, il y a une trentaine d'années seulement. L'enseignement s'y borne à la lecture, suivie parfois de l'écriture et de quelques notions de l'arithmétique la plus élémentaire. C'est fort peu de chose sans doute, mais c'est plus qu'en Turquie toutefois, où il est très-rare qu'un paysan sache épeler le Koran, ou tracer un seul caractère, et il y a là un germe que Riaz-Pacha, l'éminent ministre de l'instruction publique en Egypte, s'est déjà efforcé de développer et dont, avec le temps, il sera possible de tirer un bon parti.

Il n'a été question jusqu'ici que des écoles musulmanes, et pour être complet, il faudrait tenir compte des écoles cophtes, grecques, maronites, juives, arméniennes, ainsi que des écoles relevant des colonies d'Anglais, de Français, d'Italiens, d'Américains établis dans le pays, lesquelles constituent dans les ressources intellectuelles un facteur non moins important que les écoles nationales elles-mêmes. Disons seulement en bloc que le nombre de tous les établissements d'instruction de l'Egypte s'élève, d'après le recensement d'ailleurs imparfait de 1876, à 4,817 fréquentés par 141,000 élèves dont 90,000 enfants, ce qui accuserait, s'il en était ainsi, par rapport à l'année précédente, une augmentation de 1,072 écoles et de 27,722 élèves. Cela fait aussi ressortir 2 3/4 écoliers pour 100 habitants des deux sexes et 3 à 4 pour 100 de la population mâle en attribuant à celle-ci, ce qui est bien près de la vérité, le total des élèves relevés. Et il faut se souvenir que cette même proportion, si elle est de 15 p. 100 en Prusse et en Suisse, de 13 en France, de 12 en Angleterre, de 9 en Autriche, de 8 en Irlande et de 5 en Grèce, tombe à 2,5 p. 100 en Portugal et à 2 en Russie (1).

III

SOCIÉTÉ DU CANAL DE SUEZ.

C'est en soi-même un travail curieux que le plan en relief et à vol d'oiseau, large de 3 mètres et long de 9, du *canal de Suez* (2), qui est exposé par la

(1) L'*Égypte comme elle est*, chap. x.
(2) Dans une certaine mesure, c'est une carte de l'É-gypte proprement dite, c'est-à-dire le quadrilatère à peu

Société de ce canal : le plan horizontal à échelle métrique est aussi des plus intéressants. Cette exposition éveille chez un Français un sentiment tout particulier, celui d'une juste fierté patriotique. Le nom de Ferdinand de Lesseps, « le grand Français », comme l'appelle M. Mac Coan, est désormais inséparable, en effet, de cette œuvre colossale qui a raccourci de 7,440 kilomètres la distance entre l'Angleterre et l'Inde et rapproché de 9,750 Bombay et Marseille. M. de Lesseps, reprenant et agrandissant la pensée des Néchos, des Darius, des Bonaparte, a enfin réuni la Méditerranée à la mer Rouge, et ce qui rehausse singulièrement son mérite, c'est l'opiniâtre persévérance, c'est l'indomptable énergie dont il a eu besoin pour faire réussir son projet. Il trouva dans lord Palmerston, alors premier ministre de la Grande-Bretagne, un adversaire redoutable, accoutumé à tout voir plier devant son impétuosité et son patriotisme insulaire. Notre compatriote l'emporta cependant de haute lutte ; aujourd'hui les navires qui fréquentent le canal de Suez sont pour les trois quarts des navires anglais, et ce seul fait

près régulier que délimitent au nord la Méditerranée, à l'est le canal et la mer Rouge, au sud la première cataracte, à l'ouest le désert Libyen. Le plan déroule, en effet, une vue panoramique qui, partant de Rosette et de Port-Saïd, et passant par Tanis, le lac Menzaleh, Kantarah, le lac Bellah, Elbuisr, Ismaïlia, le lac Timsah, Zagarig, le Serapeum, les lacs Amers, le Caire, les Pyramides, Chalouf, aboutit à Suez et à la mer Rouge.

montre à quel point les bruyantes frayeurs de lord Palmerston étaiént vaines.

M. de Lesseps n'est pas le seul Français dont le nom soit associé aux grands travaux de l'Égypte moderne. M. Linant a été longtemps le directeur général de ces travaux, et c'est sur les plans de M. Mougel que le grand barrage du Nil a été entrepris. Des ingénieurs français ont également concouru à la construction du canal Ismaïlieh et du canal Mahmoudieh, dont l'un part de Boulak pour rejoindre le canal Zaganzig à Suez et l'autre relie Alexandrie au Caire. Le Mahmoudieh, commencé en 1819, fut achevé dans l'année même : il ne coûta que 7,500,000 francs et..... 20,000 hommes. Méhémet-Ali avait fait faire des battues dans la Haute et dans la Basse-Égypte ; il avait réquisitionné les hommes faits, comme les vieillards, les enfants comme les femmès. Ayant réuni de la sorte 250,000 hommes, il leur fit creuser, sans abris, sans nourriture suffisante, un sol pestilentiel : le bâton stimulait leur zèle et faisait justice de leurs plaintes.

C'était la vieille méthode : Chéops, Cephrem, Mencheris, n'ont pas bâti autrement les pyramides qui portent leur nom, ces pyramides que Staçe nommait d'audacieux rochers, *audacia saxa* et Pline des masses monstrueuses, *portentosæ moles*. Mais qui supputera jamais ce qu'elles ont coûté d'argent et surtout de vies humaines ! Aussi dans sa vindicte traditionnelle, le fellah ne trouve-t-il pas d'injure plus atroce à infliger à quelqu'un que de l'appeler Ebn-Faraonn, c'est-à-dire fils de Pharaon.

IV

ASSOCIATION INTERNATIONALE AFRICAINE.

Fondée en 1876, l'*Association internationale africaine* est présidée par S. M. Léopold II, roi des Belges et compte tous les souverains du monde civilisé parmi les membres de son comité directeur. « Ouvrir à la civilisation la seule partie du monde où elle n'ait pas encore pénétré en facilitant les explorations des voyageurs, » lit-on dans une notice qu'elle a publiée elle-même, « percer les ténèbres qui enveloppent ces populations, étudier les ressources immenses de son sol et donner aux produits de l'industrie européenne de nouveaux débouchés, tel est le but que l'*Association* cherche à favoriser par l'établissement de stations hospitalières et scientifiques » ; comme effet ultérieur de son action pacifique, elle entrevoit la suppression de la traite des noirs qu'elle appelle la principale cause de la barbarie où ce grand continent reste plongé, et telle est bien l'opinion de tous les voyageurs qui ont pénétré dans l'Afrique centrale depuis Livingstone jusqu'à Stanley.

L'Égypte a été longtemps l'un des plus grands

débouchés de cet abominable trafic. Une fois qu'ils y étaient rendus, les malheureux que les traitants allaient recruter dans le Sennaar, le Darfour et le Kordofan jouissaient d'un sort passable, sans doute, car l'esclavage n'est guère sur les bords du Nil qu'une variété de la domesticité et d'une domesticité assez douce. L'intérieur d'un riche Égyptien demeuré fidèle aux us nationaux est aujourd'hui ce qu'il était il y a quarante ans, ou pour mieux dire au temps des *Mille et une Nuits*. Mais les *Gillabs* ou marchands d'esclaves n'ont pas cessé non plus d'être ces bêtes brutes que Livingstone, Speke, Baker, Schweinfurth, Cameron, Stanley, ont rencontrées dans leurs longs parcours et qu'ils s'accordent à maudire. Dans la route qu'ils suivent de l'Afrique équinoxiale à la première cataracte, que de souffrances pour leurs captifs, et que d'ossements blanchis marquent la trace de leurs étapes à travers le désert! Le trafic est officiellement aboli dans les États du khédive, mais on n'a pu encore empêcher qu'il ne s'y pratiquât d'une façon interlope, au mépris des lois.

Les moins intéressants des objets exposés par l'*Association internationale* ne sont pas les tableaux qui représentent des nègres emmenés en esclavage. La meilleure légende à leur donner serait cette lettre datée du 28 octobre 1876, mais qui n'est parvenue en Europe qu'un an plus tard, dans laquelle Stanley, l'heureux et intrépide continuateur des Livingstone et des Cameron, raconte comment il a croisé « des centaines de créatures humaines « marchant en file indienne, attachées par le cou, « dont les faces haves trahissaient les angoisses de « la faim et qui, à chaque étape de leur lugubre « marche, jalonnaient le terrain d'un nouveau ca- « davre (1). » Ces malheureux sont le fruit des razzias systématiques que, sous l'inspiration des traitants arabes et payés par eux, des bandits font dans les villages qu'ils saccagent et dont ils enlèvent les adultes, les jeunes gens et les jeunes filles, après avoir généralement massacré les vieillards. D'autres fois, alors que la *demande* est en hausse, on voit des chefs indigènes invitant leurs parents et amis à une battue générale de noirs « tout comme un *nobleman* anglais convoque les siens à une chasse au coq de bruyère ou à une courre au daim ». Ces massacres et ces captures en masse, les petits potentats de l'Afrique centrale les décorent du nom de guerre, et Dieu sait s'ils manquent jamais de prétextes pour guerroyer !

On sait que M. Stanley eut le bonheur et l'honneur de retrouver Livingstone qu'on avait trop de raisons, après son long silence, de croire mort ou tout au moins retenu par la maladie et en proie au dénûment au sein de quelque peuplade africaine. Il partit, vers la fin de 1869, et le 10 novembre 1871,

(1) *Daily Telegraph* du 14 octobre 1877.

parvenu à Oudjiji, sur les bords du lac Tanganyka, il reconnaissait le grand voyageur dans un homme à la barbe grise, vêtu d'une jaquette rouge, coiffé d'une casquette avec un galon d'or terni, et dont les traits émaciés trahissaient une fatigue profonde. Cette *casquette d'apparat* est celle qui se voit au pavillon égyptien à côté d'un revolver, celui que M. Stanley avait donné à Livingstone, au mois de décembre 1871. Ces deux objets ont été rapportés à Zanzibar par les pieux serviteurs de l'illustre explorateur après sa mort au lieu d'Isala dans la vallée du Loualaba ; ce cours d'eau qu'il inclinait à prendre pour la tête du Nil, ne fait en réalité avec le Congo ou Zaïre qu'un seul et même cours d'eau, ainsi que le conjecturait Cameron et qu'il a été donné à Stanley lui-même de s'en assurer lors de sa fructueuse expédition au cœur de l'Afrique, dans l'immense zone du douzième parallèle sud à l'équateur.

Une grande carte de l'Afrique indiquant l'itinéraire de tous les voyageurs, les portraits de Livingstone, Caméron et Stanley, ornent les murs de la salle, et, afin d'intéresser le visiteur aux régions qui doivent être le théâtre de ses futurs travaux, l'Association internationale expose tout un musée africain. Entre autres curiosités, il renferme des instruments aratoires, des instruments de musique, des chapeaux bambaras, des oreillers somalis, un sac ayant appartenu au roi de Dahomey, des boucliers du

Darfour, des carquois et des colliers Pahouins, des flèches empoisonnées, etc., etc. Elle y ajoute des échantillons des principales productions de l'Afrique entière, avec l'indication de la valeur annuelle des exportations de la péninsule, y compris l'Algérie et les pays musulmans, à savoir :

Produits.	Valeur en millions de francs.
Textiles végétaux	184
Graines oléagineuses	155
Sucres	115
Céréales et légumineux	111
Laines et soies	106
Fers, cuivres, zincs, marbres, etc	45
Matières tinctoriales	23
Peaux et cuirs	16
Tabacs et épices	13 $\frac{1}{2}$
Gommes	12 »
Bois	9 »
Vins du Cap et d'Algérie. Rhums de la Réunion.	8 » (1)
Cafés, thés, vanilles	1 $\frac{1}{2}$
Produits animaux, écailles de tortues, corail, etc.	» $\frac{1}{2}$
Plumes du Sénégal	35,000 fr. »

Quant aux ressources naturelles encore inexploitées de l'Afrique équatoriale, le commandant Cameron les a décrites comme immenses, et il écrivait des lieux qu'une grande compagnie au capital de 25 à 30 millions de francs pourrait ouvrir ce pays

(1) Dont 6 millions $\frac{1}{2}$ pour l'Algérie seule.

dans l'espace de quelques années, en réunissant par un canal les deux systèmes du Congo et du Zambèze. A diverses reprises, il a développé depuis ces projets, et a proposé d'entreprendre cette colonisation, soit en se plaçant au cœur même du bassin du Congo, soit en partant de la côte orientale et en reliant le système du Tanganyka à celui du Victoria Nyanza, par des stations commerciales échelonnées de distance en distance. A ce plan, le docteur Atherstone a proposé une combinaison suivant laquelle les voies ferrées de la colonie du Cap seraient prolongées jusqu'au Zambèze et ses lignes télégraphiques poussées des gîtes diamantifères de Kimberley, où elles vont, déjà, jusqu'à Khartoum par la région des Lacs et la vallée du Haut-Nil. *A priori* la conception du docteur Atherstone se recommande par cette circonstance que du côté du Congo ou du Zambèze tout est à faire, tandis que du côté du Cap, on profiterait de travaux effectués et des ressources d'une colonisation déjà florissante. Mais des gens compétents lui trouvent aussi des inconvénients, des *drawbacks* comme disent nos voisins, et ce n'est ni le lieu, ni le moment de discuter des plans dont la réalisation ne peut être que lointaine, et s'il fallait subordonner à l'accomplissement de semblables projets la suppression de la traite des noirs, il faudrait considérer comme bien incertain le moment où serait rempli le but de l'association internationale africaine.

V

EXPOSITION RÉTROSPECTIVE.

« C'était chez les anciens Égyptiens, « a dit madame de Staël « un besoin de l'âme de lutter contre la mort en préparant sur cette terre un asile presque éternel à leurs cendres. » Sur la rive gauche du Nil, au sein de montagnes calcaires que ne traverse aucune source, les monarques et les grands se sont creusé des tombeaux. La montagne qui regarde Thèbes en est toute criblée ; c'est elle qui renferme les tombes des classes élevées, et derrière la montagne de l'Ouest, dans une gorge inhabitée et inhabitable, se dérobe le dernier asile des Pharaons, plus mystérieux encore et plus séparé du monde des vivants; une centaine d'inscriptions constatent qu'à l'époque gréco-romaine les hypogées de Thèbes étaient souvent visitées, et attestent en même temps l'admiration que les *Syringes*, comme ils les appelaient, inspiraient aux Grecs. Mais depuis des siècles, la montagne funéraire était restée sans visiteurs, et les tombeaux des rois avaient presque disparu sous les éboulements lorsque l'intrépide Balzoni tourna vers eux l'attention de l'Europe savante ou curieuse, par la découverte du plus beau de tous, celui de Séti (Sethos), père de Rhamsès le Grand et l'édificateur de la salle gigantesque de Karnak.

On creusait ces grottes dans le roc avec beaucoup d'efforts et de travail; on sculptait et l'on peignait sur leurs parois des figures de dieux, d'hommes, d'animaux, d'innombrables légendes, des scènes de la vie et de la mort. Par exemple, dans le tombeau dit des *Harpistes*, parce que les peintures d'une de ses salles représentent des musiciens jouant de la harpe, les détails concernant la vie civile et domestique abondent. Ici, des hommes tuent des bœufs en plein champ, tandis que d'autres hachent la viande, la pilent dans un mortier et la font cuire dans des vases qui reposent sur un trépied et des bâtons flambants ; là, des boulangers cuisent le pain dans des fours semblables aux nôtres; ailleurs, ce sont des fruits ou des oiseaux et des scènes rurales telles que l'ensemencement des terres et le débordement du Nil. Toute une chambre est décorée de sabres droits ou recourbés, de poignards, de lances, de flèches, de massues, et, chose plus singulière, de cottes de mailles ; une autre révèle le luxe inouï d'un petit maître d'il y a quatre mille ans : on y voit des siéges et des lits de repos d'une forme ravissante, des draperies magnifiques, des tapis en peaux de léopards ou de panthères, des bassins d'or et des vases d'une tournure exquise.

Eh bien ! c'est le spectacle qu'un curieux peut se procurer sans aller en Égypte, ce qui n'est pas donné à tout le monde. Qu'il entre dans le pavillon du Trocadéro, et il verra ses murs garnis d'une série de peintures qui reproduisent les mœurs intimes des anciens Égyptiens. Il y verra représentés des sacrifices et des funérailles ; des pêches à la nasse et des chasses au filet ; des chasses à l'hippopotame dans un marécage ou bien aux antilopes en plaine et à l'aide de lions dressés ; la moisson, l'engraissement des oies, la cuisine ; des travaux de charpente et de menuiserie exécutés avec des outils qui ressemblent fort aux nôtres ; des canges et des bateliers naviguant sur le Nil. Et si ce même curieux éprouvait la velléité d'aller en Égypte même voir comment toutes ces choses se passent encore aujourd'hui, il serait tout surpris de retrouver chez les fellahs du dix-neuvième siècle une bonne partie des mœurs et des coutumes de leurs lointains ancêtres, et il serait plus frappé encore de la persistance du type humain dans la vallée du Nil, fait bien naturel pourtant, puisque selon le mot d'un éminent naturaliste, toutes les conditions d'existence sont demeurées là-bas les mêmes depuis les temps les plus reculés.

Sans doute, il n'assisterait point à des chasses menées par des lions, et il pourrait se rendre en chemin de fer d'Alexandrie à Suez, mais s'il préférait la voie fluviale, c'est dans une cange qu'il remonterait le Nil, une cange encore poussée contre le courant du fleuve par de longs bâtons que les bateliers appuient sur un fond de rochers et de

sable, comme on le voit dans les anciennes peintures. S'il s'avisait de faire escale à Minieh, ville
qui s'élève près des tombeaux de Zaouet-Meyeteyn
et de Koulm-El-Amar, il verrait que le Nil sépare
la cité des morts de la cité des vivants. Il en était
généralement ainsi dans l'antique Égypte, comme
existait aussi l'usage de porter les morts à leur
dernière demeure dans une barque, au milieu des
hurlements des femmes, répandant des cendres sur
leurs cheveux, et ce spectacle M. Ampère raconte
l'avoir vu maintes fois se reproduire sous ses yeux.

Dans la même travée de l'exposition rétrospective, on voit des statues, des bustes, des bijoux
curieux, des scarabées les plus beaux que l'on con-
naisse, et au centre de la salle se dresse le buste du
khédive dans un petit temple formé par quatre
colonnes et entouré d'armes et d'outils primitifs.

C'est une circonstance caractéristique que les
plans des temples égyptiens sont toujours quadran-
gulaires, et cela par la raison même qui avait pros-
crit les voûtes de cette architecture, c'est-à-dire la
recherche d'une extrême solidité. Dans tous ces
édifices, il y a toujours le *Dromos* ou cour pavée,
qui règne autour, soit en largeur, soit en longueur,
et que décore l'avenue des Sphinx, placés à vingt
coudées les uns des autres sur deux lignes se faisant face. Après le dromos, enceint de murailles
à hauteur d'appui, viennent les propylées et le
temple proprement dit, composé lui-même de deux

partiés distinctes, le *Pronaos*, ou temple extérieur, et le sanctuaire ou temple intérieur, le vrai temple où s'accomplit le culte avec ses mystères.

L'obélisque est une autre particularité tout à fait propre à l'art égyptien. Ces monolithes allaient toujours deux par deux et se plaçaient devant les deux massifs des pylones. Transplantés chez nous, ils sont bien encore un ornement, mais ils ont cessé d'être un signe, sans quoi comprendrait-on, comme disait M. Ampère, que nous eussions osé dresser l'emblème de la *stabilité* sur la place de la Révolution? Il n'est pas douteux, en effet, que l'obélisque, variété de la pyramide, n'exprime la même idée, quoiqu'un Allemand, moins fidèle au bon sens qu'à la métaphysique hégélienne, y ait trouvé une preuve de la théorie d'Empédocle sur les éléments dont l'unité est le principe. L'obélisque qui se voit à Paris s'élevait dans la grande cour du palais de Louksor, à côté des quatre colonnes de granit qui représentaient Rhamsès le Grand, et dont la tête et le buste seuls émergent aujourd'hui du sable.

C'est ce même conquérant qui a rempli de son orgueil le palais du Rhamesseum : un colosse haut de cent cinquante pieds le représentait, mais aujourd'hui il git à terre, brisé par la main des hommes. C'est un tremblement de terre qui a cassé la poitrine de l'un des deux colosses, les seuls restes encore debout du palais d'Aménophis III, le Memnon des Grecs. Il exhalait des sons à l'aurore, et les crédules Hellènes croyaient entendre Memnon saluant sa mère. Letronne a éclairci le mystère : il a établi que la statue ne commença de résonner que sous Néron, après la commotion souterraine qui lui avait fracassé la poitrine; la vibration sonore, cause naturelle du phénomène, cessa de se produire lorsqne Septime Sévère l'eut fait réparer; il y avait mis sans le vouloir une sourdine, et désormais les rayons du soleil levant la laissèrent sans voix.

Une des grandes curiosités de la travée qui renferme l'exposition relative au temps des khalyfes, ce sont les divers manuscrits sur papyrus du Koran, enluminés, coloriés, chargés de dessins et d'arabesques. Le plus splendide porte la date de l'an 1368-77 de notre ère et fut donné par Chah-Abbas à l'un des medressehs du Caire. Quelque chose de plus curieux encore peut-être est le *Boustan* écrit en 1487-88 par Ali-El-Hakia, dont chaque page est un dessin colorié du format grand in-8° moderne, qui encadre sur les marges l'écriture elle-même. Les vitrines accolées aux murs présentent des ceintures, des bracelets, de riches poteries, des casques, des cottes de mailles, des plastrons, des boucliers, des sabres, tandis que des briques émaillées, des marbres incrustés de nacre, des buffets arabes, des portes ciselées et sculptées, une façade de palais, avec ses balcons treillagés et ses *moucharabis* grillagés, s'accolent aux parois mêmes de la salle.

« Qui n'a pas vu le Caire, s'écrie un des personnages des *Mille et une Nuits*, n'a rien vu ; son sol est d'or, son ciel est un prodige. Et comment en serait-il autrement, puisque le Caire est la capitale du monde ? » La part faite à l'hyperbole orientale, il faut reconnaître avec tous les voyageurs qui ont visité cette ville, qu'elle est une des plus pittoresques du monde, et des cités de l'Est, celle peut-être qui offre le cachet le plus franchement oriental. Ce cachet était plus reconnaissable au commencement du seizième siècle : mœurs, habitations, costumes, gardaient encore cet éclat et cette fraîcheur qui nous charment dans les récits de Scheherazade. Mais les Turcs sont venus, et s'ils n'ont pas déchiré la page des contes tout entière, ils l'ont mise en morceaux et salie. C'est toujours l'élégance, la fantaisie, la grâce de cette architecture qui a produit l'Alhambra et le Généralife ; c'est toujours la forme du vêtement si pittoresque ; mais les maisons sont souvent délabrées, les turbans et les voiles en guenilles.

Malgré tout, il y a beaucoup plus d'art au Caire qu'à Constantinople ; les fenêtres grillées, les balcons garnis d'un treillage en bois, finement et coquettement sculpté, attirent l'œil et l'arrêtent ; à chaque coin de rue se montre une porte d'un goût arabe. Quant aux mosquées les plus remarquables, ce sont la mosquée d'Amrou, la mosquée de Touloun et celle d'El-Azhar. Le plan général de la première

est le même que celui de la mosquée de Cordoue
et a servi à son tour de modèle aux mosquées
d'Alep et de Damas, de Médine et de la Mecque ;
c'est donc un monument important dans l'histoire
de l'art musulman, un grand monument, mais
d'une grandeur barbare ; « la main qui l'a fait est la
main qui a ravagé Alexandrie. » Dans la mosquée
de Touloun et surtout dans celle d'El-Azhar, le progrès est manifeste. Les ornements se multiplient et
s'embellissent, le pesant fer à cheval, qui est le
plein cintre de l'architecture orientale, fait place à
l'ogive. Ce motif apparaît donc deux siècles plus tôt
en Orient qu'en Occident, antériorité qui ne tran-
cherait point, selon J. Ampère, la question d'origine. On voit, dit-il, « sur les bords du Rhin, en
Normandie, dans la marche de Brandebourg et ailleurs, l'architecture passer trop naturellement et
trop spontanément du plein cintre à l'ogive, pour
qu'on puisse admettre que, dans tous les cas,
celle-ci ait une provenance orientale ; peut-être
a-t-elle divers principes et dérive-t-elle ici de l'architecture romane transformée, là de l'architecture arabe importée. »

Et dans ces rues, quelle animation, quelle variété
de tableaux, de costumes et de visages. « Au mi-
« lieu de la foule, des ânes couverts de housses
« rouges galopent en tous sens, emportant l'Arabe
« grave et silencieux, le Levantin élégant, la femme
« mystérieuse entourée d'esclaves, précédée d'un

« coureur et d'un domestique, l'Européen un peu
« honteux de ses longues jambes pendantes. D'in-
« nombrables chiens vont et viennent ou sont cou-
« chés sur la voie, sans qu'on leur fasse aucun
« mal; des troupeaux de moutons serpentent dans la
« foule ; des chameaux conduits par l'Arabe du dé-
« sert, marchent gravement, pesamment; ils posent
« avec maladresse leurs pieds mous sur le sol, ils
« font entendre un grognement et ruminent; des
« fellahs, à pied, en robes bleues, chargés d'outres
« monstrueuses, vendent à boire et arrosent les
« rues; des derviches, leurs hauts bonnets pointus
« sur la tête, des cophtes sombres et taciturnes,
« vont à leurs affaires et à leurs mosquées ; des mar-
« chands ambulants vendent des pantoufles, des
« armes, des sorbets; des femmes du peuple, enve-
« loppées dans des pièces de coton bleu, portent un
« enfant, à cheval sur l'épaule ; le marchand assis
« nonchalamment fume son chibouque; les barbiers
« savonnent des têtes nues et rasées. On court, on
« s'agite, on crie : « *Guarda ! Guarda !* (1). »

Dans la salle consacrée à l'Égypte moderne, on
trouve des yatagans et de magnifiques fusils à
pierre damasquinés ; des tapis et des étoffes bro-
chées ou brodées d'or, des meubles et des costumes
fabriqués dans les trois derniers siècles. Mais ce qui
constitue, à notre sens, le principal attrait de cette

---

(1) Comtesse de Robersart : *Égypte*, journal de voyage, 1876.

galerie, ce sont les bijoux, les armes, les nattes, les outils des nègres du Soudan, ainsi qu'une excellente carte des explorations égyptiennes dans cette vaste région. Elles n'ont commencé qu'en 1870, à la suite de la découverte que fit sir William-Samuel Baker du lac Victoria, le réservoir du Nil, et ce fut sir Baker lui-même qui les inaugura par une expédition à la vérité très-convenante, mais dont la géographie ne recueillit que des résultats insignifiants, le hardi explorateur n'ayant fait que suivre la même route qu'à son premier voyage, et n'ayant pu même parvenir cette fois jusqu'au Victoria-Nyanza. Cette première tentative fut cependant heureuse en ce sens qu'elle frayait une voie qui ne devait plus être désertée et au bout de laquelle il y avait de précieuses découvertes en perspective.

L'Italien Miami s'y engagea le premier et mourut, épuisé de fatigue, dans le pays des Nbotos. Le docteur Schweinfurth recueillit ses papiers et continua son œuvre interrompue. Il parcourut le pays du Nyams-Nams et celui des Momboutous, deux peuples également anthropophages, et visita la grande oasis d'Egypte si souvent mentionnée par les géographes anciens et où l'on rencontre un grand nombre de monuments, dont quelques-uns remontent au cinquième siècle avant Jésus-Christ, ainsi que sept châteaux datant de l'époque romaine. Vinrent ensuite l'exploration du docteur Nachtigal dans le Soudan oriental et celle de M. Marno à l'est de la vallée du Nil, enfin l'expédition du colonel Gordon.

Celui-ci s'est acquitté avec un zèle, une intrépidité et une intelligence vraiment remarquables de la mission qui lui était confiée. Il a garni le territoire conquis par lui de postes militaires bien reliés entre eux et qui unissent Khartoum à Gondokoro, l'Ismaïlia de Baker et Gondokoro aux chûtes Ripon, près du lac Victoria. Depuis, le colonel Gordon s'est vu donner les pouvoirs les plus étendus pour l'achèvement de son œuvre, comme pour la destruction de la traite des esclaves, et il se flatte d'en venir à bout. Peut-être y réussira-t-il en ce qui concerne les territoires soumis à sa juridiction ; et encore, est-ce là une tâche bien difficile puisque sur les trois quarts de leur superficie son autorité est seulement nominale. Mais tout autour de ces territoires, il y en a d'autres qui sont des foyers très-actifs de traite et sur lesquels le khédive ne peut rien.

Tels sont par exemple, le pays des Gallas, le Darfertit et le pays des Nyams-Nams, etc. A cet égard tout ce que l'on peut raisonnablement exiger du khédive, c'est qu'il ferme la voie du Nil à l'importation des esclaves et les ports de Massouah et de Souakim à leur exportation. Mais évidemment, il n'est en mesure ni d'intercepter les routes du désert, ni de bloquer tout le littoral de la mer Rouge, de Zéïlah à Kosséir, et tant qu'il en sera ainsi, la contrebande des hommes s'exercera librement sur la côte, sauf la capture accidentelle de quelque ohvn arabe par un croiseur égyptien ou un croiseur anglais.

La valeur annuelle des produits du Soudan qui arrivent au Caire est déjà, selon M. Mac-Coan, de 1,500,000 liv. st. (37,500,000 francs), sans parler du trafic considérable que le pays fait avec le Hedjaz, par la voie de Souakim et de Massouah ; on sait d'ailleurs que le pays des Shillouks, le Shendy, le Sennaar oriental et le Taka sont très-propres, grâce à leur sol, leur climat et aux pluies régulières qui les arrosent, du mois de juin au milieu de septembre, à la culture du coton sur la plus vaste échelle. Le Kordofan et le pays de Basé fournissent beaucoup de gomme arabique. Les marchands indigènes recueillent aussi des plumes d'autruche, de l'ivoire, de la cire d'abeille, du sené, du café, des bois aromatiques, de la potasse qu'ils revendent à Khartoum et à Kassala. En ramenant quelque ordre dans ces contrées sans cesse en proie aux guerres intestines et aux incursions dévastatrices des marchands d'esclaves, le gouvernement égyptien ne peut qu'en développer les richesses naturelles et en activer le trafic ; il y a, sous ce point de vue, beaucoup à espérer de l'achèvement du réseau ferré qui doit un jour relier Alexandrie et Khartoum. Dans l'état actuel des choses, les marchandises qui viennent de Khartoum, du Kordofan et du Darfour, les grands centres commerçants de la région, ont, en effet, à faire des parcours très-longs et très-difficiles. Celles qui partent de Khartoum sé placent sur des *nuggurs*, bâtiments d'une quarantaine de tonnes, grossièrement construits qui les transportent à Abou-Hemmed pour de là gagner, à dos de chameau, Korosko à travers le désert libyen. Là, on les embarque de nouveau sur le Nil jusqu'à la première cataracte, d'où on les transporte à dos de chameau jusqu'à Assouan, où elles reprennent la route du Nil jusqu'à la station du chemin de fer d'Assiout. Les marchandises expédiées du Kordofan ou du Darfour traversent le désert pour s'embarquer à Dabbé sur le Nil ; elles gagnent ainsi la troisième cataracte, et là on les recharge sur des chameaux jusqu'à Ouady-Halfa d'où elles suivent le même itinéraire que les marchandises provenant de Khartoum. Elles sont ainsi chargées et déchargées jusqu'à quatre et cinq fois et parcourent 400 ou 500 milles par la voie de terre.

FIN DE L'ÉGYPTE.

ÉGYPTE

TABLE DES MATIÈRES

Introduction sur le gouvernement et la statistique....　1

Aperçu général de l'histoire d'Égypte .... 21 à　98

  I. Temps préhistoriques.........................　21

  II. Ancien empire des pharaons (dynasties thinites et memphites) (durée de 2000 ans)..........　25

  III. Dynasties thébaines jusqu'aux Hyksos (XIe à XVe dynastie; 3000 à 2214 av. J.-C.)..........　28

  IV. Domination des Hyksos (2214 à 1700 av. J.-C.)..　29

  V. Dynastie thébaine depuis les Hiksos jusqu'aux Rhamsès (XVIIIe dynastie; 1700 à 1461 av. J.-C.).　31

  VI. Dynastie des Rhamsès (XIXe dynastie; 1461 à 1100 av. J.-C.).......................　36

  VII. Dynasties tanites (XXIIe, XXIIIe, XXIVe dynasties; 1100 à 721 av. J.-C).....................　41

  VIII. Domination éthiopienne (721 à 665 av. J.-C.)...　42

  IX. Interrègne; rois saïtes (665 à 527 av. J.-C.)....　43

  X. Domination des Perses (527 à 332 av. J.-C.)....　44

  XI. Domination grecque. — Les Ptolémées (332 à 50 av. J.-C.)........................　45

  XII. Domination des empereurs romains (30 av. J.-C. à 330 ap. J.-C.).......................　49

  XIII. Domination des empereurs grecs (330 à 640)....　53

  XIV. L'Égypte sous les premiers khalyfes de la Mekke (640 à 661)........................　55

XV. L'Égypte sous les khalyfes ommyades de Damas (661 à 750)........................ 59

XVI. L'Égypte sous les khalyfes abbassides de Baghdad (750 à 870)........................ 62

XVII. Dynastie des Toulonides (870 à 902)........... 64

XVIII. Retour des Abbassides (902 à 934)........... 68

XIX. Dynastie des Ikhschydites (934 à 969)......... 68

XX. L'Égypte sous les khalyfes fatymites de Kayrouan (969 à 1171)........................ 68

XXI. Dynastie des Ayoubites (1171 à 1250).......... 72

XXII. Dynastie des sultans mamlouks-turkomans (1250 à 1382)........................ 76

XXIII. Dynastie des sultans mamlouks-circassiens (1382 à 1517)........................ 78

XXIV. L'Égypte sous la domination ottomane (1517 à 1798)........................ 80

XXV. Décadence de la suzeraineté ottomane et révolte des beys (1763 à 1798)........................ 82

XXVI. L'Égypte sous la domination française (1798 à 1801)........................ 85

XXVII. Retour des Ottomans (depuis 1801). — Dynastie régnante (depuis 1805)........................ 90

Géographie de l'Égypte........................ 99

L'ÉGYPTE A L'EXPOSITION DE 1878.

CHAPITRE PRÉLIMINAIRE SUR LE PLAN GÉNÉRAL DE L'EXPOSITION. 117

I. Le Champ de Mars........................ 117

II. Le Trocadéro........................ 125

L'Égypte à l'Exposition de 1878........................ 131

I. Produits égyptiens........................ 136

II. Exposition scolaire........................ 153

III. Société du canal de Suez........................ 160

IV. Association internationale africaine........................ 163

V. Exposition rétrospective........................ 169

5275-78. — CORBEIL, typ. et stér. de CRÉTÉ.

TUNISIE

LA TUNISIE

ET L'EXPOSITION DE 1878

INTRODUCTION

SUR LE GOUVERNEMENT ET LA STATISTIQUE.

Gouvernement. — La Tunisie ou Régence de Tunis est gouvernée par un *bey* dont les pouvoirs absolus sont héréditaires depuis qu'en 1650 s'établit une dynastie indépendante. Le bey est resté cependant feudataire de la Porte Ottomane, mais par un firman impérial du 25 octobre 1871 il a été officiellement dispensé de tout tribut ; il n'en payait pas d'ailleurs régulièrement avant cette époque, le chiffre n'en ayant jamais été spécifié ; des présents parfois considérables étaient envoyés tous les trois ans en échange de faveurs et de prérogatives conférées par le sultan.

Le sultan de Constantinople a conservé le droit d'investiture et la faculté de demander un contingent de troupes en temps de guerre.

Le bey actuel est Sidi Mohammed-el-Sadok, né le 3 octobre 1813 ; il est le fils aîné du bey *Sidi-Absin* et succéda à son frère *Mohammed* le 23 septembre 1859.

L'héritier présomptif, suivant la coutume ottomane, est son frère *Sidi-Ali*, né le 5 octobre 1817.

Le gouvernement était entièrement despotique jusqu'à l'avénement du souverain actuel, qui publia à cette époque une loi organique instituant un gouvernement plus régulier, établissant des cours de justice et garantissant la liberté individuelle et religieuse.

Aux termes de cette loi, l'administration générale du pays fut confiée à un conseil de six ministres, savoir : des affaires étrangères (premier ministre), de l'intérieur, de la justice, de la guerre, de la marine et des travaux publics. Il fut en outre établi un comité de consultation appelé Conseil de la Régence, composé de tous les consuls étrangers, de divers fonctionnaires du gouvernement et des membres de la municipalité de la capitale.

La superficie totale de la Régence est de 137,000 kilomètres carrés environ.

Le gouvernement se divise en 41 tribus, administrées par des *caïds* nommés par le bey, et chaque tribu est partagée en 18 grands *quatrans* administrés par des *mecheiks*.

Population. — La population du pays qui, à l'époque de l'occupation romaine, s'élevait à 20,000,000 habitants, n'était plus au dix-huitième siècle que de 5,000,000; des pestes en 1785 et en 1829 et le typhus en 1857 ont encore diminué le nombre des habitants, qui ne dépasse plus guère 1,500,000; toutefois, ce chiffre n'est qu'approximatif, aucun recensement n'ayant jamais été fait.

La plus grande partie de la population est composée de musulmans. Les *Maures* habitent les villes, centres du commerce et de l'administration. Les Arabes nomades ou *Bédouins* sont pasteurs et s'abritent sous des tentes. Les *Kabyles* demeurent dans des villages dont les maisons sont bâties en pierre et entourées de jardins. Cette tribu est un des rameaux de la famille berbère qui se divise en quatre branches : les *Amazighs* ou Shellaks au Maroc, les *Kabyles* à Alger et à Tunis, les *Tibbous* entre le Fezzan et l'Égypte, et les *Touareghs* au Sahara.

Les Turcs sont peu nombreux au Maroc, et l'on en compte à peine quelques centaines dans toute l'étendue du royaume.

Le pays, qui du temps de la primitive Église catholique avait 132 siéges épiscopaux, n'a plus qu'une population de 2,500 catholiques romains, 400 catholiques grecs et 100 protestants; il y a en outre un petit nombre de juifs.

Finances. — Le revenu total du gouvernement dans l'année 1875 a été approximativement de 6,832,300 francs, et la dépense totale de 6,296,850 francs ; voici les sources principales de revenus et de dépense :

Revenus.

Droits de douane pour exportation......	2.940.575 fr.
Taxes et dîmes sur les oliviers.........	886.475
Tabac et monopole pour le sel....... .	454.300
Douanes dues pour importations.......	438.925
Reçus divers........................	2.112.025
	6.832.300 fr.

Dépenses.

Frais de l'administration générale......	151.325 fr.
Intérêts et direction de la dette publique.	5.577.625
Paiements des coupons arriérés.........	567.900
	6.296.850 fr.

Les progrès de la civilisation ont amené la Régence à contracter des emprunts, ce qui a mis le désordre dans les finances.

Des emprunts publics furent contractés entre les années 1856 et 1868, et à cette dernière date ils s'élevaient (à l'exclusion de la dette flottante) à 182,000,000 de francs. Les souscriptions eurent lieu pour partie à Tunis, mais presque entièrement en pays étrangers et principalement en France.

Les intérêts des emprunts n'ayant point été soldés à toutes les échéances, les gouvernements européens firent des réclamations, à la suite desquelles le .bey consentit à établir une commission des finances internationale pour pourvoir au règlement et à l'extinction de la dette publique.

Cette commission existe depuis 1869 ; elle se divise en deux départements : 1° la section administrative composée du premier ministre de Tunis, comme président, d'un Français, inspecteur des finances, et d'un autre fonctionnaire tunisien représentant le gouvernement ; 2° la section de contrôle comprenant six délégués choisis respectivement par les créanciers anglais, français et italiens. Les membres étrangers touchent une indemnité de 6,000 francs.

Les décisions de la section administrative relatives aux questions financières qui intéressent les créanciers étrangers, ne peuvent être exécutées qu'après avoir été approuvées par la section de contrôle.

Il y a en outre une sous-commission connue sous le nom de Conseil d'administration des revenus concédés, composée de cinq membres, un Anglais, un Français, un Tunisien, un Italien et un autre membre pris sans distinction parmi les résidents d'une autre nationalité ; ces commissaires sont nommés par la commission financière pour trois ans, et à l'expiration de cette période chacun peut être réélu pour une autre année. Le traitement est de 10,000 francs ; celui du président , de 12,000. Un membre de la section du contrôle assiste aux délibérations de ce conseil, dont les comptes sont soumis chaque trimestre à la commission des finances et publiés après approbation.

D'après les arrangements faits par la commission financière internationale, toute la dette publique de Tunis se monte actuellement à 125 millions de francs, le tout portant intérêt à 5 p. 100. L'excédant du revenu sur la dépense est consacré à l'extinction graduelle de la dette.

Agriculture. — Le sol, quoiqu'il soit mélangé d'argile et de sable, est très-fertile lorsque les pluies l'empêchent en temps utile de se dessécher ; mais si les pluies viennent à manquer, il est complétement stérile ; le blé, le maïs (dourah), le riz, les fèves, les pois, les haricots, etc., sont les principales céréales cultivées. On plante aussi le coton, l'indigo, le safran, le tabac, la canne à sucre.

Les arbres principaux sont les palmiers ; les fruits n'en sont bons que si les palmiers femelles ont été fécondés par les palmiers mâles et la méthode employée dans le pays consiste à prendre un jet de grappe du premier pour l'insérer dans la grappe de l'arbre femelle ; en Égypte, on secoue le pollen sur les grappes femelles. Les oliviers procurent aussi une récolte fructueuse ; le figuier, le pêcher, le grenadier, donnent également de beaux fruits.

Le pays fournit de bons chevaux barbes auxquels on ne fait jamais subir d'opération. Le manque de pâturages ne permet pas d'engraisser les bestiaux d'une façon suffisante ; en revanche, les basses-cours sont abondamment fournies.

Industrie. — Le sol est riche en mines d'argent, de cuivre, de plomb, de mercure, de sel ; on rencontre aussi de nombreuses sources minérales et thermales. Les côtes ont des pêcheries de corail.

L'industrie est assez active, mais se borne à quelques articles, tels que lainages, maroquins, châles carrés, calottes rouges, savons, etc.

Commerce. — Le commerce avec les villes de l'intérieur de l'Afrique a une importance relative, mais il est monopolisé par le bey.

Les importations ont été pour 1877 de 11,840,785 francs en cotons manufacturés, tissus, confections pour près de moitié, et pour le surplus en bois, fer, etc.

Les exportations se sont élevées à 17,192,996 francs, en blé pour plus de moitié, et pour le surplus en orge, céréales diverses, huile d'olives, fruits, tabacs, cire, épingles, corail, etc., et en produits tirés de l'intérieur, tels que poudre d'or, ivoire, peaux, plumes d'autruche. L'essence de rose fabriquée à Tunis a une renommée exceptionnelle ; l'essence de jasmin et celle de fleur d'oranger sont aussi très estimées.

Douze ports sont ouverts au commerce, mais la plus grande partie du transit se fait par la Goulette à destination principalement d'Italie, de France et d'Angleterre.

Un firman du 5 mars 1872 porte à 8 p. 100, au lieu de 3 p. 100, le droit sur les marchandises importées dans la régence, et ce droit est perçu lorsque les marchandises sortent de la douane.

Justice. — Sidi Mohammed-el-Sadok voulut introduire des réformes judiciaires et fixer des règles de procédure à l'instar des tribunaux européens; mais le peuple ne put s'accommoder des lenteurs occasionnées par le nouveau système.

Le bey continue de rendre la justice deux fois par semaine comme le faisaient ses prédécesseurs; ses sentences étant sans appel s'exécutent immédiatement; dans certains cas les parties sont renvoyées à la justice religieuse du *Chaâra*.

Instruction. — L'instruction élémentaire a fait de rapides progrès en Tunisie et surtout dans la capitale, et des écoles très-fréquentées y ont été établies depuis environ dix ans.

Les études plus importantes sont poursuivies depuis 1875 au collége Sadiki dont les professeurs sont européens; mais les hautes études ne sont pas encore abordées, les sciences sont peu étudiées et la médecine est pratiquée par des empiriques qui spéculent sur l'ignorance et la crédulité publiques.

Quant à l'éducation des femmes, il n'en a point encore été question.

Armée et marine. — L'armée est divisée en deux

parties distinctes : la première consiste en troupes régulières disciplinées à l'européenne ; elle comprend 3,900 hommes d'infanterie en sept régiments, 600 hommes d'artillerie en quatre bataillons et quelques centaines de cavaliers. La seconde, formée de troupes irrégulières, est évaluée à 11,500 hommes environ, dont un quart de cavalerie.

Tunis possédait en 1876, outre vingt petits bâtiments mal armés, deux petits *steamers* armés, un aviso de 500 tonneaux, avec 8 canons et une machine d'une force de 160 chevaux, et un transport de 400 tonneaux avec 2 canons et une machine d'une force de 140 chevaux. Deux cuirassés étaient en construction en France par ordre du gouvernement.

Monnaies, poids et mesures. — La monnaie de cuivre est le *karub* qui vaut 4 centimes de France ; les monnaies d'argent sont la piastre (0 fr. 62 c.), la double piastre (1 fr. 24 c.) ; les monnaies d'or sont les cinq piastres (3 fr. 02 c.), les 10 piastres (6 fr. 04 c.), les 25 piastres (15 fr. 10 c.), les 50 piastres (30 fr. 21 c.), les 100 piastres (60 fr. 42 c.).

Le poids (*ouezn*) a pour unité le *rotl* (*rotolo* des Maltais) ; le rotl des droguistes vaut 506^{gr},880, celui des marchés 568^{gr},445 et celui employé pour les légumes 639^{gr},453.

Le quintal (*qoutar*) vaut 100 rotls ; celui qui est

employé pour le coton vaut 110 rotls, et celui du fer 150 rotls.

L'once qui se subdivise en 8, puis 20 parties vaut 31^{gr},68.

Les mesures de longueur sont le *deraa* ou *pick* arabe qui vaut 0^m,418, le pick *hendash* (0^m,675), le pick turc (0^m,637).

Les mesures de capacité sont : le cafiso ou kaffyz (4 hect., 96), qui contient 16 whibas ou 192 zahas ; le zaha vaut 2^{lit},583.

APERÇU GÉNÉRAL

DE

L'HISTOIRE DE LA TUNISIE

I

ORIGINE DE CARTHAGE ET DE TUNIS (888 A 480 AV. J.-C.)

La *Tunisie* occupe la partie septentrionale du continent appelée primitivement Libye supérieure et nommée Afrique à partir de l'ère chrétienne, nom qui fut donné plus tard par extension à tout le continent.

Les premiers habitants de cette contrée vinrent probablement de Syrie; on pense que lorsque Josué (1600 av. J.-C.) chassa de la Palestine et des pays voisins les Gergéséens, les Jébuséens et les Phéniciens, c'est de ce côté qu'ils émigrèrent.

Les Carthaginois, les Romains et les Arabes, ayant été successivement les dominateurs de ce pays, la race primitive a dû disparaître presque complétement et s'il en existe des traces, il faut les chercher dans la population des *Berbères* qui habitent actuellement du côté des montagnes et du désert. Les Berbères, en effet, sont composés de tous les anciens habitants refoulés par les Arabes, et n'existaient pas encore sous ce nom du temps des Romains, qui n'en parlent point ; leur nom paraît venir de l'arabe *ber* (racine de *bariet*, désert).

La qualification de *côtes barbaresques*, donnée aux côtes septentrionales de l'Afrique dans les temps modernes, provient peut-être du nom des Berbères, mais il est plus probable que le caractère farouche des habitants a motivé cette dénomination.

Quant à l'étymologie du mot *Libye*, modifié en *Lebahim* par Moïse, *Loubim* par les prophètes, *Lewata* par les Berbères, on l'a en vain cherchée, et toutes les conjectures étant possibles, on a supposé que ce nom pouvait provenir d'un des descendants de Kham, puisque ceux-ci avaient habité l'Égypte. On n'a pas été plus heureux pour la qualification moins ancienne d'*Afrique* (*Ifrikia* chez les Arabes) ; on a supposé qu'un prince de l'Arabie Heureuse, du nom de *Melek Afriki*, se serait établi dans une partie du pays à l'époque des guerres puniques, mais on ne trouve dans l'histoire aucune mention de ce fait assez notable cependant, puisque le conquérant aurait perpétué son nom.

Quels qu'aient été les premiers habitants de la Libye supérieure qui porta plus tard le nom d'Afrique, c'est, dit-on, avec l'autorisation de leur chef *Jacbas* que, vers l'an 888 avant J.-C., une colonie phénicienne conduite par Didon vint s'établir dans le pays qui forme maintenant la Tunisie.

Pygmalion, roi de Tyr, ayant assassiné le mari de sa sœur *Didon*, celle-ci se serait enfuie en Afrique, et, suivant la légende, aurait acheté pour fonder une ville un terrain d'une étendue limitée par la peau d'un bœuf; elle aurait alors découpé le cuir en petites lanières et en aurait entouré un rocher où elle éleva la citadelle de Bosra (Byrsa), nom qui, chez les Grecs, signifie cuir; au bas se forma la ville qui fut appelée d'abord Mégare, puis *Carthage* (ville neuve).

Tunis, qu'on appelait alors *Tunes*, existait déjà comme bourgade à cette époque, et la proximité de Carthage lui a rendu communs les événements qui ont marqué la grandeur et la décadence de la colonie phénicienne.

Carthage fut d'abord gouvernée par des rois absolus, dont l'histoire n'a pas conservé le nom; en peu de temps, non-seulement elle s'affranchit du tribut qu'elle payait aux peuplades voisines, mais elle établit sa domination sur toute la côte, depuis la grande Syrte jusqu'aux colonnes d'Hercule; la partie septentrionale comprenait, Hippone, Utique, Tunes, Clypea et d'autres villes déjà très-florissantes; dans l'intérieur de nombreuses colonies agricoles étaient tributaires en Libye, en Numidie, en Mauritanie.

Partagée depuis son origine entre deux classes, les nobles et le peuple, la cité commerçante ne

.tarda pas à se constituer en république avec deux magistrats, nommés suffètes, pour chefs annuels. En 550 av. J.-C., elle s'empara de la Sardaigne, de la Corse, de Malte et fonda des comptoirs dans les îles Baléares ainsi qu'en Sicile et en Sardaigne.

Les vaisseaux carthaginois parcouraient les côtes de l'Europe, et les relations commerciales étaient des plus étendues ; l'Égypte fournissait à la colonie des voiles et des câbles pour les vaisseaux, du lin et des céréales ; l'Arabie, des parfums et des pierres précieuses ; la Phénicie, de riches étoffes et des tapisseries brodées qui ornaient les somptueux appartements des riches commerçants.

Aussi cette cité florissante fut-elle convoitée par *Cambyse*, fils de Cyrus, roi des Perses, mais les Phéniciens refusèrent, dit-on, de prêter leurs vaisseaux contre leurs frères d'Afrique (525 av. J.-C.).

En 509, la république naissante de Rome traita avec sa future rivale et consentit à ne point laisser ses vaisseaux naviguer au delà du cap Bon.

La puissance militaire de Carthage était alors très-redoutable ; la métropole ne pouvait donner que peu de soldats ; mais les peuples soumis ou alliés lui fournissaient de nombreux contingents de mercenaires ; le Numidie procurait des cavaliers intrépides et infatigables ; l'Espagne et la Gaule fournissaient une infanterie courageuse ; les îles Baléares, des frondeurs adroits et expérimentés et la Grèce, des hommes habiles et entreprenants. Cependant ces troupes ne formaient point une armée compacte et pouvant agir avec ensemble ; de plus, certains contingents pouvaient manquer lorsqu'on se trouvait en désaccord avec le pays qui les fournissait.

II

EXCURSIONS DES CARTHAGINOIS EN SICILE
(480 à 264 av. J.-C.).

Les Carthaginois soutinrent une longue guerre en Sicile sans pouvoir jamais s'en emparer complétement. Lorsqu'en 480 avant J.-C. *Xerxès*, roi de Perse, voulut soumettre la Grèce, il s'entendit avec les Carthaginois pour que ceux-ci vinssent attaquer les établissements des Grecs en Sicile ; mais *Amilcar* débarqué à Palerme fut repoussé par Gélon, tyran de Syracuse, près de Palerme, le jour même où trois cents Spartiates succombaient à la défense des Thermopyles. Une nouvelle expédition en 412 fut plus heureuse et Sélinonte, Himère, Agrigente, furent soumises. Mais, après le départ de l'armée, *Denys* l'ancien, tyran de Syracuse, au mépris des traités, massacra les Carthaginois qui étaient restés. *Himilcon* vint assiéger Syracuse à la tête des Carthaginois ; mais, battu, il dut se rembarquer, laissant dans l'île une partie des mercenaires.

Les Africains irrités de l'abandon de leurs compatriotes, marchèrent en grand nombre sur

Carthage et s'emparèrent de Tunis dont il fallut les chasser par la force.

Les Carthaginois furent encore repoussés de la Sicile par *Denys le Tyran* en 348 av. J.-C., et par *Timoléon* de Corinthe, venu au secours de celui-ci en 340; puis *Agathocle*, qui s'était emparé du pouvoir à Syracuse, porta la guerre en Afrique (310); d'abord vainqueur dans une première expédition, il fut repoussé dans une seconde (308).

La lutte recommença quelques années après, les Carthaginois assiégèrent Syracuse, et *Pyrrhus*, roi d'Épire, vint au secours des Syracusains (273); mais, rappelé en Italie par les succès des Romains, il dut laisser le champ libre aux Carthaginois, qui cependant ne possédaient point toute la Sicile lorsqu'ils se trouvèrent à leur tour aux prises avec les Romains.

III

GUERRES PUNIQUES (264 A 146 AV. J.-C.).

C'est en Sicile que les Carthaginois combattirent les Romains pour la première fois. Des soldats campaniens, qui avaient été à la solde d'*Agathocle*, s'étant installés à Messine après avoir égorgé les habitants de la ville, y furent assiégés par les Syracusains; ils appelèrent et les Carthaginois et les Romains à leur secours; les Romains chassèrent les Carthaginois de la citadelle qui leur avait été livrée, et les battirent en plusieurs rencontres; ils eurent sur mer le même succès (260) grâce à l'invention, que fit le consul *Duilius*, d'une machine appelée *corbeau*, permettant d'accrocher les vaisseaux ennemis. *Régulus*, débarqué en Afrique avec 15,000 hommes, remporta d'abord d'éclatants succès, et s'empara de Tunis ; mais il fut ensuite battu et fait prisonnier sous les murs de cette ville, par *Xantippe*, général lacédémonien venu au secours de Carthage (255). Envoyé à Rome sous la foi de son serment pour négocier l'échange des prisonniers, *Régulus* conseilla au Sénat de refuser, et, fidèle à sa parole, revint à Carthage où il périt dans les tortures.

Une nouvelle flotte romaine battit les Carthaginois ; *Adherbal* vengea cette défaite par deux victoires successives, mais enfin la flotte carthaginoise fut détruite par le consul *Lutatius* (242). La paix fut signée après vingt-trois ans de lutte, à la condition que les Carthaginois évacueraient la Sicile, et paieraient en vingt ans 2,200 talents d'argent (11 millions de francs).

Les mercenaires, dont la solde n'avait pas été payée, se révoltèrent à leur retour en Afrique et assiégèrent Utique, Hippacra et Carthage elle-même ; *Amilcar-Barca* mit trois ans à les soumettre (240 à 237) ; les mercenaires laissés en Sardaigne, y égorgèrent les Carthaginois ; ils furent chassés par les habitants, mais la Sardaigne ne put être reconquise et les Romains se l'adjugèrent par un traité que durent subir les Carthaginois (235 av. J.-C.).

De la Sardaigne les Romains se portèrent vers l'Espagne, et les possessions des Carthaginois dans ce pays furent menacées (230); de là la seconde guerre punique. *Amilcar Barca*, envoyé de Carthage avec une armée, fut tué en 228; son gendre *Asdrubal* fonda Carthagène, et ayant conclu avec les Romains un traité qui désignait l'Ebre pour frontières, il gouverna l'Espagne pendant huit ans et périt assassiné (220 av. J.-C.).

Son neveu *Annibal*, fils d'Amilcar Barca qu'il avait appelé en Espagne, lui succéda à l'âge de vingt-cinq ans, et résolut de marcher sur Rome. Après avoir pris Sagonte (219), il franchit les Pyrénées, passa le Rhône malgré les Gaulois, et parvint, après de grands obstacle, à traverser les Alpes ; *Scipion*, *Sempronius* et le consul *Flaminius* furent successivement défaits; arrêté un moment par le dictateur *Fabius* surnommé *Cunctator* (217), il fit éprouver à Cannes (216) une sanglante défaite aux consuls *Terentius Varron* et *Paul Emile ;* mais, au lieu de marcher sur Rome, il laissa son armée s'amollir dans les délices de Capoue et dut se retirer après des échecs successifs.

Cornélius Scipion fut envoyé pour combattre les Carthaginois en Espagne (211), et reconquit les provinces en quatre ans, puis en 204 il porta la guerre en Afrique et s'empara d'Utique et de Tunis. *Annibal*, rappelé en toute hâte, fut battu à *Zama*

(201), et les Carthaginois subirent la loi du vainqueur. *Syphax*, roi des Numides Massésyliens, allié
de Carthage après avoir été celui des Romains, fut
dépouillé de ses États qui furent donnés à *Massinissa*, son rival ; quant à *Annibal*, après s'être réfugié
chez *Antiochus*, roi de Syrie, il se rendit chez *Prusias*,
roi de Bithynie ; enfin, craignant d'être livré aux Romains, il s'empoisonna à l'âge de soixante-dix ans.

En Afrique, *Massinissa*, roi des Numides Massyliens, qui avait combattu d'abord contre les Romains
en Espagne, et ensuite avec eux, profita des dissensions intestines pour s'emparer de cinquante villes
carthaginoises (174) ; enfin à Rome, *Caton* ne cessait
de répéter qu'il fallait détruire Carthage. *Scipion*
le Jeune, sous prétexte de défendre les Numides,
vint mettre le siége devant la ville qui, après une
héroïque résistance, devint la proie des flammes ;
la femme d'*Asdrubal* septième du nom, voyant son
mari vaincu demander grâce, égorgea ses enfants
et se précipita avec eux dans les flammes. Ainsi
disparut cette cité de 700,000 habitants, dont les
Romains ne laissèrent que des débris calcinés (146).

IV

DOMINATION ROMAINE (146 AV. J.-C. A 428 AP. J.-C.).

La puissance romaine était établie sur l'Afrique
proprement dite qui devint une province romaine ;
mais la Numidie et la Mauritanie conservèrent en-

core pendant un siècle leur autonomie. L'an 116 av. J.-C., à la mort de *Micipsa*, roi de Numidie, allié des Romains, son neveu *Jugurtha*, usurpant le trône, fit passer une armée romaine sous le joug en vue des ruines de Carthage ; mais vaincu enfin à son tour par *Marius*, il alla orner le triomphe du consul (106 av. J.-C.). La Numidie orientale fut donnée à *Hiempsal*, fils de *Micipsa*, et l'autre partie à *Bocchus*, roi de Numidie qui avait livré *Jugurtha*, son gendre.

Ce fut sur cette terre d'Afrique que, par une étrange ironie du sort, le vainqueur de *Jugurtha*, vint chercher un asile au milieu des ruines amoncelées de Carthage (89 av. J.-C.), et que plus tard, à Utique, un *Caton* se perça de son épée pour ne pas obéir à *Jules-César* (46 av. J.-C.).

Carthage, un siècle et demi après sa chute, sortit peu à peu de ses cendres, relevée sous Auguste par quelques colonies romaines ; elle partagea avec Tunis les bienfaits de la munificence impériale sous *Adrien* (125 ap. J.-C.), qui rebâtit les murs de ces deux villes, et par son importance commerciale devint bientôt la seconde ville de l'Occident.

Le christianisme pénétra de bonne heure en Afrique ; il y eut de grands théologiens : Tertullien (160 à 245), Arnobe (300), et plus tard saint Augustin, évêque d'Hippone (354 à 430), et aussi de nombreux martyrs dont le plus connu est saint Cyprien, évêque de Carthage (257).

En 237 ap. J.-C. l'Afrique révoltée contre la tyrannie de l'empereur *Maximin*, proclama empereur le vieux *Gordien*, proconsul d'Afrique, dont le fils fut tué devant Carthage.

Sous *Dioclétien* (285) les tribus maures commencèrent à faire irruption sur les frontières des possessions romaines en Afrique ; les persécutions contre les chrétiens augmentaient l'agitation, et les révolutions de Rome causaient aussi de grands troubles au pays. En 308, *Alexandre*, vice-préfet du prétoire, se fit proclamer empereur à Carthage, et la ville fut saccagée par les troupes de *Maxence*, fils de Maximien (310). La secte des donatistes protégée par *Donat*, évêque schismatique de Carthage, commença peu après à désoler le pays (315) et à piller les campagnes pendant près d'un siècle. Il y eut cependant quelques années de tranquillité sous *Constantin* (323 à 337) et ses successeurs, puis le territoire africain fut bouleversé par la lutte de *Firmus*, prince d'origine maure, qui sous *Valentinien I*er (364) se fit proclamer roi et ne fut chassé qu'en 373 par le comte *Théodose*, père de l'empereur de ce nom ; mais *Gibbon*, frère de Firmus, parvint dès 382 à régner en despote, malgré les empereurs *Gratien* et *Théodose*. Au partage de l'empire romain en 395, Carthage et Tunis échurent à l'empire d'Occident, mais *Gibbon* livra ses provinces à *Arcadius* et refusa à Rome les envois de blé nécessaires à la métropole ; vaincu par son propre frère *Massezel* envoyé par *Honorius*, il s'étrangla en 398, mais les deux empereurs n'en continuèrent pas moins à se disputer l'Afrique.

V

DOMINATION DES VANDALES (428 A 534).

Alaric, chef des Goths auxiliaires que l'empereur *Théodose* avait incorporés dans son armée, se préparait à passer en Afrique après s'être emparé de Rome lorsqu'il mourut en 410. Au lieu des Goths, ce furent les Vandales qui envahirent le pays en 427. Transplantés de la mer Baltique en Espagne, ils passèrent le détroit, appelés sous *Valentinien III* par le gouverneur romain *Boniface*, en discorde avec la métropole, qui ne put ensuite les contenir (429); Carthage fut la ville d'Afrique qui tomba la dernière avec Tunis au pouvoir de *Genséric* leur chef, et devint la capitale d'un État indépendant (439).

L'arianisme qu'avait condamné le concile de Nicée en 325, se propagea avec les vainqueurs dans toute l'Afrique romaine. Saint *Augustin*, évêque d'Hippone, avait assisté à l'envahissement de son diocèse et succombé pendant le siége de cette ville.

Genséric ne borna pas ses conquêtes à l'Afrique ; il s'empara des îles Baléares, de la Sicile, de la Corse, de la Sardaigne et, plus hardi qu'*Attila*,

entra dans Rome qui fut livrée au pillage et dont
les dépouilles allèrent orner Carthage, son ancienne
rivale. Il eut pour successeur *Huméric*, son fils.

VI

DOMINATION DES EMPEREURS GRECS (534 A 644).

L'un des successeurs de Genséric, l'usurpateur *Gélimer* se laissa enlever le royaume d'Afrique par *Bélisaire*, général de l'empereur d'Orient, *Justinien* (534),
et Carthage sous la domination de Constantinople,
fut la métropole de l'Exarchat d'Afrique. Ce fut
avec la flotte de Carthage que l'exarque *Héraclius* se
rendit, en 610, à Constantinople, où il fut proclamé
empereur à la place de l'usurpateur *Phocas*.

Il mourut en 641, alors que les Arabes, qui venaient
de s'emparer de l'Égypte, allaient commencer des
excursions sur les rivages de l'Afrique.

VII

DOMINATION DES KHALYFES DE LA MEKKE (644 A 661), DES KHALYFES OMMYADES DE DAMAS (661 A 750) ET DES KHA-LYFES ABBASSIDES DE BAGHDAD (750 A 796).

Les gouverneurs de l'Égypte, *Amrou* en 644,
Abd-Allah en 647, firent des excursions en Afrique,
puis la Cyrénaïque reçut des gouverneurs spéciaux
envoyés par les khalyfes de Damas. L'un d'eux

l'émir *Okbah-ben-Nafy* auquel on a attribué la fondation de *Kayrouân* (30 lieues environ au sud de Tunis) (675), fit une expédition jusqu'aux extrémités de la Mauritanie. Sous le khalyfe *Abd-el-Melek*, l'émir *Zohéir-ben-Kaïs* fut envoyé pour combattre un chef maure *Kocéila*, qu'il vainquit et tua, mais des troupes de l'empereur *Justinien II* le repoussèrent peu après dans un combat où il périt. Enfin un nouveau gouverneur *Hassan-ben-Noman* prit aux Romains Tunis qui ne put se défendre et Carthage qui fut livrée au pillage et à l'incendie (689); les Grecs cherchèrent un asile en Sicile et en Espagne, et l'Afrique proprement dite passa dès lors définitivement sous la domination arabe.

Les exploits d'une reine berbère *Damia la Kahena*, qui lutta victorieusement dans le Magreb (692 à 698), ne firent que suspendre la conquête définitive après le départ des impériaux.

Les gouverneurs de l'Ifrikia firent des expéditions heureuses en Sicile, et devinrent bientôt redoutables aux khalyfes. L'Espagne fut enlevée aux Goths par *Tarik*, lieutenant du gouverneur *Moussa* (711). En 720 *Bacher-ben-Safouan* était presqu'indépendant; en 741 *Abd-er-Rhaman* s'empara du pouvoir, et les khalyfes ommyades *Mérouan* et *Aboul-Abbas* le confirmèrent dans sa charge, mais il préféra ensuite (771) aller fonder à Téhert la dynastie des Roustémites qui y subsista un siècle et demi.

VIII

DYNASTIE DES AGHLABITES (796 A 908).

Sous le khalyfe ommyade *Haroun-al-Rachyd*, le gouverneur *Ibrahim-ben-Aghlab*, encore plus audacieux que ses prédécesseurs, se déclara complétement indépendant dans la ville de *Kayrouân* et fonda la dynastie des *Aghlabites* qui devait durer un siècle. Il eut à combattre plusieurs émirs et principalement un descendant d'*Ali*, *Edris* qui, comme lui, s'était rendu indépendant dans le *Magreb-el-âqsa* (Afrique occidentale). Son fils *Abd-Allah* (812) et ensuite son autre fils *Zyâdet-Allah* lui succdèrent ; sous le règne de ce dernier la Sicile fut enlevée aux Grecs et donnée à un Aghlabite (831).

En 908, un usurpateur venait de chasser un descendant de *Zyâdet-Allah* lorsqu'il fut dépossédé à son tour par *Abou-Obéid-Allah* qui, ayant fondé à Fez la dynastie des Fatymites sur celle des Edrissites profita de la chute de la dynastie des Aghlabites dans l'*Ifrikia*, pour s'emparer de Kayrouân et y établir sa domination (908).

IX

DOMINATION DES FATYMITES DE FEZ (908 A 972).

Les fatymites s'emparèrent de la Sicile, de tout

le Magreb à l'ouest et continuèrent ensuite leurs conquêtes à l'est. *El-Moëz*, un des successeurs d'*Obeyd-Allah* profita des dissensions qui avaient affaibli la dynastie Jkhchydite d'Égypte pour faire occuper Alexandrie et ensuite le reste du pays par son lieutenant *Djowhar* (969); il alla peu après résider au Kaire (*Mesr-el-Kahirah*) la nouvelle capitale, dont il avait jeté les fondements (972).

X

DYNASTIE DES ZIRITES (972 A 1159).

Ce vaste empire fut démembré aussitôt que formé ; l'investiture des domaines d'Afrique, comprenant les provinces de Tripoli, Tunis et la Sicile, fut donnée à *Youssouf-ben-Ziri* qui, sous la suzeraineté des khalyfes du Kaire, fonda la dynastie des *Zirites*.

Les chrétiens étaient encore nombreux à cette époque dans l'Afrique septentrionale, car en 1053 le pape *Léon IX* établit à Carthage, qui sortait encore de ses ruines, un archevêché et dans les provinces quatre évêchés.

Le règne d'*Youssouf* et ceux de ses successeurs n'offrent qu'une suite de révoltes intestines. En 1144, les Normands, qui s'étaient emparés de la Sicile en 1088, débarquèrent en Afrique, commandés par leur roi *Roger II*, et s'emparèrent sans peine de toute la côte de Tunis à Tripoli. Le khalyfe régnant, *Hassan*, s'enfuit près d'*Abd-el-Moumen* qui venait de fonder dans le *Magred-el-Aqsâ* (Maroc), partie la plus occidentale des côtes barbaresques, la dynastie des *Almohades*. Abd-el-Moumen vint de Maroc chasser les chrétiens (1159), mais il conserva pour lui le pays reconquis et l'Ifrikia fut gouvernée par ses délégués.

XI

DOMINATION DES ALMOHADES DU MAROC (1159 A 1206).

La domination du Maroc fut antipathique aux Tunisiens, surtout à cause des guerres d'Espagne auxquelles on voulut les employer; il y eut plusieurs révoltes qu'*Abd-el-Moumen* dut venir comprimer.

En 1172, des Turcs sortis d'Égypte où régnait *Salah-ed-dyn*, se joignirent avec succès aux rebelles. Après leur expulsion par le khalyfe *Abou-Yakou* (1184), Tunis tomba un moment au pouvoir d'une flotte partie de l'île Mayorque et commandée par un aventurier *Ali-ben-Ishaq*, de la tribu des Almoravides. Le prince de Maroc *Mohammed Nasser-el-dyn-Illah* vint en personne combattre l'envahisseur et retourna faire la guerre aux Portugais (1205). Mais après son départ le gouverneur *Abd-el-Ouahid* se déclara indépendant (1206). *Mohammed*, qui préparait une expédition en Espagne, ne vint pas

2.

le combattre, et, après avoir perdu contre les Espagnols la sanglante bataille de Tolosa (1212), il se trouva, ainsi que son successeur, trop affaibli pour reconquérir ce pays.

XII

DYNASTIE DES HAFSIDES (1206 A 1347).

La domination des *Beni-Hafs* s'étendit rapidement et *Abou-Fâress*, petit-fils d'*Abd-el-Ouahid* prit le titre de roi de Tunis.

Cette monarchie importante était gouvernée par *Abou-Abd-Allah* lorsqu'eut lieu la croisade dirigée par *Louis IX*, roi de France (1270); la côte tunisienne avait été choisie comme lieu de débarquement sur les instigations intéressées de son frère *Charles d'Anjou*, roi de Naples et de Sicile, auquel les rois de Tunis avaient depuis cinq ans refusé de payer le tribut que leur avaient imposé les empereurs d'Allemagne, lorsqu'ils étaient maîtres de cette île.

Louis IX débarqua à Tunis avec 60,000 hommes et ses trois fils, comptant sur la soumission du roi qui s'était montré jusque-là peu hostile aux chrétiens et qu'on espérait convertir; il croyait pouvoir ensuite passer de là en Égypte pour prendre sa revanche de la désastreuse campagne de 1248 à 1254. Mais, au lieu de le recevoir, Abd-Allah s'était retranché dans Tunis et il fallut faire le siége de la ville; on posa le camp à Carthage qui formait encore à cette époque une petite bourgade, et les hostilités commencèrent. La position était désavantageuse, l'eau et les vivres manquaient et la flotte de *Charles d'Anjou* se faisait attendre ; la peste se répandit dans le camp et le saint roi, après avoir vu mourir un de ses fils, fut atteint lui-même par le fléau ; il succomba le 25 août 1270 à Porto-Farina, où on l'avait transporté, et la flotte sicilienne arriva le jour de sa mort pour prendre part au deuil de l'armée.

Philippe, successeur de saint Louis conclut une trêve de dix ans ; il reçut une forte indemnité et des franchises pour les chrétiens, et ramena en France les restes de l'armée. *Charles d'Anjou* obtint également le tribut qu'il réclamait et qui fut porté au double. Une chapelle catholique fut bâtie en 1845 à la mémoire de saint Louis sur le lieu de sa mort par les soins du roi de France *Louis-Philippe*, avec l'autorisation d'*Ahmed-pacha-Bey*, qui fit don à la France du terrain nécessaire à la construction.

Pendant près d'un siècle à partir de la mort d'*Abou-abd-Allah* (1277), Tunis et Tripoli furent bouleversées par les compétitions des princes de la dynastie régnante des Beny-Hafs ; cette dynastie fut même interrompue pendant treize ans par la conquête des Mérinides du Maroc.

XIII

DOMINATION DES MÉRINIDES DU MAROC (1347 A 1360).

En 1347 des rebelles appelèrent à leur aide le chef des *Beni-Merin* ou *Zenètes*, *Abou-l-Hassan*, qui régnait à Tlemcen, à Fez et à Maroc ; celui-ci se hâta de profiter de cette circonstance pour s'emparer du pays qui fit une seconde fois partie du Maroc.

Cette domination ne dura que quelques années, inquiétée par des soulèvements continuels.

XIV

RETOUR DE LA DYNASTIE DES HAFSIDES (1360 A 1533).

A la suite des dissensions qui agitèrent le Maroc, un membre de la famille des *Beni-Hafs* ressaisit le pouvoir en 1360, et dès lors le pays jouit d'une tranquillité exceptionnelle ; tout au moins l'obscurité qui entoure cette longue période de deux siècles à peu près, peut faire supposer qu'elle ne renferme aucun événement remarquable jusqu'à la conquête de Barberousse ; cette invasion interrompit un moment, une deuxième fois, la dynastie des Hafsides, qui devait d'ailleurs avoir à subir encore d'autres vicissitudes.

XV

DOMINATION DE BABBEROUSSE ET DE LA PORTE OTTOMANE (1533
A 1535). — RÉTABLISSEMENT DES HAFSIDES (1535 A 1568).

Les frères *Barberousse* étaient fils d'une Andalouse et d'un renégat sicilien qui avait quitté l'île de Mitilène, où il exerçait l'état de potier, pour se faire pirate ; après avoir été avec leur père la terreur des navigateurs de la Méditerranée, ces corsaires obtinrent, en 1512, de *Muley-Mohammed*, roi de Tunis, l'autorisation d'abriter leur flotte dans un des ports du royaume. L'aîné *Haroudji* s'empara d'Alger en 1516 et fut tué dans une expédition contre les Espagnols à Tlemcen (1518). Son frère *Khayr-ed-Dyn* (l'élu de la religion), pour s'affermir, reconnut comme suzerain le sultan de Constantinople, et devenu roi d'Alger, il reçut la dignité de *Qapitan-pacha*, ou généralissime des flottes ottomanes.

Muley-Mohammed, roi de Tunis, ayant laissé en 1533 le trône à l'un de ses fils *Muley-Hassan* qui n'était pas l'aîné, celui-ci avait fait étrangler ses frères dans la crainte de leur révolte ; le plus jeune *Reschyd* put s'échapper et se rendit près de Barberousse qui vint mettre le siége devant Tunis ; les habitants chassèrent Muley-Hassan et ouvrirent les portes, croyant que Barberousse allait placer Reschyd sur le trône ; mais il leur déclara qu'il

avait fait la conquête pour le sultan de Constantinople *Soliman II*.

Muley-Hassan de son côté était allé demander
protection à l'empereur d'Allemagne *Charles-Quint*,
dont les armées espagnoles luttaient déjà depuis
longtemps contre Barberousse; ce prince organisa,
à l'instar des croisades, une expédition à laquelle
prirent part le pape, le roi de Portugal et l'ordre
de Malte. Il battit Barberousse près de Tunis, et
vingt mille esclaves chrétiens qui se trouvaient
dans la ville furent délivrés (1535).

Muley-Hassan replacé sur le trône eut à lutter
contre des factions rebelles, aidées par les Algériens,
et fut chassé de nouveau peu après; rétabli une
deuxième fois, il dut encore se réfugier en Sicile
(1542), et lorsqu'il revint à la tête de quelques troupes, il fut battu par son propre fils *Hamaïdah* qui
s'était fait proclamer roi et lui fit crever les yeux.

XVI

DOMINATION DU PACHA D'ALGER (1568 A 1572).

Vingt-huit ans après, le pacha d'Alger *Outch-Aly*
chassa *Hamaïdah* et établit pendant trois ans, comme
Barberousse, sa domination sur Tunis (1568 à 1572).
Philippe II, roi d'Espagne, alarmé de la puissance
des Algériens, envoya contre eux, son frère naturel
don *Juan d'Autriche*, qui venait de détruire la puis-

sance maritime des Turcs à la bataille de *Lépante*
(1571); don Juan entra à Tunis sans combat (1572)
et donna l'administration à *Muley-Mohammed-el-
Hafsy*, frère de Hamaïdah, laissant 4,000 Espagnols
de garnison à Tunis, à Bizerte et à Tabarkâh.

XVII

FIN DE LA DYNASTIE DES HAFSIDES (1572 A 1573).

Cette conquête ne fut pas de longue durée ;
l'année suivante, le sultan de Constantinople, *Sélim II*, envoya 40,000 hommes pour reprendre le
territoire tunisien. La résistance fut désespérée ;
les chrétiens au nombre de six mille s'armèrent
pour se joindre aux troupes espagnoles et après
plusieurs combats se renfermèrent dans les forts
de la Goulette et de Tunis. Lè chef de l'expédition
Sinan-pachâ reçut des renforts, en hommes et en
artillerie, du pacha de Tripoli et ensuite du gouverneur d'Alger ; après une lutte opiniâtre contre
ces forces supérieures, le fort de la Goulette tomba
au pouvoir des musulmans qui en massacrèrent
tous les défenseurs, à l'exception du gouverneur
espagnol et de *Muley-Mohammed* qui furent jetés
en prison. Le fort de Tunis fut également pris d'assaut ; les cinq mille survivants allèrent se retran-
cher sur la plage et se défendirent jusqu'au dernier ;
ils furent tous exterminés à l'exception de deux

cents artilleurs qui furent envoyés enchaînés à Constantinople pour être employés à la fabrication de l'artillerie ottomane. Il ne restait plus aucun chrétien vivant sur la terre tunisienne en 1573.

XVIII

DOMINATION DES TURCS (1573 A 1650).

Sinan-pachâ, avant son départ, organisa un gouvernement composé d'un pacha, avec le titre de Bey, et d'un Divan ou conseil formé de chefs militaires ayant sous leurs ordres 5,000 janissaires turcs. L'harmonie dura peu entre ces autorités rivales ; deux années après, les milices massacrèrent les membres du Divan trop autoritaires et choisirent un nouveau Divan avec un Dây ou Dey pour chef contre l'autorité du Pacha-Bey envoyé par le sultan.

L'un de ces derniers, ayant été chassé par les Tunisiens à cause de ses spoliations, le Divan de Constantinople sépara les charges de Pachâ et de Bey, et ils furent renouvelés chaque année ; les exactions n'en furent que plus nombreuses ; d'ailleurs, les Tunisiens, parcourant en corsaires la Méditerranée, ramenaient à chaque instant des dépouilles qui excitaient la convoitise du pacha, du bey, ou du dey le plus entreprenant.

Enfin en 1594 le pacha fut renvoyé à Constantinople par les milices, et, comme cela eut lieu à la même époque dans les États de Tripoli et d'Alger, un gouvernement militaire et despotique, sous une forme quasi-républicaine, fut établi par les révoltés. Un Divan, composé de chefs militaires ou même de soldats audacieux, dirigea le pays pendant un demi-siècle avec un bey ou beylyk électif pour chef; au milieu des désordres continuels qu'amena cette forme de gouvernement, il arriva rarement qu'un bey ne mourût pas assassiné.

XIX

DYNASTIE D'ALY-BEY (1650 A 1700).

En 1650 deux frères *Aly-Bey* et *Mohammed-Bey* chassèrent le bey électif, et, après une lutte d'intrigues contre le Divan, établirent leur autorité absolue. *Aly-Bey* régna le premier et laissa son pouvoir affermi à son frère.

Les premières années du règne de *Mohammed-Bey* furent paisibles; mais il se vit tout à coup attaqué par le dey d'Alger *Chaabân* (1689) qui le contraignit d'abandonner sa capitale.

A la tête des tribus arabes, il reprit bientôt l'offensive, favorisé par la guerre que la France avait déclarée à Alger dont les corsaires infestaient la Méditerranée. L'escadre de *Duquesne* avait déjà bombardé deux fois Alger en 1682 et en 1684; les escadres d'*Estrées* et de *Tourville* furent envoyées pour renouveler le bombardement en 1690, et Mohammed-Bey en profita pour remonter sur le trône de Tunis. A sa mort, son frère, *Ramaddan-Bey*, lui succéda et fut tué peu après par son neveu *Mourad-Bey*, fils d'Aly, qui exécré de ses sujets, tomba sous les coups d'*Ibrahim-ês-Cheryf*, et la dynastie d'Aly-Bey se trouva éteinte.

XX

IBRAHIM-ES-CHÉRYF (1700 A 1706).

Ibrahim se fit proclamer par le Divan et par les milices et monta sur le trône sans opposition. Il fut seul de sa dynastie ; fait prisonnier dans un combat contre les   gériens, toujours en guerre avec Tunis, il perdit le trône avec la liberté.

XXI

DYNASTIE D'ALY-TURKY (1706).

L'armée élut pour bey *Hassan*, fils d'un renégat corse *Aly-Turky*, devenu ministre du bey précédent après avoir été esclave. *Hassan* craignant le retour d'Ibrahim lui procura les moyens de s'enfuir d'Alger et le fit aussitôt mettre à mort à Bizerte (1706).

Il fit en 1720 un traité avec la France comme il en avait fait avec les autres puissances importantes et noua des relations commerciales suivies avec l'Europe. A l'intérieur son règne fut d'abord paisible, mais n'ayant pas d'enfants malgré un nombreux harem, il avait désigné son neveu *Aly-Bey* pour son successeur lorsqu'une jeune Génoise, capturée par les corsaires et réduite en esclavage, lui donna des fils.

Aly, dépossédé de son titre de bey, reçut celui de pacha ; il se révolta et d'abord vaincu, il se réfugia à Alger ; là, il obtint du Divan des secours qui lui permirent d'entrer victorieux à Tunis (1705); son fils *Younas-Bey* ayant peu après surpris son grand-oncle fugitif, le décapita de sa propre main.

Des dissensions surgirent bientôt à l'intérieur ; le second des trois fils d'Aly-Pacha, Mohammed-ben-Aly, dans le but de s'assurer le trône, accusa son aîné Younas de complot et empoisonna son frère cadet. Younas se réfugia à Alger, où un nouveau dey, *Babâ-Aly-aghâ*, venait d'être élu par la milice pour remplacer un renégat albanais massacré après avoir assassiné son prédécesseur.

Au lieu d'accueillir Younas, Baba-Aly résolut de rétablir à Tunis les fils d'Hassan détrôné ; une armée algérienne s'empara de Tunis ; Aly-Pacha fut saisi et étranglé, et l'aîné des fils d'Hassan fut proclamé sous le nom de *Mohammed-Bey* (1748).

Ce prince d'un caractère doux et facile ne fit que pendant deux ans et demi le bonheur de ses sujets ; il mourut laissant deux fils en bas âge (1750). Son frère *Aly-Bey* monta sur le trône avec promesse de le restituer à l'aîné de ces enfants lorsqu'il serait en âge ; mais cette promesse ne fut pas exécutée, et Aly fit conférer par la Porte Ottomane à son fils Hamoudah le titre de pacha.

Pendant tout le règne d'Aly l'influence de la milice turque fut prépondérante et le gouvernement de la régence perdit beaucoup de son autorité absolue. Cependant la tranquillité aurait été parfaite pendant tout le règne si le traité, conclu avec la France en 1720 et renouvelé en 1742, avait été strictement observé. Mais plusieurs griefs amenèrent une escadre française au port de la Goulette dans les circonstances suivantes.

La Corse, qui appartenait aux Génois, s'était révoltée contre eux en 1735 et en 1763 ; sous le règne de Louis XV, la France, après avoir secouru les Génois pour empêcher les Anglais de mettre la main sur cette île comme sur celle de Majorque, en avait obtenu la cession complète (1768). Tunis était en hostilité avec Gênes qui, comme la Sardaigne, Naples, Venise, Raguse et les États pontificaux, n'avait pu imposer de traité et voyait souvent ses sujets réduits en esclavage. Les corsaires tunisiens continuèrent de capturer les navires des Corses quoique ceux-ci fussent devenus sujets français et l'on ne répondit pas aux réclamations. En outre, des Français qui, moyennant une redevance à Tunis, avaient obtenu le droit de pêcher le corail à l'île de Tabarkah et à la Calle, furent aussi réduits en esclavage.

Un ultimatum posé au bey de Tunis n'ayant reçu qu'une réponse évasive, l'escadre bombarda Porto-Farina, Bizerte et Soussah et bloqua les ports (1770). Heureusement pour Aly, un envoyé de Constantinople, qui venait lui demander pour le sultan Mustapha des secours contre les Russes, s'offrit comme médiateur. La France obtint les navires et les sujets corses capturés, le rétablissement de la pêche du corail à la Calle et le paiement d'une indemnité de guerre.

Le règne d'*Aly-bey* s'acheva paisiblement, et les fils de Mohammed ne purent profiter d'aucun trouble pour revendiquer leurs droits qu'ils devaient ressaisir plus tard ; il mourut en 1782, et son fils *Hamoudah-Pacha* lui succéda sans contestation.

Des agressions tentées par les Algériens furent repoussées, et *Ismaïl*, fils d'Younas-Bey et petit-fils d'Aly-Pacha, ayant entretenu avec ces dangereux voisins des intelligences secrètes, fut étranglé dans l'appartement que le bey lui avait donné au Bardo, l'un des palais de la régence, près de Tunis.

Hamoudah crut pouvoir violer les conventions conclues avec la France lorsque la république fut proclamée (1793) ; mais il fut contraint de solliciter de la

Convention nationale un nouveau traité qui fut signé le 6 prairial an III (25 mai 1795). Un ambassadeur envoyé à Paris y vit pour la première fois imprimer à l'Imprimerie nationale en langue arabe et en langue française, ce qui était inconnu à Tunis jusqu'à cette époque.

Ce traité fut violé quelques mois après en 1798 ; le débarquement de *Bonaparte* en Égypte mit tous les vassaux de la Porte Ottomane en guerre avec la France, et les corsaires de Tunis luttèrent contre les na vires français et corses pendant deux années. Un armistice fut conclu le 7 août 1800 par le premier consul de la République française et suivi d'une paix définitive qui n'a point été troublée depuis ; la course fut abolie entre les deux pays, et les marchandises de France et de Tunis protégées, même sur bâtiment ennemi.

Délivré des préoccupations extérieures, *Hamoudah-Pacha* résolut de s'affranchir du gouvernement des Turcs et les remplaça peu à peu par des Géorgiens et des renégats européens ; mais les chefs turcs finirent par craindre ces réformes, et un complot fut formé pour massacrer le bey avec toute sa famille et toute la cour pendant qu'il viendrait du *Bardo* à Tunis pour se rendre à la mosquée ; le jour désigné (30 août 1811), le bey n'ayant pas quitté le Bardo, les soldats turcs se contentèrent de piller les boutiques de Tunis et d'y mettre le feu ; les habitants prirent les armes et les repoussèrent dans la Qasbek, forteresse de Tunis où ils élurent un bey turc et arborèrent le drapeau ottoman. Les troupes arabes et les zouaves (troupes maures) furent immédiatement réunies ; un combat d'artillerie s'engagea tout d'abord, et des soldats d'artillerie française récemment arrivés de Malte où ils avaient été prisonniers de guerre, ayant été mis par le consul français à la disposition du bey, le feu habilement dirigé jeta la terreur parmi les révoltés ; mille environ s'enfuirent de la Qasbek dans le but de se rendre à Tabarkah et de s'en emparer ; les cinq cents restants se rendirent et trente chefs furent décapités. Quant aux fuyards, ils furent atteints à vingt lieues de Tunis par les Arabes cernés sur la montagne d'Eusarieh et exterminés à l'exception de cinq chefs qui furent ramenés à Tunis pour y être étranglés et de vingt-sept enfants qui obtinrent leur grâce.

Tels furent les événements qui affermirent la dynastie héréditaire et établit l'autorité absolue du bey. Hamoudah-Pacha régna encore trois ans et laissa le trône à son frère *Othman-Bey* (1814).

Massacré trois mois après avec presque tous ses enfants, il fut remplacé par son cousin *Mahmoud-ben-Mohammed* que l'usurpation d'*Aly-bey* avait écarté du trône soixante-quatre ans auparavant et qui ne vécut au pouvoir que neuf ans avec le titre de pacha.

Son fils *Sidi-Housséyn-bey* lui succéda (1824).

C'est sous le règne de ce prince qu'en 1830 la France tira vengeance de l'affront fait à son consul par le dey d'Alger Housséyn-Pacha en s'emparant de ses États et en y organisant une colonie française. Le bey de Tunis se hâta de faire avec les vainqueurs un nouveau traité par l'entremise du consul français M. de Lesseps ; la France avait par la prise d'Alger purgé la Méditerranée des corsaires les plus funestes au commerce des États chrétiens. Les Anglais, auxquels le traité de Vienne (1815) avait laissé Malte et les îles Ioniennes, s'étaient engagés à purger la Méditerranée des pirates, mais leurs efforts n'avaient complétement abouti qu'au Maroc en 1817. Le bey de Tunis consentit à abolir la course et l'esclavage des chrétiens par un traité conclu avec la France le 8 août 1830.

La souveraineté de la régence passa en 1835 au frère de Sidi-Housseyn, *Moustafa-Bey,* qui mourut deux ans après laissant le trône à son frère *Sidi-Ahmed-Bey* (1837).

Ce prince faillit être détrôné aussitôt après son avénement par le sultan de Constantinople ; mais la France s'opposa au débarquement des Turcs qui firent à Tripoli ce qu'ils n'avaient pu faire à Tunis. Moustafa n'en reçut pas moins l'année suivante du divan de Constantinople le titre de pacha, accordé à plusieurs de ses prédécesseurs. Allié des principaux États européens, il réorganisa son armée à l'aide d'instructeurs français, fit fermer le marché des esclaves et permit d'ériger une chapelle chrétienne au lieu où mourut saint Louis. Un collège européen fut ouvert par des missionnaires, non-seulement aux chrétiens, mais encore aux juifs et aux musulmans. Les fils de *Louis-Philippe* furent reçus par le pacha avec une extrême cordialité, le duc de Montpensier en 1845, le prince de Joinville et le duc d'Aumale en 1846; et ce souverain, conquis définitivement à la civilisation européenne, vint cette même année visiter Paris où il fut reçu avec des honneurs que méritait son esprit élevé et généreux, mais qui portèrent quelque ombrage au sultan son suzerain.

À sa mort, en 1850, le trône passa à son frère *Sidi-Mohammed-Sadok* qui inaugura son règne par un firman accordant la liberté individuelle et la liberté religieuse et reconnaissant l'égalité de ses sujets devant la loi.

Son armée fut disciplinée à l'européenne et recrutée par la conscription. Un nouveau système d'impôts fut établi à l'imitation du système français; mais un essai de réformes judiciaires demeura infructueux, les lenteurs de la procédure ne pouvant convenir aux mœurs arabes. Il fonda dans la capitale un journal officiel.

Son règne fut un instant troublé par une révolte de son frère *Sidi-el-Abel*, qui fut fait prisonnier et enfermé dans une chambre murée du palais d'*El-Bardo* où il mourut.

3.

Dans le but d'améliorer l'administration, un emprunt a été ouvert par le bey sur la place de Paris en 1865 en obligations remboursables par tirages annuels, et si le paiement ne put avoir lieu exactement à l'échéance, il faut savoir gré au gouvernement tunisien d'avoir en 1868 répondu aux réclamations par une organisation nouvelle du système financier.

Depuis cette époque, le bey a continué d'avoir avec les États européens les relations les plus cordiales. Le pays est ouvert à la civilisation, et si le souverain actuel n'a pu encore faire comprendre à ses sujets l'utilité de toutes les sages réformes que son esprit cultivé lui a suggérées, c'est que les mœurs d'un peuple ne peuvent se modifier que lentement et progressivement; si l'on compare les institutions actuelles avec l'organisation du gouvernement dans les siècles précédents, on pourra se convaincre des progrès obtenus; la participation du gouvernement tunisien à l'exposition universelle et la visite qu'un des ministres du bey est venu y faire, prouvent de la part du souverain le désir le plus sincère de garder à la Tunisie une place parmi les peuples civilisés.

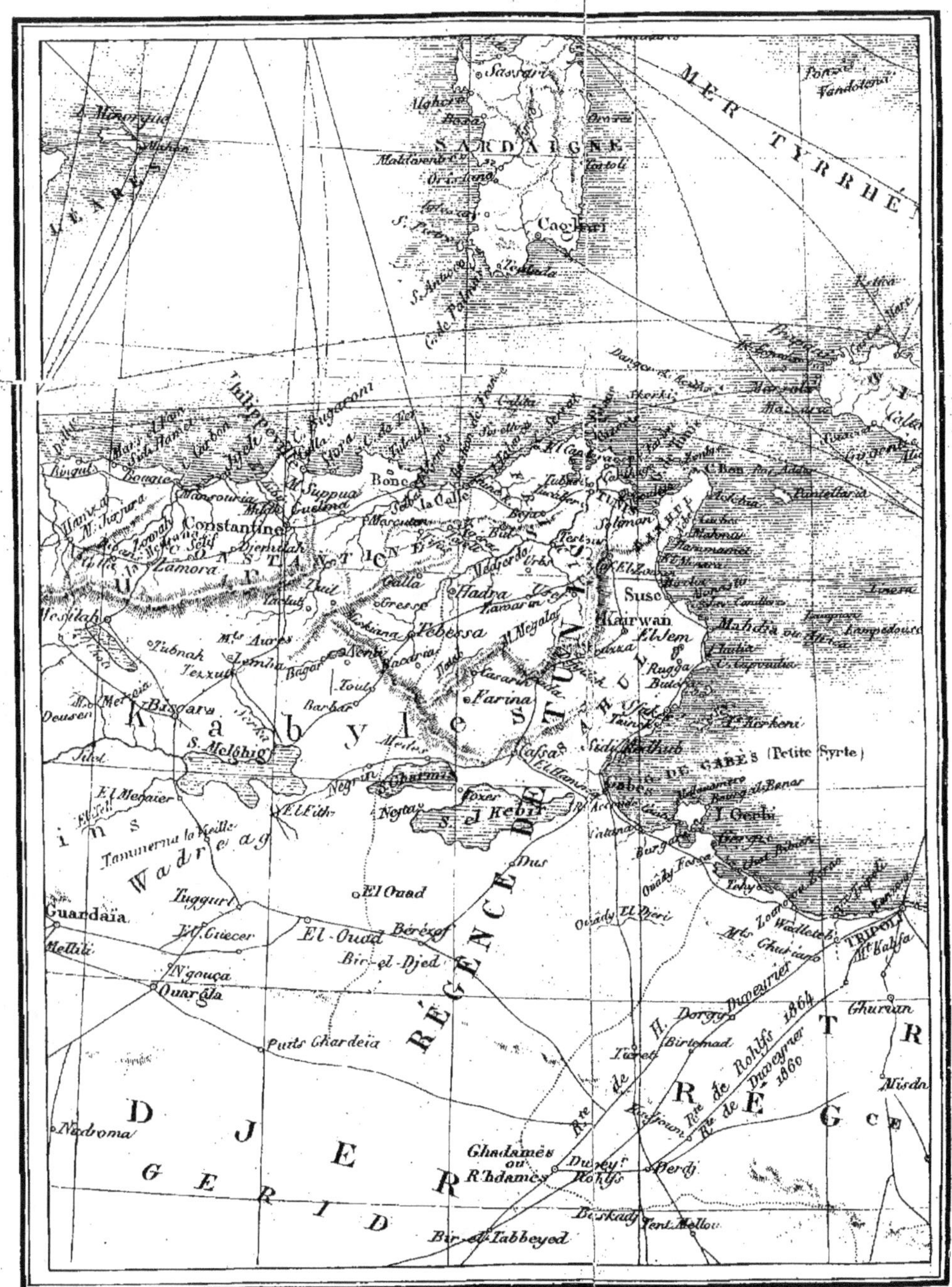
MER TYRRHÉ
SARDAIGNE
Cagliari
Oristano
Philippeville
Constantine
Bougie
Bone
Tunis
Suse
Kairwan
El Djem
Mahdia ou Africa
Gabès
GOLFE DE GABÈS (Petite Syrte)
I. Gerbi
Biscara
Kabylie
Touggurt
El-Oued
Guardaïa
Ouargla
RÉGENCE DE TUNIS
Ghadamès ou R'hdamès
TRIPOLI
DJERID
Ghurian
Nadroma
GERID
Librairie CH. DELAGRAVE, 15, Rue Soufflot, Paris.

GÉOGRAPHIE

DE LA TUNISIE.

Bornes. — La régence de *Tunis* est bornée au N. et au N.-E. par la Méditerranée qui forme les golfes de Sidre et de Gabès, au S.-E. par la régence de Tripoli, au S. par le désert du Sahara et à l'O. par l'Atlas et l'Algérie (province de Constantine).

La longueur du pays du N. au S. est d'environ 150 lieues, et de l'E. à l'O., dans la partie la plus large, de 50 lieues.

Climat. — Le climat du pays est chaud, l'atmosphère est pure, les brouillards sont rares. L'hiver n'existe point en réalité, car dans les mois les plus froids, la température moyenne est de 10 à 12 degrés au-dessus de zéro; les maladies causées par les variations de température et l'humidité y sont complétement inconnues.

Le pays est montagneux, entrecoupé de vastes plaines des plus fertiles et sillonné de nombreux ruisseaux. Dans la vallée principale du nord-ouest

(*Oued-Medjerdah*) coule le fleuve Medjerdah, dont la source est en Algérie et qui, grossi d'innombrables ruisseaux, va, après un cours de cent lieues, se jeter à l'entrée du golfe de Tunis, non loin des ruines de l'ancienne Utique.

A l'O. s'étendent de grandes plaines désertes avec le lac Soudéah au centre en face du golfe de Gabès.

Routes. — Le pays ne renferme pas de grandes voies de communication, mais des routes conduisant de ville à ville et suivant les sinuosités du terrain sans travaux d'art d'aucune sorte.

Chemins de fer et télégraphes. — Les chemins de fer en exploitation mesurent 60 kilomètres, et 125 kilomètres sont en construction dans la partie septentrinale du côté de Tunis.

En outre, le bey a signé en 1877 un firman qui concède le raccordement du chemin de fer tunisien au réseau de l'Algérie; les travaux sont poussés activement. Deux difficultés se présentaient au début de l'entreprise : un tunnel à percer presque au sortir de la gare et un pont à jeter sur la Medjerda; aujourd'hui, le tunnel est terminé, le pont sur la Medjerda établi malgré les crues du fleuve, et 34 kilomètres de cette voie sont mis à la disposition du public.

Si les travaux continuent avec la même activité, dans quelques années on pourra aller, par chemin de fer, de Tunis à Bone et à Constantine.

Ce chemin de fer qui reliera Tunis à la colonie française, est appelé à rendre les plus sérieux services à la Régence, et à changer, en peu de temps, ses conditions économiques.

La ligne télégraphique est de 964 kilomètres et correspond à dix bureaux.

Topographie. — La régence se divise en deux parties qui portent les noms de *Quartier d'été* et *Quartier d'hiver* et qui tirent ces noms des résidences du bey dans les différentes saisons ; le premier est situé au N. et au N.-O. de la capitale, le second au S.

Tunis est bâtie sur le penchant d'une colline crayeuse ; c'est pourquoi les Grecs et les Latins l'appelaient *Tunes*, et l'historien Diodore lui donne l'épithète de *Blanche*. Elle est située à trois lieues sud-est de l'ancienne Carthage, près d'un lac de six lieues de circonférence qui communique avec la mer au moyen d'un canal appelé *la Goulette* et défendu par un fort.

C'est une des plus belles et des plus grandes villes de la Barbarie ; son mur d'enceinte a une lieue et demie de circonférence et renferme 100 à 120 mille habitants, maures, nègres, juifs et chrétiens ; elle n'a de remarquable qu'un assez beau château qui la domine et qui reçoit l'eau au moyen d'aqueducs construits probablement par les Espagnols. Le bey réside au palais *El Bardo*, situé à 2 kilomètres au nord-ouest de la ville et entouré d'une muraille avec créneaux et fossés ; à un kilomètre au delà il possède en outre une belle maison de campagne avec vastes jardins très-bien entretenus.

Entre la ville et le *Bardo* se trouve un vaste étang nommé *Sobkhat-ès-Sedjoumy* qui se dessèche par les grandes sécheresses.

Les ruines de *Carthage* sont sur l'emplacement d'un petit village appelé *El Marlgah ;* elles consistent principalement en citernes de proportions gigantesques et aussi en aqueducs dont les traces se prolongent jusqu'à la petite ville de *Zaghouân* sur une montagne à 40 kilomètres de Tunis et où se trouvent des sources nombreuses ; on ne sait si ces construtions sont l'œuvre des Romains ou remontent aux anciens Carthaginois. Quant au port de Carthage autrefois si vaste et si renommé, il est entièrement comblé par les sables et l'on ne peut même plus en déterminer l'emplacement exact.

L'emplacement d'*Utique*, fondée douze siècles avant l'ère chrétienne, était à 16 kilomètres au nord de Carthage et peut être encore moins bien déterminé ; il n'en reste que quatre grandes citernes qui sont assez loin du littoral, les sables de la mer ayant comblé le port et changé l'aspect de toute la côte.

En contournant la côte septentrionale :

Porto-Farina, très-petite ville au nord de Tunis, au fond du golfe formé par le *Raz-Zebyb* (cap des raisins), a une rade assez profonde pouvant contenir 25 navires ; mais l'entrée en est ensablée ; la flottille de la Régence s'y retire en hiver. C'est sur cette plage que mourut saint Louis en 1270

Bizerti (*Ben-zert*, 600 hab.) est l'ancienne *Hippone-Zaryte ;* elle avait autrefois un port important, mais l'entrée en est devenue si peu profonde qu'il n'est plus praticable que pour de petits bâtiments. La ville est près de deux lacs dont l'un de 13 kilomètres de longueur sur 7 de largeur, communique avec la mer et pouvait contenir autrefois des flottes entières.

Non loin se trouvent l'île de *Gamelora* et le redoutable écueil du rocher de *Pellon* qui se dresse en pyramide au-dessus des flots.

En continuant de suivre la côte jusqu'en Algérie, on rencontre au delà du cap Blanc (Raz-Abyad) *Cabarker*, près *la Calle* sur la frontière algérienne, en face du bastion de France. A quelque distance de la côte se trouve l'île *Galtha* (ancienne Galatha).

Sur la côte orientale on rencontre :

La presqu'île de *Siherck* ou *cap Bon*, à l'E. de Tunis, a la forme d'un parallélogramme de 18 lieues de longueur du S. au N.-E. sur huit du N. O. au S.-E.

Soliman (700 hab.) était autrefois beaucoup plus peuplée et sa position au confluent de deux rivières l'a fait considérer comme étant sur l'emplacement de l'ancienne *Megalopolis*.

El-Haouriah n'a de notoriété que par ses antiques carrières, d'où probablement furent tirées les
pierres des monuments de Carthage et d'Utique;
ce sont de gigantesques excavations soutenues par
des piliers, éclairées par le milieu et communi-
quant entre elles par des voûtes.

Kourbah (2,000 hab.), sur une colline près de la
mer, avait autrefois un port qui est devenu un
marais.

Nebeul ou *Nabel* (5,000 hab.), bâtie avec les débris
de l'ancienne *Neopolis* à 2 kilomètres de la côte,
possède six mosquées et avait autrefois un grand
nombre de maisons qui sont actuellement en
ruines malgré la douceur du climat et la fertilité
des jardins abondants en fruits de toutes sortes.

Hamanet, ancienne *Adrumetum*, est une petite
ville agréablement située sur une langue de terre
peu élevée qui s'avance dans la mer en forme de
cap.

Plus au sud dans la partie qui porte le nom de
quartier d'hiver sur la côte orientale :

Toussah (8,000 hab.), au fond d'un golfe, entourée
de murailles dans une belle position sur la côte,
fait un grand commerce d'huile et de toile avec les
principaux ports de la Méditerranée.

Mosnastyr, ville florissante et entourée de murailles, est également à l'entrée du golfe de Toussah
dans une position avantageuse.

Mahadia (3,500 hab.) est aussi appelée *Africa*;

elle fut construite par le premier khalyfe fatymite, Obeyd-Allah, surnommé *El-Mahedy* (le prophète) (882 ap. J.-C.), qui en fit la capitale de ses États et l'embellit de tous les débris de monuments des villes voisines.

Gabès, port au fond du golfe de ce nom, a 9,000 habitants ; sa population était autrefois plus considérable et s'est élevée jusqu'à 20,000 habitants. En face, l'île de *Djerby*, qui est le point le plus oriental des domaines de la Régence, a six lieues de circonférence, et possède quatre ports ; elle est très-fertile en toutes sortes de fruits, mais le dattier ne peut s'y acclimater.

Dans l'intérieur du pays on trouve peu de villes importantes, à l'exception de *Kayrouân*, la seconde ville après Tunis, et qu'on a à tort indiquée à cause de la ressemblance du nom, comme située sur l'emplacement de l'ancienne *Cyrène* qui était plus près de l'Égypte dans l'État de Tripoli. Kayrouân, entourée de murailles, est à neuf lieues sud-ouest de Toussah, et située dans une plaine stérile. Elle a 60,000 habitants et son commerce est très-important. C'est une des cités saintes aux yeux des musulmans ; elle fut fondée, soit en 675 par un des premiers gouverneurs de l'Ifrikia, nommés par les khalyfes abbassides de Damas, peu après la conquête d'Égypte, soit en 800 par le fondateur de la dynastie des Aghlabites.

LA TUNISIE

A L'EXPOSITION DE 1878

L'exposition du royaume ou beylick de Tunisie est renfermée dans deux locaux différents. Les objets envoyés par S. A. R. le bey de Tunis occupent deux salles au Champ de Mars, tandis que d'autres se trouvent dans le pavillon du parc du Trocadéro.

Il n'y a rien de bien particulier à dire sur ce pavillon : avec ses murs blancs et nus, ses meurtrières étroites, son toit en terrasse ; il a cette apparence sombre et triste, qui est à l'extérieur celle de tous les édifices turcs, arabes, mauresqués, persans. Les peuples de l'Orient mettent à cacher leur luxe le même soin que les Occidentaux à le déployer. Vivant jadis sous l'œil sévère et vigilant d'un pouvoir d'habitude aussi rapace qu'arbitraire, ils ne jugeaient pas opportun d'étaler leur richesse : ils la cachaient soigneusement au contraire. Un amas de maisons blanches, bâties en amphithéâtre, des rues étroites et montantes, des bazars somptueux, des minarets pointus qui s'élancent comme des flèches au-dessus de leurs mosquées, voilà Tunis, voilà Fez, etc.; que le soleil ruisselle sur tout cela et dans le lointain surtout, l'effet est magnifique. Le voyageur, au surplus, qui pénètre dans l'intérieur d'une de ces maisons d'extérieur si modeste et d'architecture peu élégante, ce voyageur ne perd ni son temps ni sa peine. Le long et sombre corridor dallé qui y conduit une fois franchi, il se trouve dans une large cour carrée, pavée en mosaïques et ornée d'une jolie fontaine. Quelques arbres tropicaux l'égaient de leur verdure et tout autour des galeries circulaires forment à la fois des corridors et des balcons. Les bâtiments enfin qui bordent le carré, se terminent en terrasses, où l'on peut tour à tour aller respirer le frais, et admirer le soleil, la lune et les étoiles (1).

Le voyageur, qui décrit ainsi *de visu* une maison mauresque de Tunis, y ajoute d'intéressants détails sur les bazars de cette ville. Ce sont de petites boutiques, tout à fait exiguës, mais très-bien appropriées aux exigences du climat et aux habitudes indolentes du pays. Le fond et les côtés sont garnis de rayons portant la marchandise; sur le devant qui est ouvert, le marchand accroupi ou couché, dormant ou fumant grave-

(1) Ch. Thierry Mieg : *Six semaines en Afrique* (1877).

ment une pipe turque, attend patiemment la pratique, mais sans la solliciter; on dirait vraiment qu'il ne vend que pour faire plaisir à son acheteur, et que celui-ci devrait lui tenir compte de sa complaisance. Si un client arrive et demande à voir quelque article, le marchand sans se lever étend le bras et donne l'objet demandé, qui, grâce à la disposition du local, est toujours à sa portée ; puis, il attend silencieusement la décision sans rien faire pour l'influencer.

Ceci n'est vrai pourtant que du marchand musulman et non du marchand juif. Celui-ci est tout aussi actif, remuant, empressé que l'autre est indolent, engourdi, passif. Tandis que le Maure se fait en quelque sorte prier pour vendre quelque chose et daigne à peine jeter sur l'acheteur un regard somnolent, l'autre épie ses moindres gestes et devine ses moindres désirs. Il vous aperçoit d'un bout à l'autre de la rue et vous fait signe ; il vous offre sa marchandise, il vous la vante et vous l'impose. Aussi, n'est-ce pas merveille que les Juifs tunisiens réalisent des fortunes immenses et qu'ils soient les banquiers du pays, comme ils en sont les principaux négociants. Mais cette prospérité même les expose à subir quotidiennement les avanies de la population. Les traditions du moyen âge ne sont pas disparues de l'Orient; toutefois à Tunis, cet état de choses a déjà subi d'heureux changements et tend de jour en jour à disparaître tout à fait.

Ceci dit et sans parler des bazars tunisiens du Trocadéro qui ne sont peuplés que de juifs de Jérusalem, passons à la description détaillée de l'exposition tunisienne du Champ de Mars.

Des camées, des pierres diverses gravées, des cachets revêtus d'inscriptions arabes représentent les beaux-arts, ainsi que des dessins, des modèles et des photographies reproduisant El-Djem, les costumes et les types divers du pays, les anciens édifices et les principales villes du royaume, les temples d'Ain-Tanga et de Dungo, l'amphithéâtre d'El-Djem, la porte romaine de Zaghouan, voilà pour les beaux-arts (Groupe Ier, classes 3 et 4).

Parmi les vues photographiques, on remarque l'*aqueduc espagnol* et l'*aqueduc romain* qui alimentaient d'eau Carthage. Le premier, dont la construction est attribuée aux Espagnols, se trouve à mi-chemin du *Bardo*, ou palais du bey, et se compose d'arches de 10 à 15 mètres de hauteur très-bien conservées; il court sur plusieurs kilomètres et sert encore à pourvoir d'eau la *Kasbah*, ou citadelle de Tunis; c'est une construction vaste, mais informe, et le Bardo lui-même n'est qu'un assemblage confus de bâtisses plus laides les unes que les autres. L'*aqueduc romain* traverse une large vallée par une suite d'arches hautes de 20 à 30 mètres, formées d'énormes blocs d'un béton grossier, ayant un mètre de hauteur sur 2 de largeur, avec 3 ou 4 de longueur, et posées sur

des pierres de taille de dimensions semblables. Ces arches sont parfaitement conservées
pour la plupart, sauf celles que le dernier bey fit
démolir, il y a quelques années, pour s'en appro-
prier les pierres et les employer à la construction
de son palais. L'opinion générale veut que cet
aqueduc ait été bâti sous l'empereur Adrien, mais
quelques archéologues en reportent la daté à l'époque carthaginoise elle-même, alors que Carthage
était la reine des mers, ce qui le rendrait contemporain de la citadelle de Byrsa et des ports magnifiques, creusés de main d'homme, de la cité punique.

Le groupe II offre avec une notice sur le colèlge
Sadiki, le catalogue de la bibliothèque de la mosquée de Djema-Zitoun (classes 7 et 8). Nous n'avons
rien à ajouter ici à ce qui a été dit plus haut sur
l'état de l'instruction publique dans la Tunisie; il
s'écoulera encore bien du temps avant que l'instruction se répande dans les diverses classes de la
société ; il faut d'abord vaincre le préjugé et ensuite l'indifférence, et un prince qui voudrait
changer en quelques années les habitudes de son
peuple, n'arriverait qu'à se dépopulariser sans profit pour personne ; les progrès de la civilisation sont
déjà sensibles dans la Tunisie qui n'est point, comme
le Maroc, un pays où le fanatisme soit poussé à
l'excès ; le souverain actuel fera encore beaucoup
pour le progrès de la civilisation ; il a envoyé un

de ses ministres visiter l'Exposition ; il a en France des représentants distingués, et tout concourt à penser qu'il fera peu à peu comprendre à son peuple la nécessité de s'instruire et de prendre rang parmi les nations amies de la science moderne.

Que dire des instruments de musique exposés dans la classe XIII ? ce n'est pas qu'ils ne soient nombreux : il y en a même pour tous les goûts, et tous les genres de musique en usage à Tunis ont là des spécimens. La *Berza*, la *Mezouad*, la *Tabala*, la *Zoukra*, représentent la musique arabe et la musique nègre, tandis que l'*Aouedia* est un spécimen de la musique juive. On y a joint encore des instruments à corde pincée. Nous ne savons point si en réunissant ces divers éléments, on pourrait faire en Europe un orchestre supportable. Mais des voyageurs qui ont entendu un orchestre tunisien, racontent que l'harmonie est une chose tout à fait inconnue aux musiciens de Tunis et qu'ils jouent tous la même note à l'unisson, quel que soit l'instrument qui soit dans leurs mains. Ceci paraît un peu exagéré, car si l'orchestre qu'on entend au café tunisien du Trocadéro joue réellement comme dans le pays, on peut dire que l'air est monotone et l'accompagnement uniforme, mais il y a un air qui n'a rien de discordant et peut ressembler à une sorte de motif de bamboula.

Dans le groupe III, voici des meubles arabes,

des tables et des étagères décorées (classe 17), exposés par le bey de Tunis lui-même qui, pour le dire
en passant, figure en tête de presque toutes les
classes. Les ouvriers qui les ont confectionnés ne
sont pourvus que d'un outillage très-primitif, et de
plus leurs procédés manuels sont très-souvent l'inverse des nôtres. Ils se servent de la main gauche,
là où ordinairement nous nous servons de la main
droite, ils rabotent et ils scient à l'inverse. Pour
tailler le bois, les menuisiers n'emploient guère que
des couteaux ou d'autres outils fort légers ; les tour-
neurs ne font pas usage du tour européen ; ils font
mouvoir le bois sur leur pied nu à l'aide d'un archet
muni d'une corde, et l'attaquent de la main gauche
avec un outil ; ils ne peuvent ainsi obtenir qu'un
travail alternatif et très-lent, et, suivant la très-
juste remarque de M. Charles Mieg qui fournit ces
détails, « il faut avoir la peau bien dure pour que
le pied puisse servir de pivot à un morceau de bois
en mouvement (1). »

La céramique est représentée par des poteries
vernies et des poteries diverses de Djerbi et de
Nebel (classe 20), tandis que la tapisserie l'est par
des tapis de Kairouan, des tapis d'Orient, des rideaux de porte de Kamanet, des rideaux de Tunis,
des tissus d'ameublement en coton, en laine, en
soie unis ou façonnés. Le tissage est resté à Tunis

____

(1) *Six semaines en Afrique*, chap. ii.

ce qu'il était dans la vieille Égypte, ou tel qu'il est
encore chez les Indiens de l'Amérique et les Nègres de l'Afrique centrale. C'est le même métier
grossièrement agencé avec ses montants, formés de
branches d'arbres recourbées et non dépouillées de
leur écorce. La navette n'est pas en usage : c'est
avec les doigts qu'on fait passer le fil de la trame
d'une lisière à l'autre. Et qu'on veuille bien le remarquer, ce n'est point par ignorance que l'ouvrier
tunisien persiste dans ses vieux procédés, car il voit
tout autour de lui de nombreux ouvriers européens
qui emploient les méthodes perfectionnées en
usage dans leurs pays respectifs. Mais il a son
amour-propre national, la routine lui est chère et
peut-être trouve-t-il moins bien ce qui ne provient
pas de son système.

La décoration de ces tapis et de ces tissus est
celle qui se retrouve dans tout l'Orient musulman :
un fond bleu foncé, avec une bordure d'ornements
blancs ou rouges détachés par un filet blanc ; des
couleurs franches et primitives qui s'harmonisent
bien avec le ton vigoureux de la végétation et le
soleil de ces climats. Le matériel nécessaire étant
réduit à sa plus simple expression et la main-d'œuvre étant à bas prix, ces produits se recommandent,
d'ailleurs, par leur bon marché relatif, et leur confection constitue, dans les pays mêmes d'origine,
une ressource précieuse pour les classes pauvres,
d'autant qu'elle n'exige aucun déplacement et n'est

pas incompatible avec les autres soins de la vie domestique. Aussi bien à Tunis la concentration des ouvriers en grands ateliers n'existe-t-elle pas. Tous les gens du même métier habitent le même quartier ; mais ils travaillent chez eux ou près de chez eux dans de très-petites échoppes, accroupis sur le plancher.

Dans la vie toute sensuelle de l'Orient, les parfums ont de tout temps joué un grand rôle, et dans la grande boutique du bric-à-brac du romantisme, les pastilles du sérail occupaient une place distinguée à côté des corselets de Milan et des bonnes lames de Tolède. Le mot de parfum fait involontairement songer au harem, et le harem est une chose bien poétique dans les *Orientales* de Victor Hugo, ou dans le *Corsaire* de Byron. Dans la réalité, c'est peut-être une tout autre chose : des deux dames européennes qui ont visité ces demeures, la comtesse de Robersart et la princesse de Belgiojoso, l'une s'est contentée, comme elle dit, des surfaces ; mais l'autre a déchiré tout le voile et le harem est apparu tel qu'il est avec ses douleurs, ses coins hideux, ses drames sanglants, un enfer terrestre, en un mot. Gageons cependant que la plupart des belles visiteuses qui ont jeté un coup d'œil sur les essences dont l'eau de rose de Tunis est la plus renommée, sur les huiles, les savons, les poudres et les sachets odoriférants, et ont respiré les parfums à brûler qu'étale le pavillon du

Trocadéro, n'auront rien trouvé de sinistre à ces emblèmes de la coquétterie.

Une foule d'objets d'un goût original et d'une exécution souvent charmante se pressent dans la classe 29, sous la triple rubrique de *maroquinerie, tabletterie, vannerie :* nécessaires, petits meubles de fantaisie, avec incrustations de nacre, d'ivoire, de corail, de pierres précieuses ; objets sculptés, gravés en bois, en ivoire, en nacre, en bois d'olivier, en os travaillé ; porte-monnaie, porte-cigares, tabatières, pipes et narghilés. Le Koran, qui avait frappé le vin d'une interdiction si sévère, n'avait rien dit du tabac, pour la bonne raison que du temps de son auteur ce narcotique était encore inconnu. Quand l'usage commença de s'en répandre parmi les musulmans, le sultan Amurat IV défendit à ses sujets de fumer sous peine d'avoir la tête tranchée ou le nez coupé, et un shah de Perse suivit son exemple, de sorte que le tabac se trouva officiellement mis au ban des deux grandes sectes de l'Islam, les Sunnites et les Shiites. Il l'est encore à Riad, la capitale du pharisaïsme wahabite, comme l'appelle le voyageur Palgrave, où le meurtre, le vol, l'adultère, ne paraissent pas indignes de la miséricorde divine, mais où l'idolâtrie et la pratique de *boire la honte,* c'est-à-dire de fumer, constituent deux péchés irrémissibles. Mais chez toutes les autres sectes musulmanes, en Turquie comme en Perse, en Égypte comme dans l'Inde, cette habitude est universelle et il paraît qu'elle contribue largement, pour sa part, à la somnolence physique et à l'apathie morale des habitants.

Le groupe IV qui est celui des tissus, vêtements et accessoires, est un des plus complets dans l'exposition tunisienne. Il y a là des tissus de fil mélangés de coton et de soie, et des tissus de fibres végétales (classe 31, *fils et tissus de lin, de chanvre*) ; des burnous et des cordes en poils de chameau, des étoffes rayées coton et laine, des *sefsaris* ou manteaux pour femmes et pour hommes ; des échantillons de tissu en poils de chameau qui sert pour les tentes arabes (classe 32, *fils et tissus de laine peignée*) ; des blouses et des cabans de laine d'Ouaten-el-Kabli, des couvertures de Tunis, Gafsa, Touzeur, des écheveaux de lin de Hamamet, des *hézams* ou manteaux en laine de Kias et de Nebel, des manteaux pour enfants de Nebel, etc., etc. (classe 33, *fils et tissus de laine cardée*). Les tissus de soie enfin se montrent sous toutes les formes, tantôt unis, tantôt façonnés et brochés, ici en soie pure, là mélangés d'or, d'argent, de laine, de coton ou de fil.

Les soieries de Tunis sont depuis longtemps célèbres, et il y en a plusieurs genres que la fabrique de Lyon n'a pu encore imiter, à raison même de la différence de ses procédés avec les procédés tunisiens.

L'exposition permanente de ces produits dans certaines rues de Tunis consacrées au commerce des étoffes de luxe donne à ces rues un cachet tout particulier. Les devantures des bazars sont soutenues par des colonnes toutes en marbre, en faïence peinte et dorée, en bois précieux. Les rayons sont garnis des fils et des tissus les plus chers ; on y voit briller les couleurs les plus éclatantes entremêlées d'or et d'argent. Eh bien ! à voir l'exposition de soieries du bey de Tunis, on dirait qu'un de ces rayons a été transporté, par la baguette d'un magicien, dans le palais du Champ de Mars. L'œil s'y promène de richesse en richesse et ne sait en vérité sur quel objet se fixer de préférence. Il va, toujours s'émerveillant, des ceintures et des burnous, soie et laine de Djerbi, aux étoffes en soie grenée dite *Mokatten ;* des étoffes fines pour chemises dites *belai* aux *hézams* rayés de soie ; des *ojar*, ou manteaux de femme en soie pure ou en soie or et argent aux mouchoirs de tête de couleurs diverses ; des mantes juives rayées de soie jaune aux voiles en soie pure, en soie et argent, en soie et coton.

La couleur de ces tissus et de ces étoffes est rouge, blanche, bleue, grise, noire, et ce n'est pas le seul caprice du fabricant qui décide soit pour une nuance, soit pour une autre ; cela tient aux mœurs locales et à certaines restrictions que les musulmans ont longtemps imposées aux juifs, leurs concitoyens. C'est ainsi qu'autrefois les fils d'Israël n'avaient pas le droit, dans la Tunisie, de porter le turban blanc, vert ou multicolore des fils d'Ismaël, ni leur fez à flut noir ou bleu, et aujourd'hui même que cette interdiction ne pèse plus sur eux, ils se contentent d'un turban noir. D'une manière générale, leur costume est demeuré plus sombre que celui des Maures, qui est habituellement bleu ou gris; mais en revanche, ils ne se font nul scrupule d'user dans toute son étendue du droit qui leur a été rendu de monter des mulets ou des chevaux.

Disons à ce propos, sur le témoignage de M. Mieg, que le mouvement du commerce avec l'intérieur du pays, le Soudan et l'Égypte, amène constamment à Tunis un nombre énorme de caravanes qu'accompagnent des milliers de chameaux et de chevaux ; qu'on y joigne des troupeaux entiers d'ânes, non bridés, que guide leur seule intelligence et leur seul esprit de corps, et l'on aura une idée du va-et-vient perpétuel de quadrupèdes qui circulent dans les rues. N'étant pas ferrés, ils ne font pas le moindre bruit et passent à vos côtés en vous laissant à peine le temps et la place pour les éviter. Il est heureux pour le passant que ces animaux soient d'une humeur très-pacifique, car un de leurs coups de pied, dans des rues aussi encombrées et larges tout au plus de deux mètres, lui deviendrait fatal. Mais ces inconvénients d'une voie trop rétrécie n'effraient là-bas personne, et les

Arabes se moquent de nos rues larges et droites :
ils leur préfèrent leurs ruelles étroites et tortueu-
ses qui les abritent du soleil et de la chaleur aussi
bien que de la poussière et du vent.

Au milieu de la foule qui se presse dans ces rues,
on voit s'avancer quelquefois une sorte de momie
vivante tout enveloppée dans un grand haïk ou
châle blanc, les jambes entourées de bracelets d'or
et d'argent et couvertes de bas qui ne descendent
que jusqu'aux chevilles, les pieds nus et chaussés
de larges babouches : cette masse informe est une
femme. Si elle est juive ou négresse, elle va le
visage découvert et porte une coiffure assez riche,
une sorte de bonnet brodé d'or et d'argent ; si elle
est mauresque, elle a deux voiles noirs, l'un au-
dessus des yeux, l'autre au-dessous et couvrant le
bas du visage. Quelques-unes de ces femmes
offrent des traits assez réguliers, de beaux yeux
noirs et brillants ; mais généralement elles sont
grasses au point d'en paraître difformes, leur
démarche est lourde et leur tournure gauche et
massive. Celles qui sont de qualité portent sur leur
manteau blanc des vêtements de soie, où le rouge,
le vert, le jaune s'entre-croisent, quand ils ne sont
pas comme l'habit d'Arlequin, d'une couleur d'un
côté et d'une couleur de l'autre ; elles se surchar-
gent en outre de peignes, de boucles d'oreilles, de
bracelets en or ou en argent, en corail et en perles.

Divers types de châles tunisiens, les uns grossiers

en laine ou en coton et les autres fins, certains
en soie pure et d'autres en soie mélangée de coton
ou de laine, figurent à la classe 35 ; des dentelles
d'or et d'argent, des broderies d'or, d'argent et de
soie, des ouvrages à la main, à la classe 36. La
classe 38 est riche en spécimens des habits orientaux d'hommes et de femmes, en costumes populaires, en vêtements propres aux diverses professions. La collection du bey réunit : des *beschirs* ou
serviettes de bain en laine ou en coton de Sfax ; des
chaussettes et des bonnets tricotés ; des *chechias*
de diverses qualités ; des costumes d'Israélite tunisien, de Hanefite et de jeune mariée ; des turbans de
soie et de coton ; des vestes de femme arabe en
velours noir brodé d'or ; des bottes à l'écuyère ;
des escarpins et des bottines ; des socques, des
pantoufles et des babouches. Ces babouches sont
en maroquin rouge, jaune ou vert, et il s'en fabrique des quantités prodigieuses à Tunis où les cor-
donniers, de même que les tailleurs, sont très-
nombreux.

Citons dans la classe 39 des joyaux et des bijoux
tels que des bracelets et des colliers, des boucles
d'oreilles, des chaînes et des broches en or ou en
argent ; un diadème en or ; des bijoux divers en
or ou en argent, ciselés, filigranés, ornés de pierres
précieuses ou bien encore en ambre, en nacre,
en corail, en écaille, relevés de pierres fines ou de
perles.

La classe 40 est représentée par des *armes portatives*. Elles sont très-diverses et peuvent se classer en anciennes et en modernes. Parmi celles-ci figurent des fusils arabes, des canons de fusil de Sfax, des carabines, des sabres tunisiens, des trabucaires, des tromblons, tandis que des yatagans, des massues, des casse-tête, des frondes, forment une panoplie antique. Il va sans dire qu'à Tunis, comme à Constantinople et au Caire, ces vieilles armes ont cédé la place aux nouvelles, et l'armée du bey, de même qu'elle porte le pantalon garance ou le pantalon de toile du troupier français, manie un fusil plus ou moins perfectionné et un sabre de modèle européen.

Ceci n'est vrai que des troupes régulières. Les chefs arabes qui commandent les goums de cavalerie irrégulière, continuent d'étaler un luxe de costume et une magnificence d'équipement dont les objets exposés par le bey de Tunis, sous le titre d'*objets de voyage et de campement* (classe 41) ne donnent qu'une idée insuffisante. Sous leurs burnous, écarlates pour les sheiks et pourpres pour les caïds, ils portent des haïks blancs en laine ou en barége, avec bandes de soie, des vestes à broderie d'or, des culottes blanches et des bottes molles en maroquin rouge qui s'emboîtent dans des babouches de la même couleur. Leurs magnifiques chevaux ne brillent pas moins par la richesse du harnachement, couverts qu'ils sont de

brillants caparaçons de soie et de laine, à larges
bandes de couleurs et garnis de grelots. L'or et
l'argent resplendissent sur leurs couvertures, sur
leurs selles, sur leurs larges brides d'une couleur
toujours éclatante. Dans les occasions d'apparat,
tel chef arabe, qui d'habitude couche sous la tente
et s'habille aussi modestement que le moindre de
ses suivants, n'hésite pas à dépenser une centaine
de mille francs, pour faire montre de ses splendides équipements, de ses pistolets, de ses fusils,
de ses yatagans, de ses poignards ruisselants d'or
et de pierreries.

Dans le groupe V (*industries extractives : produits bruts et ouvrés*), on rencontre des aiguières,
les unes du type arabe et les autres du type turc ;
des cafetières, des casseroles et des chaudrons ;
des brûle-parfums, des cantines de voyage et des
lampes domestiques en cuivre. Ces ustensiles sont
des produits d'une industrie dont les procédés
sont demeurés stationnaires et à qui d'ailleurs
la matière première manque sur les lieux mêmes,
puisque le sous-sol du pays n'offre que de rares
minerais de cuivre et de plomb. Ils sont fabriqués
à Tunis dans ces ateliers pygméens dont il a été
question plus haut, et où les forgerons ont trouvé
cependant le moyen de travailler à leur aise. L'en-
clume est à peu près au niveau du sol ; à côté, on
a creusé un trou d'un mètre environ de profondeur,
dans lequel on a placé un tonneau debout afin

d'empêcher les murs de s'ébouler. Dans cette sorte de puits, l'ouvrier se tient enfoncé jusqu'à la ceinture, position dans laquelle il lui devient très-facile de manier son marteau et de le soulever sans heurter le plafond.

Parmi les produits des exploitations et des industries forestières, on remarque des cordes en fibre de palmier ou d'alfa ; des échantillons de chêne vert, de chêne-liége, de gommier, d'alfa ; des écorces de pin et des nattes ; du ricin et du thapsia ; des matières tinctoriales telles que l'alizarine et le stanné indigo, etc. Les produits de la pêche consistent en coraux de Tabarca, en éponges de Sfax, en coquilles de mollusque, en nacre, et les produits de la chasse, en plumes d'autruche (classe 45). De l'alfa, du coton floche et du coton filé, des laines lavées, cardées, filées, des *smar*, ou joncs sauvages servant à la fabrication des nattes, se rangent parmi les produits agricoles non alimentaires (classe 46). Des savons blancs de Sous et des savons noirs en pâte, des huiles servant à leur confection et des plantes employées à la fabrication de la soude, des résines et des cires, sont compris parmi les produits chimiques (classe 44).

Des pièces de coton teintes en couleurs diverses et une série de spécimens de fils ou d'écheveaux de laine et de soie teints de différentes couleurs, voilà le contingent de la classe 48 (*Procédés chimiques de blanchiment, de teinture et d'apprêt*). La classe suivante est plus riche : elle présente des cuirs forts pour semelles et des cuirs pour chaussures et harnais, avec un assortiment de peaux de toutes sortes, peaux mégissiers, peaux de grèbes et de flamants pour fourrures, peaux teintes de bœufs, de moutons, d'agneaux, de chevreaux. Ces cuirs et ces peaux, que l'on voit ici sous une forme brute, on les retrouve plus loin à l'état ouvré (classe 63). Ils sont devenus des bâts de chameau ; des selles ordinaires de divers types — égyptien, tunisien, marocain, de campagne — des selles de luxe complètes, avec leurs larges étriers, des harnachements, des brides brodées d'or et d'argent. Au surplus, l'Arabe, pour guider son bon cheval, son buveur d'air, comme il l'appelle poétiquement, n'a pas besoin de bride : il se contente très-souvent d'une simple corde, de même que parfois il dédaigne l'éperon et ne se sert que d'une petite baguette.

On sait que, dans l'antiquité, l'Afrique septentrionale était un des greniers de Rome et que le territoire tunisien n'en était pas assurément la partie la moins fertile. Cette fertilité ne s'est pas évanouie ; les trois millions d'hectares qu'embrasse le Tell et les excellentes terres qui se mêlent aux quatre millions d'hectares des steppes, suffiraient encore aujourd'hui à la nourriture d'une véritable nation. Mais, ce ne sont plus les Romains qui possèdent ce pays ; ce ne sont plus même les

Berbères industrieux, son peuple primitif, mais bien les Arabes tout à fait déchus de leur éphémère civilisation du moyen âge, les Arabes qui méprisent le travail agricole et ne savent plus être que des cavaliers intrépides ou des bergers contemplatifs. Ces blés durs pour semoule, ces blés demi-durs pour farine, ces orges, ces maïs blancs et jaunes, ces sorghos qu'expose le bey de Tunis, ce sont surtout ses sujets berbères qui les ont cultivés, quoiqu'il y en ait qui viennent des environs de la Marsa, résidence d'été de ce prince. Plus laborieux que les Arabes, les Berbères se reposent en changeant de travail; c'est plaisir de les voir, quand ils ne vont point aux champs, s'asseoir dans quelque prairie, en dehors de leur village et y faire des nattes ou des chapeaux de paille, même y coudre des habits. Ils se sont soumis au Koran, mais sous bénéfice d'inventaire pour ainsi diré ; ils juxtaposent à ses préceptes leurs coutumes et leurs traditions propres, où l'on retrouve quelques traces du christianisme qui jadis s'était répandu parmi eux.

Sous un autre régime, la plaine du Tell tunisien se couvrirait bientôt de florissantes cultures ; elle convient parfaitement au coton, qu'on y cultive déjà, et non moins à la canne à sucre qu'on n'y cultive pas à cette heure. Elle produit déjà des huiles d'olives et des huiles de fabrique ainsi que des ananas, des oranges, des citrons, des bananes, des caroubes, des raisins, des pistaches, des amandes, des jujubes, des dattes, des câpres, des poivrons doux, du miel, toutes sortes de fruits ou de condiments en un mot, dont il y a des échantillons frais, secs, confits au Champ de Mars et dans le pavillon du Trocadéro. Dans cette nomenclature, il faut citer à part les figues tunisiennes, à cause du grand souvenir historique qui s'attache à elles, le souvenir de ce jour, néfaste pour Carthage, où Caton l'Ancien, en mettant une figue sous les yeux du Sénat romain, fit remarquer d'une façon significative qu'il était dangereux pour Rome que d'aussi beaux fruits crussent à trois journées de ses murailles. A quoi tiennent les destinées du monde! *Delenda est Carthago!* Le mot retentit et Scipion Émilien en fit un acte. Carthage victorieuse, qui oserait dire que les destins du monde antique n'auraient pas été tout autres? Carthage, c'était l'industrie qui enrichit les peuples et le commerce qui les rapproche; Rome, la guerre qui les divise et la conquête qui les spolie. Mais la fortune trahit les efforts du grand Annibal; Carthage fut anéantie et quelques monceaux de ruine disséminés dans une vaste plaine battue d'un côté par les flots de la mer, terminée de l'autre par quelques basses collines et que sillonnent en tous les sens les troupeaux de l'Arabe indifférent, voilà tout ce qui reste de l'héritière de Sidon et de Tyr, de l'ancienne reine des mers.

Il a été donné, cependant, à un savant contemporain de retrouver l'emplacement exact de la ville disparue et d'en refaire le plan. Les historiens romains avaient laissé des données très-précises sur son siége, indiqué même les distances parcourues jour par jour par les soldats de Scipion, depuis le lieu où ils débarquèrent. Muni de ces jalons, M. Beulé fit des calculs qui l'amenèrent à conclure que les restes de la citadelle de Byrza et du temple romain construit plus tard à sa place, devaient se trouver sur la chapelle élevée par le roi Louis-Philippe à saint Louis, à l'endroit même où celui-ci mourut. L'éminent archéologue ne s'était pas trompé : des fouilles intelligemment conduites lui firent retrouver, sous le jardin même de la chapelle, les ruines très-bien conservées du temple d'Esculape ainsi que plusieurs restés des fortifications de Byrza. Dans le cours de ses explorations, il réunit ensuite des données fort intéressantés sur la situation des ports de la ville et sur les tombeaux de ses habitants. Un autre antiquaire, M. E. de Sainte-Marie, les a reprises et complétées depuis, et l'on peut dire que son savant travail, publié dans l'*Explorateur* de 1875, est une restauration définitive de la grande cité punique.

Pour clore cette notice, il nous semble utile de consacrer quelques lignes à un projet autour duquel il s'est fait assez de bruit dans ces dernièrs temps, et dont l'exécution, si elle est possible, serait certainement d'un haut intérêt pour la Tunisie ;

nous voulons parler de la création d'une mer intérieure en Algérie, en d'autres termes du plan que propose le capitaine d'état-major Roudaire pour la submersion de la partie déprimée du sol qui court de l'ouest à l'est sur 375 kilomètres, dans la province de Constantine, au pied du massif de l'Aurès et aux abords du Sahara algérien et qui, commençant à 50 kilomètres de Biskra, se prolonge jusqu'au golfe de Gabès dont elle n'est séparée que par quelques légers plis de terrain. Le fond en est formé de surfaces planes ou légèrement inclinées que l'action des eaux a nivelées et que recouvrent d'épaisses couches de sel cristallisé, qui leur donnent l'aspect d'immenses plaines de gelée blanche ou de neige. Elles ont reçu des Arabes le nom de *chotts* en Algérie et de *sobkhas* dans la régence de Tunis, deux termes exactement synonymes d'ailleurs, et dont le premier, qui est généralement usité en France, signifie proprement un rivage. Il n'est pas douteux, selon M. Roudaire, que cet emplacement ne soit celui de la grande *baie* ou *lac* de Triton, dont il est parlé dans Hérodote, Pindare, Pomponius Mela ; toutes les traditions recueillies dans la région même s'accordent à regarder ces bas-fonds comme ayant été recouverts par la mer à une époque qu'elles ne peuvent préciser, mais qu'elles tiennent pour antérieure à la naissance du prophète.

Le remplissage des chotts, affirme le savant et

persévérant officier, aurait d'immenses avantages. Il rendrait leur fertilité à ces vastes parties de l'Algérie et de la Tunisie qui sont au sud de l'Atlas, et dont Scylax, Polybe, Diodore de Sicile ont vanté la richesse, mais qui, à part quelques oasis, sont actuellement stériles. Cette mer serait dans une certaine mesure une barrière pour les sauterelles, et elle exercerait une fort heureuse action sur la production générale du Tell, en modifiant la nature du siroco qui en est le grand fléau. La submersion des chotts enfin ferait dériver probablement du côté de notre colonie le commerce d'importation et d'exportation entre le Soudan et le littoral méditerranéen, que M. Largeau, l'intrépide explorateur du Sahara tripolitain, estime à 52 millions de francs. Peu soucieuses de s'imposer un trajet plus long en traversant l'Algérie dans toute sa profondeur, les caravanes de Rhât et de Tombouctou, les deux grands marchés sahariens, ont pris, depuis notre conquête, la route d'Ain-Salah et de Ghadamès ; or les ports de la mer algérienne seraient aussi près de Ghadamès que l'est Tripoli. Les caravanes viendraient y apporter les ivoires du Bornou, les plumes d'autruche, les cuirs préparés, les encens, les peaux de léopard de Tombouctou, et y prendre en retour nos cotonnades voyantes, nos indiennes, nos soieries, nos draps, nos outils, nos armes.

Le projet du capitaine Roudaire a reçu l'approbation très-décidée de deux hommes fort compétents,

M. F. de Lesseps et M. d'Abbadie. Par contre, il a essuyé de très-vives critiques de la part de M. Cosson, de M. Naudin, le savant naturaliste, et de M. le sénateur Pomel dont l'autorité est grande quand il s'agit de l'Algérie et des choses algériennes. M. Naudin a fait plus que de contester l'utilité ou l'opportunité du percement du seuil de Gabès : il s'est demandé si cette difficile et coûteuse opération ne serait pas un *malheur irréparable* pour notre colonie où elle créerait un immense foyer d'infection. Mais M. Roudaire est animé d'une foi profonde : il a répondu à toutes les objections et, si nous ne nous trompons, il est occupé en ce moment même à recueillir sur les lieux les dernières données du problème. Il faut espérer qu'il en reviendra armé de ces preuves qui emportent les convictions et lèvent tous les doutes ; avec l'étude et la persévérance on est arrivé plus d'une fois à triompher des obstacles qui se dressent toujours devant les projets hardis, ceux qui sortent de l'ordinaire et de la routine.

FIN DE TUNIS.

TUNISIE

TABLE DES MATIÈRES

Introduction sur le gouvernement et la statistique   3

Aperçu général de l'histoire de la Tunisie .... 13 à   46

   I. Origine de Carthage et de Tunis (888 à 480 av. J.-C.)   13

  II. Excursions des Carthaginois en Sicile (480 à 264 av. J.-C.)   17

 III. Guerres puniques (264 à 146 av. J.-C.)   18

  IV. Domination romaine (146 av. J.-C. à 428 ap. J.-C.)   21

   V. Domination des Vandales (428 à 534)   24

  VI. Domination des empereurs grecs (534 à 644)   25

 VII. Domination des khalyfes de la Mekke (644 à 661), des khalyfes ommyades de Damas (661 à 750) et des khalyfes abbassides de Damas (750 à 796).   25

VIII. Dynastie des Aghlabites (796 à 908)   27

  IX. Domination des Fatymites de Fez (908 à 972)   27

   X. Dynastie des Zirites (972 à 1159)   28

  XI. Domination des Almohades du Maroc (1159 à 1206)   29

 XII. Dynastie des Hafsides (1206 à 1347)   30

XIII. Domination des Mérinides du Maroc (1347 à 1360).   32

XIV. Retour de la dynastie des Hafsides (1360 à 1533).   32
XV. Domination de Barberousse et de la Porte otto-
    mane (1533 à 1535). — Rétablissement des Haf-
    sides (1535 à 1568)   33
XVI. Domination du pacha d'Alger (1568 à 1572)......   34
XVII. Fin de la dynastie des Hafsides (1572 à 1573)....   35
XVIII. Domination des Turcs (1573 à 1650)............   36
XIX. Dynastie d'Aly-Bey (1650 à 1700)...............   37
XX. Ibrahim-es-Chériff (1700 à 1706)..............   38
XXI. Dynastie d'Aly-Turky (1706)................   38
Géographie de la Tunisie...........................   47
La Tunisie à l'Exposition de 1878....................   54

FIN DE LA TABLE DES MATIÈRES.

5275-78. — Corbeil, typ. et stér. de Crété.

MAROC

LE MAROC

ET L'EXPOSITION DE 1878.

INTRODUCTION

SUR LE GOUVERNEMENT ET LA STATISTIQUE.

Gouvernement. — Le MAROC est un État indépendant gouverné par un empereur ou sultan qui exerce un pouvoir absolu qu'aucune loi civile ou religieuse n'a jamais limité, et il est maître de la vie et des biens de ses sujets. Il est aussi chef de la religion, *E'mir-al-Mumenin* (gouverneur des vrais fidèles), et son autorité religieuse n'est point restreinte, comme en Turquie, en Perse ou dans d'autres pays mahométans, par la classe des *Ulemas* ou les *Sheik-ul-Islam*, interprètes du Koran.

La couronne est héréditaire dans la famille des chérifs de *Filéli* ou *Tafilelt* dont la dynastie fondée par *Muley-Aly*, descendant d'Aly, oncle et beau-fils du prophète, régna sur tout le Maroc dès 1667.

L'empereur a le droit de choisir son successeur parmi les membres de sa famille; s'il n'exerce pas ce privilége, l'ordre de succession est réglé suivant la coutume de l'empire ottoman, et la couronne échoit, à la mort du souverain, au membre le plus âgé de la famille régnante.

Le souverain actuel est MULEY-HASSAN, né en 1831; fils aîné de *Sidi-Muley-Mohammed*, il a succédé à son père le 17 septembre 1873. Il n'a pas de ministres réguliers, mais il prend l'avis des dignitaires attachés à sa personne, dont les qualifications peuvent être traduites par maîtres du sceau, du thé, du fusil, du parasol, des écuries. Le principal d'entre eux est un intendant du palais ou vizir chargé de transmettre les ordres de l'empereur.

L'étendue du Maroc ne peut être spécifiée d'une façon précise par la raison que, du côté du Sahara un certain nombre de tribus errantes s'établissent par intervalles sur des pays frontières que l'empereur prétend englober dans son territoire. Toutefois on peut évaluer cette superficie à 400,000 kilomètres carrés en y comprenant la portion voisine du Sahara; elle est cependant parfois indiquée comme étant de 600,000 et même de 700,000 kilomètres carrés.

Le pays est divisé en 28 gouvernements dont plusieurs comprennent de grandes étendues de terrain et d'autres se bornent à une seule ville. Chaque gouvernement a pour chef un pacha ou un caïd ayant un pouvoir absolu dans son district ; cependant la peine de mort ne peut être appliquée sans le consentement de l'empereur. Chaque gouverneur commande les forces militaires, perçoit les impôts au nom de l'empereur et le plus souvent trouve moyen de suppléer au traitement de sa charge qui est insignifiant, mais il est exposé à être destitué ou mis à mort à la volonté de l'empereur.

La justice est rendue par les *Cadis* pour les questions de propriété, succession, mariage et divorce ; il juge aussi parfois en matière criminelle et en matière commerciale.

Population. — Le chiffre de la population ne peut être estimé que très-approximativement, car les Européens ne pénètrent guères à l'intérieur du pays ; en prenant pour base les parties du pays voisines de l'Algérie, on peut évaluer le nombre des habitants à 2,750,000 âmes.

On désigne sous le nom de *Maures* les Arabes qui habitent les plaines cultivées et sous celui de *Bédouins* les Arabes nomades qui forment des hameaux ou *douars* ; ceux-ci sont environ 750,000. Parmi les tribus nomades, les deux tiers qui habitent les montagnes, sont désignés sous le nom général de *Berbères* et paraissent être les descendants et des anciens Gétules et des Lybiens qui furent chassés par les Arabes ; la race entière comprend les *Tibbous* entre le Fezzan et l'Égypte, les

Kabyles dans les montagnes de l'Est du côté de l'Algérie, les *Shellaks* ou *Amazïghs* à l'Ouest et les *Touareghs* dans le Sahara ; ces trois dernières tribus forment pour le Maroc une population d'environ 4 millions Les Turcs ont toujours été et sont encore très-peu nombreux au Maroc ; la population nègre est importante et peut s'élever à 600,000 ; les juifs peuvent être évalués à 450,000 ; enfin on ne compte que 5 à 600 chrétiens, dont 400 à Tanger, et ils n'ont aucune église ; les Espagnols par le traité de 1869 se sont réservé le droit d'élever à Tétouan une chapelle catholique près du consulat.

Religion. — Les musulmans du Maroc ont une religion un peu différente de ceux de Turquie, de Perse et d'Arabie ; ils sont du rite *malékite*, c'est-à-dire qu'ils ont adopté pour base de leurs croyances les commentaires de *Malek* sur le Koran et le recueil de *Sidi-Bokhari* ; l'original de ce livre est gardé dans le palais impérial et déposé en temps de guerre sous une tente au milieu de l'armée, comme étendard religieux et national.

Le rite malékite ordonne aux hommes de ne se revêtir ni d'or, ni d'argent, et à peine de soie, et pour la prière les croyants quittent les objets précieux qu'ils peuvent avoir sur eux.

Instruction. — La lecture et l'écriture composent, avec le Koran, tout l'enseignement des écoles (messib) du Maroc qui sont en très-minime quantité et fréquentées seulement par les Maures des

villes. Il y a à Fez et près de quelques mosquées
de hautes écoles qui n'ont qu'une médiocre importance; quoiqu'on y enseigne la grammaire, la théologie, la logique, la rhétorique, la poésie, l'arithmétique, la géométrie, l'astrologie et la médecine,
ces notions sont peu étendues; l'algèbre ne paraît
pas connue, l'astronomie dégénère souvent en
science occulte, la théologie c'est le Koran, la médecine n'est qu'un empirisme et les remèdes ne
sont parfois que des versets du Koran; enfin la chirurgie ne peut exister sans l'anatomie défendue
par des motifs religieux.

Il existe au Maroc plusieurs confréries musulmanes qui ont des mosquées, et des biens considérables avec un chef spirituel ou Khalyfe; les
confrères appelés *Khouans* récitent des prières particulières sur les grains de chapelet, et observent
des fêtes spéciales. Certaines de ces confréries sont
très-nombreuses et peuvent, en cas de révolte, s'organiser rapidement en force armée.

Finances. — Les impôts sont perçus au nom de
l'empereur ainsi que les droits de douane; on peut
très-approximativement les évaluer à 25 millions
de francs, les impôts consistent en dîme (*achour*),
en cadeaux religieux (*achra*), en droits de capitation sur les juifs (*djezzia*), en octrois, monopoles,
amendes, en droits de battre monnaie. Les droits
de douane ont été abandonnés en 1861 en garantie
d'un emprunt contracté à Londres pour payer la

contribution de 100 millions que les Espagnols ont imposée au Maroc à la suite de la guerre.

Agriculture. — Dans les campagnes dites *huertas* coupées de canaux, et dans les vallées, le pays est très-fertile; on y cultive principalement le maïs, l'orge en quantité importante dans le sud, le riz, les fèves, les pois chiches, la canne à sucre, le coton et depuis peu un tabac de bonne qualité. Les herbages et les genêts sont abondants au pied des montagnes dont les hauts plateaux produisent un arbre appelé *alfa* qui pousse rapidement et qu'on a utilisé pour la fabrication du papier et des cordages.

Les amandiers sont principalement cultivés dans le pays de *Sous*, le dattier dans les oasis au sud de Tafilelt, l'oranger et l'olivier dans tout le pays.

Le bétail consiste en dromadaires servant aux transports, en chevaux de race barbe, en ânes, mulets, bœufs, chèvres et moutons qui fournissent des cuirs, des peaux et des laines d'une grande finesse. On élève aussi les abeilles.

Industrie. — Les richesses minérales du pays consistent en mines d'or, d'argent, de plomb, de fer et sont peu exploitées à l'exception du sel gemme dont plusieurs montagnes sont presque entièrement formées; sur les bords de l'Océan on préfère exploiter le sel marin qu'on recueille sans travail. Il y avait autrefois plusieurs pêcheries de corail dans les parages de Ceuta, mais elles ont été abandonnées.

La principale industrie du pays est celle du maroquin, des tapis, de la laine; toutes les femmes savent filer le haïk, longue pièce d'étoffe de laine ou de soie d'une blancheur éblouissante dont le corps et la tête peuvent être entourés.

Commerce. — Le commerce avec les pays étrangers n'est pas très-considérable à cause des prohibitions souvent décrétées pour certaines exportations; il a lieu principalement avec l'Angleterre, la France et l'Espagne. En 1875 les importations ont été de 25 millions dont huit millions de marchandises de cotons manufacturés provenant d'Angleterre. Les exportations ont atteint 35 millions dont plus de neuf millions en graines, maïs, haricots et environ huit millions en laines à destination de l'Angleterre. Les autres exportations consistent en tapis, maroquin, dattes, olives, cire, gomme, plumes d'autruche, etc. ; l'exportation du blé et de l'orge a été récemment prohibée.

Le commerce extérieur se fait par huit ports dont les principaux sont Tanger au nord et Mogador au sud. Le mouvement entre Tanger et Gibraltar est de 3 à 400 navires par an.

Armée et marine. — L'armée ne se compose que de 8,000 hommes d'infanterie et de cavalerie dont 5,000 servent de garde à l'empereur ; mais en temps de guerre, toutes les tribus fournissent un contingent commandé par leurs chefs respectifs et armé de différentes façons.

1.

La marine n'existe plus depuis que la course a été abolie ; les ports ne pourraient d'ailleurs recevoir de gros vaisseaux, et le commerce maritime est entre les mains des Européens.

Monnaies, poids et mesures. — Le gouvernement ne reçoit que les monnaies d'or et d'argent, suivant son tarif qui est inférieur à celui du commerce, et il paie en *flons* monnaie de billon; ce qui lui procure un bénéfice important.

L'*oukia* (once) est tarifée pour le gouvernement à 4 blanquillos 1/2, et dans le commerce à 5 blanquillos 1/6, le blanquillo valant 4 centimes.

Le *stati* d'argent (demi-piécette) 7 blanquillos et dans le commerce 8 blanquillos.

Le *bendki* d'or 40 onces et dans le commerce 50 onces et 4 blanquillos.

Les monnaies reçues par les Européens sont les monnaies d'or et d'argent.

Les poids sont : le *kintar* ou quintal commun du Magreb, qui vaut 100 livres du pays et 112 livres anglaises, soit 45,346 grammes et un autre plus petit, le *kintal-el-aroub* qui vaut les 3/4 du quintal commun.

La livre se divise en grande livre de 28 onces et petite livre de 16 onces.

Les mesures sont : le *moudd* pour mesurer les grains qui vaut 14,287 litres, quatre moudds faisant un *sahh*, et une autre mesure un peu plus grande, la *koula* pour mesurer l'huile, qui égale 15,156 millimètres carrés.

La mesure de longueur est le *deraa* ou coudée qui vaut $5^m,51$.

APERÇU GÉNÉRAL

DE

L'HISTOIRE DU MAROC

I

TEMPS PRÉHISTORIQUES. — ROIS DE MAURITANIE.

Le MAROC occupe une portion du pays qui portait originairement le nom de Mauritanie et dont l'Algérie faisait également partie. Ce qu'on appelait Mauritanie était la partie de la Libye la plus occidentale qu'on regardait comme une extrémité du monde et où la Fable a placé le délicieux jardin des Hespérides, dont le nom indique la position occidentale (*vesper*, soir, coucher du soleil). C'est la force des éléments, représentée par Hercule, qui aurait séparé ce pays de l'Europe et fait communiquer l'Océan à la Méditerranée en divisant les montagnes d'Abida (mont aux Singes actuel) et de Calpé (Gibraltar), d'où le nom de colonnes d'Hercule donné au détroit par les anciens. Suivant la Fable, Antée, fils d'Atlas, roi de Mauritanie, attaquait les

passants, et les massacrait afin d'élever un temple
à Neptune avec des crânes humains ; il fut vaincu
par Hercule qui lui ravit les pommes d'or du jardin
des Hespérides.

Quel que soit le sens de ces allégories, qui indiquent certainement des luttes entre des chefs de
familles ou de peuplades, les tribus qui, au moment
de la fondation de Carthage par une colonie phénicienne en 888 avant J.-C , habitaient le nord de la
Libye (Afrique), étaient des tribu serrantes ; les habitants qui étaient le plus à l'Occident portaient
le nom de Mauritains et les autres de la même race
celui de Maurusiens : ce nom paraît venir du mot
phénicien *Mouerym* ou du mot hébreu *Mahurin*
qui signifient *occidentaux* (en arabe *Magreb*).

La Mauritanie et la Numidie, qui la séparait de
Carthage, n'avaient pas de limites naturelles ; aussi
ces deux pays changèrent-ils souvent de divisions
et de frontières ; d'autant plus qu'ils eurent des
chefs différents ; les Numides se divisaient de
l'Orient à l'Occident entre Massyliens et Massésyliens ; l'*Ampsaga* (*Oued-el-Kebir*) paraît avoir été le
plus longtemps la limite avec la Mauritanie qui
elle-même se divisait en Mauritanie orientale et
Mauritanie occidentale séparées entre elles par le
Molucha (*Molakath*). La Mauritanie occidentale prit
sous les Romains, par opposition à la Mauritanie
Césarienne, le nom de Mauritanie Tingitane, de
Tingis (Tanger), sa ville principale, qui forme en-

core la partie septentrionale de l'empire du Maroc; la partie méridionale actuelle correspond au pays des Gétules qui ne furent point soumis aux Romains.

La religion des Maures était celle des peuples errants et se bornait à l'adoration du soleil, de la lune et des planètes; ils pratiquaient la circoncision, comme la plupart des peuples venus de l'Orient et la pluralité des femmes était admise.

. Sur la foi d'un navigateur carthaginois, *Hannon*, qui avait exploré les côtes de l'Atlantique, l'historien *Hérodote*, en 450 avant J.-C., dit des peuples du nord de l'Afrique qu'ils ne sont pas nomades comme ceux de la région orientale; il cite les *Maxyes* qui laissent croître leur chevelure d'un côté, lès *Zanèces* dont les femmes conduisent des chars de guerre, les *Gyzantes* dont le pays est riche en miel.

Il est probable que les *Carthaginois* firent des établissements en Mauritanie; cependant les Maures regardent les Romains comme les fondateurs de leurs anciennes villes de la côte. Ce qu'il y a de certain, c'est que, pendant la première guerre punique (240 à 237 av. J.-C.), ils combattirent ainsi que les Numides avec les Carthaginois; mais, leur solde n'ayant pas été suffisamment payée, ils se révoltèrent contre leurs alliés, et *Amilcar Barca* ne rétablit la tranquillité qu'après trois ans d'efforts et de combats. Pendant la seconde guerre punique il est plus question des Numides que des Maures; *Syphax*, roi de la Numidie occidentale ou Massésylienne, allié des Romains, combattit *Gala*, roi des Numides Massyliens, allié des Carthaginois; il fut défait par *Massinissa*, fils de ce dernier, qui devait encore triompher vingt ans après.

Lorsque *Annibal* pénétra en Italie (218 av. J.-C.), sa cavalerie légère se composait de Maures et de Numides.

Massinissa monté sur le trône de la Numidie orientale, abandonna l'alliance de Carthage par la faute que commit le Sénat carthaginois d'obliger Asdrubal à donner sa sœur *Sophonisbe* en mariage à Syphax, au lieu de l'accorder à Massinissa. Ce dernier se fit dès lors l'allié des Romains; il échappa avec peine aux embûches de *Bocchus*, roi de la Mauritanie, et à celles de *Syphax* ; mais ayant joint les troupes de *Scipion*, il combattit avec lui à Utique et à Zama; à la suite de cette nouvelle défaite de Syphax et des Carthaginois, *Sophonisbe* tombée au pouvoir de Massinissa l'épousa; mais ce dernier n'ayant pu obtenir de Scipion qu'elle ne serait point conduite à Rome pour orner son triomphe, lui envoya du poison pour lui épargner cette humiliation (201 av. J.-C.).

Carthage succomba définitivement aux coups des Romains (146 av. J.-C.) peu après la mort de Massinissa qui vécut quatre-vingt-dix ans et avait obtenu des Romains de joindre à ses États la majeure partie de la Numidie occidentale. Son successeur *Micipsa* porta le titre de roi des Numides.

Bocchus régnait sur toute la Mauritanie lorsque *Jugurtha* qui avait usurpé contre Adherbal et Hiempsal, fils de Micipsa, le royaume paternel de Numidie, se trouva pour ce motif en guerre avec les Romains; Bocchus dont il était le gendre combattit avec lui contre *Marius*, puis contre *Sylla;* contraint de demander la paix, il livra lâchement Jugurtha, qui fut le principal trophée du triomphe de Marius à Rome (106) et en mourut de douleur (104).

La trahison de Bocchus lui valut la souveraineté de la Numidie occidentale ou massésylienne, et ses États qui s'arrêtaient à la rivière *Moluchas*, furent reculés jusqu'à l'*Ampsagas;* quant à la Numidie orientale, elle fut rendue à Hiempsal.

Les héritiers de Bocchus, *Bocchus II* et *Bogud*, se partagèrent en deux la Mauritanie; dans la lutte entre César et Pompée, ils embrassèrent d'abord ensemble la cause de César; Hiempsal prit le parti opposé, irrité de ce que César avait touché la barbe de son fils *Juba*, au milieu du Sénat romain où il l'avait envoyé pour régler un différend avec un seigneur numide. Débarqués en Afrique pour y continuer cette lutte intestine, *Scipion*, beau-père de Pompée, et *Caton* vinrent à Utique; ils y appelèrent Juba qui avait succédé à son père et c'est avec son secours qu'ils livrèrent bataille près

de *Thapsus* à *César*, débarqué à Adrumedtum (46).
Juba fut tué, Scipion qui avait fui sur un vaisseau
se donna la mort, Labiénus et les deux fils de
Pompée se retirèrent en Espagne, et Caton, enfermé dans Utique, se perça de son épée.

César réduisit la Numidie en province romaine,
comme l'était depuis un siècle le territoire de Carthage, et conféra le gouvernement à son ami *Cris-
pus Salustius* (Salluste), l'illustre historien ; *Bogud*,
roi de la Mauritanie occidentale, passa avec lui en
Espagne et contribua fortement à la défaite de
Cnéius, fils de Pompée, à Munda.

Dans la guerre entre Octave et Antoine, Bogud
se déclara pour ce dernier et envoya en Espagne
une armée à son secours ; il fut alors chassé de ses
États par *Bocchus II*, son frère, qui s'empara de la
Mauritanie occidentale à la tête de quelques légions
romaines : après la mort de ce dernier tout le pays
fut considéré comme province romaine (40 av.
J.-C.).

II

DOMINATION ROMAINE (40 AV. J.-C. A 427 AP. J.-C.).

Sous l'empereur *Auguste* la Mauritanie fut encore
érigée en souveraineté (30 av. J.-C.) ; il la donna à
Juba II qui, enfant, avait orné le triomphe de César,
mais élevé à Rome il était devenu célèbre par sa

science et avait épousé Cléopâtre, fille d'Antoine
et de Cléopâtre ; la Gétulie qui lui fut donnée également ne put jamais être soumise complétement
par les armées romaines. *Ptolémée*, son fils, lui
succéda et *Tibère* le récompensa d'avoir vaincu le
Numide *Tacfarinas* révolté contre l'Empire ; *Caligula* le fit venir à Rome et trouvant les richesses
d'un étranger bonnes à prendre, lui fit grief de
son luxe, l'envoya en exil et le fit assassiner en chemin.

Un affranchi de Ptolémée, *Eudémon*, excita les
Mauritaniens à venger cet affront ; *Claude*, qui succéda à Caligula, dut envoyer une armée pour les
soumettre de nouveau (42 ap. J.-C.). La Mauritanie
orientale fut alors partagée en deux provinces romaines, l'une à l'est appelée *Césarienne* du surnom
de César donné à Claude, avec Césarée pour chef-
lieu, l'autre à l'ouest appelée *Sitifienne* avec Sitifis
pour chef-lieu. La Mauritanie occidentale prit le
nom de Mauritanie *Tingitane*, du nom de la ville de
Tingis (Tanger), qui en était la capitale (45 ap. J.-C.).

Sous le règne de *Galba* et de *Néron*, les Maures
découragés restèrent tranquilles, mais dans la que-
relle entre *Othon* et *Vitellius*, ils prirent parti pour
ce dernier et firent périr *Lucius Albinius* qui gouvernait les deux Mauritanies et qui avait embrassé
le parti d'Othon (69 ap. J.-C.). Sous *Vespasien*, *Titus*,
Domitien, cette partie de l'Afrique n'a laissé aucune
trace dans l'histoire.

Trajan employa un détachement maure dans la guerre contre les Daces et les Parthes, et Lucius Quietus, Maure d'origine, qui le commandait, obtint ses faveurs et fut nommé consul. Inactifs sous *Adrien*, les Maures durent encore être repoussés jusqu'à l'Atlas sous *Antonin* (138); sous *Marc-Aurèle* ils profitèrent d'un moment de trouble pour ravager les provinces méridionales de l'Espagne d'où les lieutenants de l'empereur les repoussèrent (170).

Sous *Maximin*, ils tuèrent l'*intendant des rapines* envoyé par cet empereur; le proconsul *Gordien* fut proclamé empereur et se rendit à Carthage avec son fils (237). *Capellianus*, préfet des Mauritanies, marcha contre lui, défit et tua Gordien fils, et l'empereur s'étrangla pour ne pas tomber en son pouvoir.

Après des compétitions qui annonçaient la dissolution de l'empire, *Dioclétien* étant devenu empereur avec *Maximien* (284), les provinces d'Afrique, comme les autres parties de l'empire, essayèrent de secouer le joug; Maximien passa des Gaules en Afrique, battit les Maures rebelles, détruisit leurs châteaux forts et les obligea à émigrer.

En 292, lorsque *Maximien Hercule* partagea avec *Constance Chlore* les provinces d'Occident, il lui abandonna la Mauritanie Tingitane qui, séparée du reste de l'Afrique, fit partie du diocèse d'Espagne.

Lorsque *Constantin*, en 312, eut battu son compétiteur Maxence; la religion catholique fit en Afrique de rapides progrès; au commencement du cinquième siècle, on comptait dans toute l'Afrique quatre cents évêques, mais il est évident que leur nombre était trop multiplié puisqu'il n'y avait pas quatre cents villes sur tout le territoire.

A partir de la translation du siége de l'empire à Constantinople (330) jusqu'à l'invasion des Vandales (427) il y a à signaler deux rébellions, mais il n'est pas établi que les Maures occidentaux y aient pris part. La première est celle du capitaine maure *Firmus* qui, sous le règne de Valentinien, s'étant rendu maître de Césarée, avait pris le titre de roi (364); vaincu par Théodose envoyé contre lui, il fut mis à mort avec les principaux chefs de la révolte (373). La seconde fut dirigée par *Gibbon*, frère de Firmus, qui resté en apparence fidèle aux Romains, avait été fait comte d'Afrique, et qui, pendant que Théodose combattait les Goths et les Huns, refusa de lui envoyer des subsides; à la mort de Théodose (395), l'Afrique échut à l'empire d'Occident, mais Gibbon se déclara pour *Arcadius* et exposa Rome à la famine en défendant d'y transporter du blé; vaincu à *Tabarca* par une armée envoyée d'Italie et commandée par son frère *Massèzel*, il s'étrangla, pour ne pas être fait prisonnier. L'Afrique resta à l'empire d'Occident malgré les efforts d'Arcadius.

III

INVASION DES VANDALES (427 A 534).

A cette époque l'Empire romain était envahi de toutes parts : les Suèves et les Vandales s'étaient établis en Espagne ; *Alaric*, roi des Visigoths, après avoir saccagé Rome en 410, fonda aussi en Espagne une monarchie à côté des Suèves et des Vandales.

Sous *Valentinien III*, empereur d'Occident, et la régence de sa mère *Placidie* (424), l'Afrique était gouvernée par le comte *Boniface*, général habile et expérimenté, qui administrait sagement et avec fermeté ; dans un voyage qu'il avait fait en Espagne, il avait épousé une princesse vandale qui avait abjuré l'arianisme pour rentrer dans l'orthodoxie catholique. Placidie, trompée par Œtius, comte de l'Empire, qui était jaloux de Boniface, le suspecta d'arianisme et le déclara ennemi de l'État. Boniface se fit arien pour capter l'amitié de *Genséric*, roi des Vandales d'Espagne, et lui offrit de partager l'Afrique avec lui. Genséric débarqua avec 80,000 hommes, suivi des femmes et des enfants des nouveaux colons (427).

Placidie parvint à ramener Boniface à son parti, mais les Vandales ne voulurent point se retirer et Boniface, bloqué dans Hippone, eut grand'peine à ramener en Orient les légions romaines. Les Maures, par inconstance, par crainte et sans doute aussi dans l'espoir de reconquérir leur indépendance, s'unirent aux Vandales et embrassèrent l'arianisme ; tous les orthodoxes furent proscrits, les évêques et les prêtres exilés dans les déserts, et les églises renversées.

Valentinien III offrit à Genséric la Mauritanie césarienne et la Numidie moyennant un tribut qui ne fut jamais payé (435) ; Genséric, en 439, surprit Carthage afin de s'assurer de la province consulaire, puis il alla saccager Rome d'où il ramena captives la femme de Valentinien III et deux de ses filles, et il donna l'une, Eudoxie, en mariage à son fils *Hunéric ;* un nouveau traité fut conclu, qui laissait à l'Empire la partie occidentale de la Mauritanie (445), mais sous *Maximien*, assassin de Valentinien III, Genséric reprit cette province (456).

Sous *Léon*, empereur d'Orient (471) le général *Héraclius* débarqua pour combattre les Vandales et put s'emparer de Tripoli, mais Genséric parvint à brûler sa flotte ; la paix fut conclue sous *Zénon* (480) et l'Église catholique d'Afrique jouit quelque temps d'une tranquillité passagère ; les persécutions recommencèrent sous *Hunéric*, fils de Genséric, pour cesser sous *Gundamond*, son petit-fils et neveu d'Hunéric.

Sous ce règne, les Maures de l'Ouest essayèrent de chasser les Vandales, mais plusieurs fois défaits, ils durent se réfugier dans la montagne d'Aurase qui paraît avoir fait partie du petit Atlas.

Après le règne de *Thrasimond* qui dura vingt-sept ans, *Hunéric II*, son successeur, voulut rétablir l'église orthodoxe ; un prince du sang, *Gélimer*, en profita pour irriter le peuple contre lui et s'emparer de la couronne (533).

C'est à cette époque que *Justinien*, empereur d'Occident, envoya en Afrique son général *Bélisaire* avec cinquante vaisseaux et cinq mille soldats pour reconquérir ces provinces.

IV

DOMINATION DES EMPEREURS GRECS (534 A 698).

Bélisaire, après quelques revers, remporta avec sa faible troupe une victoire complète sur les Vandales affaiblis par la mollesse ; Gélimer réfugié chez les Maures fut abandonné par eux et embarqué pour servir avec sa famille au triomphe du vainqueur (534). La Mauritanie Tingitane releva alors du préfet du prétoire de Carthage et fit partie de l'Empire d'Orient.

Après le départ de Bélisaire, les Maures se révoltèrent pour reprendre le pouvoir, mais *Salomon*, laissé en Afrique par Bélisaire, les repoussa jusqu'à Tingis (Tanger). Une seconde tentative ne fut pas plus heureuse et, pour rétablir la tranquillité, les

personnes suspectes furent expédiées à Constantinople ; en outre tous les Vandales furent chassés
avec leurs femmes et leurs enfants. L'Afrique reconquise fut tranquille, mais opprimée par les
préfets grecs pendant que les empereurs luttaient
au nord de l'Empire contre les invasions des Perses.

Une nouvelle invasion devait changer complète-
ment la destinée des contrées africaines. Les Arabes
qui habitaient en Asie les déserts situés entre Alep,
Damas, la Mekke et Baghdad avec Petra pour capitale, n'avaient point eu à subir le joug des Romains.
Divisés en tribus qui professaient des religions différentes se rapprochant du paganisme, du judaïsme
et du christianisme, ils avaient reçu de Mahomet
en 622 une religion nouvelle adaptée à leur esprit
superstitieux et à leurs mœurs nomades. Après
avoir envahi l'Assyrie et la Perse, pris Jérusalem
en 638 et conquis l'Égypte en 640, ils s'étaient
avancés en Afrique.

Amrou, le conquérant de l'Égypte, s'était emparé
de *Barkah* et de *Tripoli* (644) ; son successeur *Abd-
Allah* affermit la conquête en 647, en battant à
plusieurs reprises les troupes impériales, et se rendit maître de toute la côte de la Cyrénaïque. Après
plusieurs expéditions envoyées par *Moaouyah*, khalyfe de Damas, l'émir *Okbah-ben-Hafy*, qui gouvernait le pays en son nom, fonda, dit-on, *Kayroûan*
(675), à trente lieues environ au sud de Tunis ; à la
tête de ses troupes il fit une rapide expédition près

de *Tanger*, puis il s'empara de *Nafis*, ville de l'*Oued-Draa*, défendue par les Roums et les Berbères ; mais en revenant à Kayrouan, il dut combattre une troupe de Berbères commandés par leur chef *Kocéila* et fut tué à *Tehouda*, dans l'oasis qui porte son nom et où les Musulmans vénèrent encore son tombeau.

Kocéila s'empara de Kayrouan et régna cinq ans sur les Berbères et les Arabes (682 à 687) ; le khalyfe ommyade *Abd-el-Melek* envoya contre lui l'émir *Zohéir-ben-Kaïs*, qui le vainquit et le tua, mais fut lui-même vaincu et tué par des troupes envoyées par l'empereur d'Orient, *Justinien II*.

Le nouveau gouverneur *Hassan-ben-Nôman* recommença la lutte, prit et incendia Carthage (689) qui, détruite en 146 avant Jésus-Christ, avait été rétablie depuis Auguste. Le patrice *Jean* envoyé par l'empereur *Léonce* ayant été battu, l'Empire grec abandonna définitivement l'Afrique (697). Une reine berbère *Damia la Kahena* (l'enchanteresse) qui dominait dans le *Djebel-Aurès* et qui luttait depuis quelques années contre les envahisseurs, rallia les indigènes et les impériaux et repoussa l'émir, détruisant les villes et les récoltes pour sauver la patrie ; mais elle périt les armes à la main (698), et ses fils furent convertis à l'islamisme. Le territoire d'*Ifrikia* et *Cugutina* (Constantine) fut dès lors complétement soumis aux khalyfes.

V

OMINATION DES KHALYFES OMMYADES DE DAMAS (698 A 750)
ET DES KHALŸFES ABBASSIDES DE BAGHDAD (750 A 768).

L'émir *Moussa-ben-Nocéir* reçut du khalyfe *Walid*
le gouvernement de toute l'Afrique et en continua
la conquête définitive jusqu'à Tanger qui appartenait aux Visigoths ; on pense même qu'il poussa
son expédition jusqu'à *Tafilelt ;* il soumit par conséquent le pays compris aujourd'hui sous le nom
de *Maroc.* Il y eut à Tanger un grand massacre de
chrétiens, et l'islamisme se répandit dans toute la
contrée (707).

Les Maures s'allièrent facilement avec les Arabes ;
comme eux originaires de l'Asie, pratiquant la circoncision qui était en usage chez la plupart des
peuples primitifs de l'Orient et que le Koran ne
défendait point, ayant également plusieurs femmes, conservant encore des habitudes nomades,
ils n'avaient pu se soumettre à la civilisation chrétienne ; c'étaient là au contraire des points de contact qui devaient leur faire accepter facilement la
loi de Mahomet.

Plusieurs villes de la côte, entre autres *Ceuta,*
appartenaient encore aux Goths d'Espagne ; Moussa
essaya en vain de s'en emparer malgré le secours
que lui fournit une flotte envoyée par le khalyfe
Walid, mais d'autres circonstances imprévues ame-

nèrent cette conquête à la suite de celle de l'Espagne.

Vittiza, roi des Goths, mourut au moment où *Roderic* (Rodrigue) allait lui ravir la couronne (700); ce prince, aussi débauché que son prédécesseur, voulut séduire la fille de *Julien*, comte de Ceuta, qui gouvernait les villes maritimes d'Afrique. Celui-ci pour se venger demanda à Moussa un renfort; avec 600 hommes il alla ravager l'Andalousie (Bétique des Romains), le Portugal, et ramena ses soldats chargés de butin.

Ce succès enhardit les Arabes, et Moussa envoya en Espagne son lieutenant *Tarik-ben-Ziad* (ou Tarek), qui gouvernait Tanger, avec une troupe de 7,000 hommes; celui-ci traversa le détroit et vint camper près de la montagne qui dominait la ville de Calpé; le mot *Gebel* en arabe signifiant mont, cette montagne fut appelée *Gebel-Tarik*, d'où nous avons fait *Gibraltar;* les Arabes appellent le détroit *Bab-Elzokac*, porte du chemin. Douze mille hommes de renfort arrivèrent bientôt de Mauritanie sur la renommée de ce premier succès; Rodrigue vaincu à *Xérès* fut, à ce qu'on croit, tué dans la bataille (711). Moussa ne voulant pas laisser à son lieutenant toute la gloire de cette conquête passa lui-même en Espagne avec une nombreuse armée et une résistance nouvelle fut impossible. Tolède, la capitale, capitula, et les habitants se soumirent à condition de conserver leurs églises et le libre exercice de leur culte. Les Goths refoulés dans les Asturies y organisèrent un royaume sous la conduite de Pélage.

Cette conquête de l'Espagne, pays arrivé alors à un haut degré de civilisation, est l'œuvre des Arabes; mais les Maures formaient une grande partie de l'armée envahissante; quant au nom de Sarrasins sous lequel les Européens ont désigné les conquérants, c'est un surnom qui est tiré, selon les uns, du mot arabe *Sarrik* voleur; selon les autres, il viendrait de *Scharkim*, orientaux; mais, quoique les Arabes soient venus de l'Orient, il ne paraît pas qu'on ait pu vraisemblablement leur donner ce surnom alors qu'ils étaient à l'occident de l'Europe.

Les khalyfes ommyades, après la conquête de l'Espagne, négligèrent de pacifier complétement le *Magreb* (Maroc); les Berbères se soulevèrent à Tanger (739) et, devenus mahométans, s'arrogèrent le droit de se choisir parmi eux des *khalyfes* ou chefs de la religion et de combattre la domination étrangère.

L'émir de Kayrouan, *Abd-er-Rhaman*, s'étant révolté contre le khalyfe de Damas (741), la tribu des Miknaca profita de ce bouleversement pour fonder dans la province de Tafilelt la dynastie du *Beni-Medrar* (757) qui ne disparut qu'au dixième siècle, tandis qu'une autre dynastie, celle des *Roustemites*, s'établissait peu après à *Téhert* (771) où elle devait durer un siècle et demi.

VI

DYNASTIE DES ÉDRISSITES (768 A 912).

Ce fut au milieu de ces bouleversements, qu'en 768 un descendant du khalyfe de Damas, Ali *Edris*, se réfugia dans le *Magreb;* le khalyfe de Baghdad *Abd-el-Melek* voulant assurer le khalyfat à son fils *Mohammed-Méhédi*, avait fait périr tous les descendants d'*Ali;* l'un d'eux *Edris-ben-abd-Allah* put s'échapper, passa en Afrique et s'établit à Oulili où son fils devait élever Fez ; il s'attira la confiance des Maures dont la conversion à l'islamisme devint complète par suite de l'influence qu'il exerça autour de lui.

Il mourut empoisonné par un envoyé du khalyfe *Haroun-al-Raschid.* Le pouvoir fut conservé à son fils posthume *Edris-ben-Edris*, qui fonda Fez (807), soumit un grand nombre de tribus et prit part aux événements d'Espagne.

Sous le règne d'un de ses successeurs, *Yaya III,* un homme se disant descendant du Prophète s'empara du trône sous le nom d'*Abd-Allah*. Il fut chassé peu après, mais les Edrissites eurent alors à lutter contre les Fatymites ; le fondateur de la dynastie *Fatymite* avait été un usurpateur, *Abou-Obéid-Allah* qui, se disant descendant d'*Ali* et de *Fatyme*, s'était établi près de Kayrouan (908) et

avait soumis les tribus voisines. Le prince édris-
site *Abul Ayx* appela à son aide le khalyfe de
Cordoue qui s'adjugea Fez, Tlemcen, Tiharet, tandis
que les Fatymites s'emparaient des autres territoires ; ainsi finit la dynastie des Edrissites (912).

VII

DYNASTIE DES FATYMITES (912 A 972).

Les Fatymites possédèrent presque tout le Magreb sous *El-Qayëm* (932 à 745), *Ismayl Al-Mansour-
b-Illah* (victorieux par Dieu) (945 à 952) et *Maad-el-
Moëz-le-dyn-Illah* (donnant force à la religion de
Dieu).

Celui-ci s'étant emparé de l'Égypte en 969 et y
ayant transporté sa résidence en 972, nomma pour
gouverneur du Magreb *Youssouf-ben-Ziri* qui se
rendit indépendant et fonda la dynastie des Zirites
se bornant à rendre hommage au khalyfe d'Égypte.

VIII

DYNASTIE DES ZIRITES (972 A 1051).

Youssouf fit la guerre aux Berbères qui, à Zenata
et Berghonata, s'étaient rendus indépendants sous
les Edrissites ; il enleva aux khalyfes ommyades
d'Espagne Tlemcen, Fez, Sedjelmaca et ne leur
laissa que la ville de Ceuta. Ses successeurs eurent

sans cesse à lutter contre les tribus arabes de la Haute-Égypte qui émigraient de ce côté. La dynastie des Almoravides leur prit tout le Magred occidental (1051), le peu de territoire qui leur resta leur fut enlevé un siècle plus tard à la suite de l'invasion des chrétiens conduits par *Roger II*, roi de Sicile.

IX

DYNASTIE DES ALMORAVIDES (1051 A 1147).

Un chef des *Semtonna*, tribu berbère du Sahara dans le Magred occidental, nommé *Yahia-ben-Brahim*, se mit au retour de la Mekke à prêcher une nouvelle doctrine conjointement avec son disciple *Abd-Allah ;* cette tribu religieuse fut nommée *al-Morabten* (consacrée à Dieu), d'où nous avons fait *Almoravides*.

Profitant des troubles qui retenaient les armées des Zirites du côté de l'Égypte, ces deux chefs prêchèrent la révolte dans le Magreb occidental ; les conquêtes continuèrent sous leurs successeurs ; *Yahia-ben-Omar* conquit Sedjelmaca et Karia et *Abou-Beker*, son frère, lui succéda en 1059.

Ce fut Abou-Beker qui bâtit Maroc (Marasch) où il résida (1062). Il combattit la secte des Zénètes (Zenata) et entreprit d'aller conquérir le pays des nègres, tandis qu'il envoyait son cousin *Youssouf-*

ben-Tachfin soumettre Fez qui fut réunie au Maroc.

Youssouf s'empara du pouvoir en l'absence de son cousin qui régna nominalement jusqu'en 1087 ; il fit une expédition jusqu'à Alger qu'il soumit, et se fit proclamer Emir-el-Moumenin (commandeur des croyants). Les chefs mahométans d'Espagne recherchèrent son alliance et l'appelèrent à leur défense contre les princes chrétiens ; il passa en Andalousie et s'empara de Séville, revint en Afrique chercher de nouvelles troupes et en 1102 était maître de toute l'Andalousie, de Grenade et de Murcie, pays qu'il conserva sous sa domination, proclamant la suprématie, purement nominale du khalyfe de Baghdad.

Son fils *Ali* régna trente-six ans, de 1106 à 1143 ; il battit en 1108, l'armée de don *Alphonse VI*, roi de Léon et des Asturies dans la bataille des sept comtes, ainsi appelée parce que don Sanche, fils d'Alphonse, et six autres seigneurs de distinction y perdirent la vie.

Il eut successivement pour successeurs ses fils qui furent les derniers de Almoravides ; *Tachfin* fut tué, en 1147, en luttant contre les *Almohades* qui envahissaient ses États, et *Ibrahim* mourut la même année après avoir perdu ses possessions d'Espagne.

X

DYNASTIE DES ALMOHADES (1147 A 1269).

Un novateur, *Abou-Abd-Allah Mohammed* de la tribu berbère des Masmouda établie à Taroudant, avait, dès 1121, fondé une secte appelée *el-Mouahed-din* (Unitaires), d'où les écrivains espagnols ont fait Almohades ; aidé d'un de ses disciples *Abd-el-Moumen*, qui se disait comme lui descendant d'Ali, il réunit 20,000 combattants, et les derniers des Almoravides ne purent résister au soulèvement après une lutte assez longue. *Abou-Abd-Allah* mourut avant de s'être emparé de Maroc ; ce fut *Abd-el-Moumen*, qui y entra, fit égorger le jeune *Isak*, fils d'Ibrahim, ainsi que tous les marabouts de la secte almoravide (1148), et s'empara ensuite de tout le pays. Il porta ses armes en Espagne, et appelé par les Tunisiens pour repousser les chrétiens de Sicile conduits par le comte Roger II, il chassa les envahisseurs et conserva le territoire jusqu'à Kayrouan (1159).

A sa mort (1168), le Maroc était un État puissant, et son fils *Youssouf* continua à en maintenir la prépondérance ; il s'empara du royaume de Valence, et mourut en Espagne d'une chute de cheval (1184).

Yakoub, surnommé *el-Mansour* (le Victorieux), continua la *gazie* ou guerre sainte contre les chrétiens d'Espagne et transporta en Afrique 40,000 prisonniers qui formèrent dans l'Atlas pendant plusieurs siècles la tribu des *Chabanets*.

Il défit *Alphonse III* près d'Alarcos en 1195, mais retourné dans ses États, il trouva la capitale insurgée, et ne put y rentrer qu'un an après ; les rebelles furent décapités, et leurs corps privés de sépulture.

Mohammed el-Nasser, son fils, lui succéda en 1199 ; il apaisa une révolte des Tunisiens (1205), mais n'en perdit pas moins ce pays où le gouverneur fonda la dynastie des Hafsides (1206).

Ayant préparé de longue main une expédition contre les princes chrétiens d'Espagne, il y débarqua avec une armée formidable. Mais don Alphonse de Castille le vainquit à la bataille de *Tolosa* où les musulmans comptaient 500,000 hommes (1212). Cette sanglante défaite fut le commencement de la décadence des Maures en Espagne. Mohammed mourut du chagrin que lui causa ce revers inattendu.

Sous ses successeurs, les provinces orientales se rendirent indépendantes ou tombèrent au pouvoir de Tunis ; les gouverneurs de l'intérieur se révoltèrent à leur tour, et les *Béni-Mérin* s'emparèrent successivement de tout le pays ; après vingt ans de guerres intestines, le dernier des Almohades fut battu et tué en 1269.

XI

DYNASTIE DES MÉRINIDES (1269 A 1524).

Abd-el-Hak, de la tribu du *Beni-Mérin*, s'était en 1237 emparé de Fez où il avait établi son autorité ; il fut tué, en 1241, dans une bataille contre les Almohades. Mais son fils *Youssouf* et son petit-fils *Yakoub* (1258) reprirent l'offensive, celui-ci, secondé par le gouverneur de Tedla, s'empara de tout le pays et se fit proclamer roi de Maroc (1269).

Sous son règne la guerre recommença en Espagne à l'instigation des musulmans de Grenade et de Murcie, et la flotte d'Alphonse X, roi de Castille, fut battue en 1278.

Un de ses successeurs, *Abou-el-Hassan*, perdit en 1340 une bataille à *Tarifa* contre *Alphonse XI* de Castille, et repoussé de l'Espagne porta la guerre du côté de Tlemcen dont il s'empara ; il se rendit maître ensuite de Tunis (1347), mais les dissensions qui suivirent son règne firent perdre cette conquête à ses successeurs (1360).

Fez et Maroc furent séparées en 1361, et Fez tombée au pouvoir des Abd-el-Ouad de Tlemcen, fut ensuite reprise par une branche des Mérinides, les *Beni-Oatés ;* plusieurs petits États indépendants se formèrent pendant ces divisions intestines qui durèrent un siècle.

Ceuta fut prise en 1415 par *Jean Ier*, roi de Portugal ; mais les Portugais furent repoussés de Tanger dont ils firent le siége en 1437 et en 1464 ; cependant ils purent s'emparer d'*Azzilla* en 1471 et d'*Arzemmour* en 1513, et à cette époque ils possédaient plus de cent lieues de côtes. Les Espagnols s'étaient aussi établis à *Melilla* et *Ksaça*, en 1481.

Enfin à l'intérieur, le pays était dans l'anarchie : Maroc, Tafilelt, le Draah, le Sous, plusieurs provinces de l'Atlas et du Rif avaient proclamé leur indépendance, et le trône de Fez était occupé par une branche des Mérinides, les *Beni Oatés*, lorsque commença la dynastie des chérifs *Hassani*.

XII

DYNASTIE DES CHÉRIFS HASSANI (1524 A 1667).

En 1516 trois frères, fils de *Hassan-Ben-Mohammed*, marabout du Draha, obtinrent du roi de Fez, sous prétexte de prêcher la guerre sainte, l'autorisation de parcourir le pays ; ils attirèrent une armée autour d'eux et combattirent les Portugais ; mais l'un d'eux, *Muley-Achmed*, en profita pour s'allier avec Nasser Buchentuf, gouverneur de Maroc, qui s'était déclaré souverain ; ce dernier étant mort subitement, sans doute empoisonné (1524), il se fit proclamer roi de Maroc, et annonça son élection au roi de Fez, lui promettant de devenir son feudataire. Mais il resta indépendant et se défendit avec son frère *Muley-Mohammed*, qui régna à Tarudant, puis à Sus, après avoir pris en 1526 Santa-Cruz aux Portugais. Ces deux frères, lorsqu'ils eurent ramené les Maures à l'obéissance et repoussé les Portugais, ne purent s'entendre pour le partage de leurs conquêtes, et leurs armées en vinrent aux mains; Muley Mohammed victorieux entra dans Maroc, 29 août 1544, et s'y établit.

Il battit ensuite les troupes de *Muley Oatas Merini*, roi de Fez, auquel il réclamait la province de Tedla, et après s'être contenté de la ville de Méquinez, il finit par entrer dans Fez (1550); il épousa une fille du roi, mais envoya ce prince et ses enfants à Maroc et à Tarudant où il les fit égorger; telle fut la fin tragique de la maison de Mérini.

Les succès du roi de Maroc causèrent bientôt des craintes à *Muley Buhaçon*, prince de Gomera, qui s'entendit avec Salah-Reïs, gouverneur d'Alger, pour attaquer Fez (1553); il s'en empara, grâce à son artillerie, et se fit proclamer roi; mais il fut tué peu après dans un nouveau combat contre *Muley Mohamed*, qui avait repris l'offensive, et rentra en possession de la province. Trois ans plus tard ce dernier fut assassiné par un Turc au milieu d'une expédition contre les Berbères des montagnes (1556).

Muley Abd-Allah, son fils, qui lui succéda fit décapiter plusieurs de ses frères et neveux, dont il craignait l'influence, et, malgré sa mollesse, régna sans révolutions ; il laissa pour successeur son fils aîné, *Muley Mohammed II* (1574).

Celui-ci qui était fils d'une négresse, imitant la politique féroce de son père, fit périr deux de ses frères ; détrôné par *Abd-el-Melek* son oncle, en 1576, il s'allia avec don *Sébastien*, roi de Portugal, et ces trois princes périrent dans la bataille qu'ils se livrèrent à *Alcassar* près de Fez (1578).

Muley Achmed, frère d'Abd-el-Melek, monta sur le trône et régna jusqu'en 1603 sans révolution ; il vécut en bonne intelligence avec les princes chrétiens ; Philippe II, roi de Portugal, obtint même qu'on lui rendît le corps de don Sébastien, et put aussi racheter les seigneurs restés esclaves depuis la bataille d'Alcassar.

Après Achmed ses quatre fils se disputèrent le pouvoir, et l'un d'eux, *Muley Cheik*, livra à Philippe III, roi d'Espagne, la ville d'Arrache en échange des secours d'argent qui lui furent fournis ; ce fut à cette époque (1610), que les derniers Maures, expulsés d'Espagne par Philippe III, vinrent, au nombre de plus de cent mille, peupler Salé et Tétouan, d'où ils exercèrent la piraterie, ramenant au Maroc de nombreux chrétiens comme esclaves.

Muley-Sidan resta maître du pays contre ses compétiteurs, combattit les Berbères et acheva

tranquillement les dernières années de son règne
(1630).

Son fils *Muley-Abd-el-Melek*, se voyant suzerain
de plusieurs petits États, prit le premier le titre
d'*Empereur;* il fut assassiné cinq ans après par un
esclave mécontent. Son frère, *Muley El-Malid*,
malgré sa douceur, fit étrangler son autre frère
Muley Semen qui avait pris les armes contre lui ;
il permit le rachat de quelques Français esclaves au
Maroc et mourut en 1647.

Ce fut pendant son règne que le Portugal s'étant,
en 1640, affranchi de l'Espagne, *Ceuta* se déclara
pour Philippe IV, roi d'Espagne ; dès lors le Portugal n'eut plus en Afrique que Mazagan et Tanger,
et cette dernière ville passa à l'Angleterre peu
après, en 1662, par le mariage de Catherine de
Portugal avec Charles X d'Angleterre. Quant aux
Espagnols, ils avaient Ceuta et les forts du Riff,
Pegnon de Velez et Melilla sur la Méditerranée,
Larache et La Mamoure sur l'océan Atlantique.

Muley-Achmed Cheik qui succéda à son père (1647)
laissa par son indolence les Berbères descendre
dans le pays et s'emparer de Maroc ; il paya de sa
vie son inertie, et un des chefs berbères *Krom-el-
Hadj*, élevé au trône par une troupe de factieux, fit
périr tout ce qui restait de chérifs de la maison
des *Hassani ;* il donna le pouvoir à un juif et fit
peser sur les Maures le joug le plus intolérable.
Devenu amoureux d'une fille de *Muley Labès*, de la

famille détrônée, il l'épousa ; celle-ci le poignarda
le soir même, mais elle abaissa sa vengeance patriotique au niveau d'un crime vulgaire en appelant au
trône *Muley-Cheik*, le fils de l'usurpateur qu'elle
épousa et dont le règne ne fut que de quarante
jours par suite de l'invasion des Alides (1667).

XIII

DYNASTIE RÉGNANTE DES ALIDES, OU CHÉRIFS DE FILELI OU TAFILELT (DEPUIS 1667).

Des Maures de la province de Tafilelt, où la
disette avait régné plusieurs années, ayant fait le
voyage de la Mekke, avaient ramené un chérif
Muley-Ali descendant de l'oncle du prophète et
natif d'Yambo près de Médine. Quand la disette eut
cessé, les habitants attribuèrent cet événement à
la présence du chérif et le proclamèrent roi de
Tafilelt, n'ayant jamais d'ailleurs reconnu le pouvoir de *Krom-el-Hadj*. Muley-Ali eut quatre-vingt-
quatre fils et un plus grand nombre de filles ; plusieurs de ses fils régnèrent successivement après
lui à Tafilelt.

Muley-Mohammed, qui régna le premier, repoussa
par les armes son frère *Muley-er-Rechid*, prince
né d'une négresse et d'une férocité sauvage.

Fait prisonnier, Muley-er-Rechid parvint à s'enfuir, grâce à la complicité d'un esclave qu'il récompensa de sa fidélité en le coupant en deux d'un

coup de sabre au moment où il le faisait évader. Il passa d'abord dans les montagnes de Chavoya, à l'est de Tlemcen, puis dans les montagnes du Rif à Quiviane où il offrit ses services au souverain *Ali Soliman*. Sous prétexte de rétablir le bon ordre dans les États dépendants de ce prince, il les parcourut grossissant sa troupe au moyen des richesses puisées dans les coffres des gouverneurs qu'il faisait périr ; il n'eut point de peine dès lors à battre Ali Soliman qui livra ses trésors, croyant racheter sa vie et n'en fut pas moins mis à mort.

Ce fut alors qu'*er-Rechid* se dirigea vers Tafilelt où son frère *Muley-Mohammed*, abandonné d'une partie de son armée, dut se réfugier et mourut peu de jours après en 1664. La ville se rendit, puis la province de Rif fut soumise ainsi que la ville de Tasa ; en 1665, Fez et le nouveau Fez furent également emportés et les gouverneurs mis à mort ; dès lors la plupart des cheiks qui avaient essayé de se rendre indépendants s'empressèrent de rendre hommage au conquérant.

Er-Rechid partit ensuite avec 40,000 hommes pour la partie orientale, s'empara de Salé et battit le cheik des montagnes de Chavoya qu'il fit mettre à mort. Il descendit de là en 1667 vers le Maroc qui le reçut comme un libérateur et lui livra *Muley Cheik*, fils de Krom-el-Hadj.

Revenu à Fez au printemps suivant, Muley-er-Rechid fit périr une partie des marchands, qui n'a-

vaient pas bâti pour ses soldats les maisons qu'il
leur avait commandé, lors de sa conquête, de construire gratuitement ; il mit les veuves à la torture
pour leur faire donner leurs biens, puis se dirigea
vers l'Atlas où les *Chabanets,* tribu des montagnes,
avaient été vaincus par son neveu Muley-Achmed,
après une défense héroïque ; il passa du côté du cap
d'Aguer (Sainte-Croix), et s'empara de la principauté de Sus dont Illec était la capitale ; le chef
marabout Sidi Ali s'étant enfui dans le Soudan au
nord du Sénégal, il le poursuivit, mais le roi du
Soudan arrêta son invasion avec une armée de
100,000 noirs.

Maître de l'Afrique depuis les bords du détroit
jusqu'au cap de Noun, Muley-er-Rechid était devenu le souverain le plus puissant du nord de l'A-
frique. Dans les dernières années de son règne, les
fils de Mohammed ayant ourdi un complot pour
venger leur père, il les fit mettre à mort. Il mourut
en 1672, emporté par son cheval contre une allée
d'orangers où il se cassa la tête.

L'empire fut immédiatement divisé ; un de ses
frères *Muley Ismaël* se fit proclamer empereur à
Fez, un autre *Muley-Harrani* se fit reconnaître roi
à Tafilelt et un neveu *Muley-Achmed* fut appelé à
Maroc. Celui-ci, d'abord vaincu par Ismaël, parvint,
après plusieurs tentatives successives, à triompher
de la mauvaise fortune ; il était rentré à Maroc
en 1677 et avait vaincu son oncle ; mais assiégé, il.

traita par l'entremise de Muley-Harrani et dut se retirer à Darah avec le titre de roi. Ismaël se vengea de la médiation de son frère, en le faisant traîtreusement arrêter et livra la ville de Maroc au pillage quoiqu'il eût promis le pardon aux habitants.

Après avoir comprimé dans la province de Chaouia une révolte d'un fils du caïd Abou-Beker, *Mohammed-el-Hadj*, Ismaël se retira dans le vaste palais qu'il avait fait bâtir à Miquenès où il se livra à la mollesse et aux actes de la barbarie la plus raffinée envers ses femmes et les esclaves chrétiens tombés au pouvoir de ses corsaires.

Une peste, qui, en 1678, fit les plus grands ravages dans le nord de l'Afrique, l'engagea à résider quelque temps dans les montagnes voisines de l'Atlas ; il voulut en profiter pour soumettre les Berbères, mais son armée périt en grande partie dans les défilés. Revenu à Miquenès, il y fit périr son vizir Abd-er-Rhaman-Fileli qui avait, à l'instar de son maître, commis des atrocités révoltantes, et fit arbitrairement massacrer, en même temps, toutes les personnes de la suite du vizir.

Rempli de méfiance contre ses sujets, il se composa une garde de nègres qu'il fit acheter et qu'il fit instruire dans la religion mahométane, les plaçant sous le patronage de *Sidi-Bokhari*, l'interprète du Koran (1679). Ses successeurs suivirent son exemple et conservèrent cette institution nouvelle.

En 1680, il s'empara d'un fort près de Tanger qui était au pouvoir des Anglais.

Son neveu *Muley-Achmed*, devenu roi de Darah, s'était adjugé la principauté de Sus et avait fait dans le Soudan une expédition à la suite de laquelle il envoya à son oncle un grand nombre d'esclaves noirs des deux sexes. En 1681, il occupa le château de la Mahmorah, que les Espagnols avaient garni de cent canons, mais qui, après la mort de Philippe IV, n'était défendu que par quelques hommes.

Cependant le commerce français avait des relations suivies avec le Maroc par les ports de Salé, Safi, Tétouan et Santa-Crux ; on exportait de Rouen 200,000 francs de toile par an et l'on évalue à 500,000 francs de bénéfice les exportations de France pour le Maroc à cette époque. L'audace des pirates n'en était pas moins devenue intolérable ; il fallait y mettre un terme et le chef d'escadre de France, le chevalier de Château-Renaud, après avoir détruit quelques corsaires, mouilla dans la rade de Salé ; Ismaël envoya un ambassadeur pour faire la paix avec *Louis XIV*, et se fit donner des présents sans rien conclure ; il fit même demander officiellement en mariage la princesse de Conti, fille de Louis XIV et de mademoiselle de La Vallière, ce qui amusa beaucoup la Cour ; on répondit que la différence de religion s'opposait à cette union.

Malgré ces rapports entre puissances, l'esclavage

des chrétiens n'en subsistait pas moins, et en 1688, on en comptait 3,000 à Méquinez; mais sous les princes les plus farouches, les diéguistes espagnols de la Préfecture apostolique de la Rédemption eurent accès dans le pays et purent résider tantôt à Maroc, tantôt à Fez, donnant les secours de la religion aux captifs et servant parfois d'intermédiaires pour le rachat.

En 1684, les Anglais, au lieu de céder aux Espagnols Tanger qu'ils réclamaient, préférèrent abandonner cette ville dont ils ne tiraient aucun avantage et la livrer aux Musulmans après avoir fait sauter les fortifications élevées par Charles II. Ce départ enhardit Ismaël qui mit le siége devant Larache qui appartenait aux Espagnols et s'en empara. Il fut moins heureux contre Ceuta ; après avoir posé pendant vingt ans un camp près de la ville, il fut obligé, en 1720, de se retirer devant les troupes que Philippe V envoya pour le repousser.

Une expédition contre Alger, en 1700, n'avait pas été plus heureuse, et la révolte de son fils *Muley-Mohammed* bouleversait l'émpire. La mère de ce dernier qui était Géorgienne avait péri, à la suite des intrigues d'une négresse, Lella Zidana, qui avait su flatter les goûts dépravés d'Ismaël. Mohammed ayant découvert ces intrigues et craignant, non sans raison, d'en devenir lui-même la victime, se mit à la tête de 40,000 hommes et s'empara du Maroc par surprise. Muley-Zidan, le fils de la négresse,

3.

fut envoyé contre lui ; d'abord battu dans plusieurs rencontres, il finit par s'emparer de son frère dans une embuscade et l'envoya à Ismaël (1706) ; ce père dénaturé fit couper en sa présence la main et le pied droit à ce prince infortuné qui mourut quelques jours après.

Muley-Zidan, qui avait tous les vices, se rendit si odieux que les habitants des villes s'enfuyaient à l'approche des troupes qu'il commandait et, à son entrée dans Sainte-Croix en 1712, il n'y trouva qu'une vieille femme et un juif aveugle ; son père regrettant de lui avoir confié une armée et craignant ses artifices, noua des intrigues dans le Harem, et les femmes de ce monstre, pour se délivrer de sa tyrannie, l'étouffèrent entre deux matelas un soir qu'il était ivre. Ismaël n'en fit pas moins périr les sept femmes qui avaient exécuté ses ordres ; Lella Zidana, plus atroce encore, fit couper les mamelles à trois d'entre elles et les leur fit manger avant de les faire étrangler.

Muley Ismaël délivra son peuple de sa tyrannie par sa mort en 1727 ; il avait quatre-vingt-un ans et laissait tant d'enfants qu'on a supputé que le nombre des fils fut d'environ 900 ; celui des filles fut, dit-on, de 300, si l'on ajoute foi aux registres des Juifs obligés de payer un impôt à chaque naissance.

L'un d'eux, *Muley-Achmed-Mehedi*, qui se trouvait à Méquinez à la mort de son père, se fit proclamer et donna l'autorité aux chefs de la milice noire, qui se composait de 100,000 hommes ; il était tellement farouche qu'on l'entretenait dans une ivresse perpétuelle pour se soustraire à ses cruautés. Son frère aîné *Abd-el-Melek*, proclamé à Maroc par les Maures, entra à Méquinez (1728) et l'exila. Muley-Achmed-Dehebi parvint à réunir une armée nègre et ayant assiégé son frère dans Fez où il s'était réfugié, se le fit livrer et ordonna de l'étrangler ; il mourut lui-même en 1729 laissant le pouvoir divisé entre son frère *Abd-Allah* et son neveu *Muley-Bouffers*.

Abd-Allah l'emporta ; il combattit les Berbères qui s'étaient soulevés dans les montagnes de Tédla, mais bientôt les révoltes éclatèrent de toutes parts contre ce prince débauché qui se vengeait sur ses généraux des défaites que son imprudence lui occasionnait ; il fut déposé par le corps des noirs Bokhari dont il avait voulu faire périr le chef et dut se réfugier dans les montagnes.

Son frère *Muley-Ali* fut élu à sa place, à Méquinez et à Fez (1734) et à l'aide des noirs s'empara du Maroc. Mais les intrigues et les trésors d'Abd-Allah lui permirent de ressaisir le pouvoir. Il commit de nouvelles cruautés, et on lui opposa un de ses frères *Muley-Mohammed*, puis un autre *Muley-Zin* en 1738 ; mais il put encore, en 1740, se faire proclamer à Maroc à la tête des Berbères et contre les noirs ses anciens partisans. L'empire partagé entre lui et son frère *Muley-Mustadi* fut en proie à

la dévastation et au pillage. Resté pour la sixième
fois maître du trône, Abd-Allah, d'intelligence avec
les Berbères, fit à plusieurs reprises massacrer
dans les montagnes des détachements de la milice
nègre envoyés sous prétexte de rébellion et affai-
blit l'autorité de ces dangereux gardiens du trône.
Il eut sa résidence à Méquinez et à Maroc alterna-
tivement.

Les dernières années du règne de ce chérif indomptable qui, à certaines époques, avait fait périr
2,000 de ses sujets par semaine furent tout à fait
paisibles; des établissements européens se fondèrent à Tétouan, Saleh, Safi et Sainte-Croix, et les navires abordèrent la côte avec une sécurité relative.

Il mourut à Fez, en 1757, ne laissant qu'un fils
Sidi-Mohammed; ce prince d'une humeur atrabi-
laire et que des vices contre nature rendaient parfois furieux et fantasque, fit périr de sa main plusieurs de ses sujets parce qu'ils lui avaient rendu de
trop grands services dont il craignait de leur être
redevable.

Toutefois, après avoir permis l'exportation du
blé pour se procurer en échange des armes et de
la poudre et avoir en 1769 repris aux Portugais
Mazagan, leur dernière possession, il mit à profit
l'expérience des affaires qu'il avait acquise au contact des Européens; comprenant que les produits
de la course, en présence des forces maritimes des
nations voisines de la Méditerranée, allaient devenir

fort précaires, il conclut des traités avec la plupart des États de l'Europe qui eurent, ainsi que les *Etats-Unis*, des consuls dans les principaux ports. Il fit construire au sud de l'empire la ville de Mogador dont le port naturel était accessible en tous temps (1760).

En 1777 sous *Louis XVI*, il conclut avec la France un traité par lequel l'esclavage était aboli entre chrétiens et musulmans ; les captifs qui furent rachetés à cette époque le furent toutefois à des prix élevés ; les livres des religieux indiquent un prix de 328,600 francs payé pour 70 Français.

Vers la fin de son règne, il lui prit fantaisie d'organiser la Cour marocaine sur le modèle de la Cour de France. Mais il vécut en mésintelligence avec l'Angleterre jusqu'à sa mort en 1790.

Après lui, les discordes civiles recommencèrent ; *Muley-Yésid*, l'un de ses fils, qui s'était révolté pendant le règne de son père, parvint à se faire proclamer empereur ; il se montra hostile aux Européens, sauf aux Anglais, s'entoura des troupes noires que son père avait reléguées loin de sa résidence, livra les juiveries aux pillages, et commit des atrocités révoltantes.

En 1792, il fit des préparatifs pour prendre Ceuta aux Espagnols, et les commerçants de ce pays se hâtèrent de quitter Tanger sur une frégate qui captura dix galères marocaines sous les yeux de l'empereur ; dans sa fureur, il tua le chef des noirs

et tous ceux qui se trouvèrent sur son passage.
Son règne fut heureusement très-court ; blessé
dans une révolte des provinces, il mourut quelques
jours après (1793).

L'absence d'une loi réglant la succession au
trône fit surgir cinq prétendants dont quatre
étaient frères de Yésid. *Muley-Soliman* le plus
jeune, qui était à Fez, réduisit successivement ses
compétiteurs et fut reconnu dans toutes les provinces en 1796. En 1799 une peste apportée par
les pèlerins de la Mekke enleva dans certaines
villes les deux tiers de la population.

L'occupation de l'Egypte par l'armée française ne
rompit pas le traité de la France avec le Maroc,
malgré les intrigues des Anglais et des Portugais ;
pendant les guerres de l'empire français le Maroc
conserva la neutralité, tandis que les autres États
barbaresques ne respectaient que le pavillon anglais. Cependant Marseille perdit à cette époque la
majeure partie de son commerce avec ce pays à
partir du désastre de *Trafalgar* (1805), où la flotte
anglaise porta un coup terrible à la marine française et à la marine espagnole.

En 1817, Muley-Soliman défendit définitivement
toute espèce de course contre les chrétiens. L'orthodoxie rigide de l'empereur et ses réformes
amenèrent des soulèvements ; les Berbères mé-
contents des entraves apportées au commerce, défendu par le Koran avec les infidèles, descendirent

des montagnes ; les villes se soulevèrent et Soliman défait dut se réfugier dans Méquinez ; il parvint ensuite avec seize mille hommes à triompher de son neveu *Muley-Séid* qu'il fit prisonnier, et usa de clémence envers lui en le reléguant à Tafilelt. Mais la révolte, suspendue un moment par une nouvelle peste en 1818, n'était point encore apaisée lorsqu'il mourut en 1822.

Il eut pour successeur *Abd-er-Rhaman*, fils de son frère aîné Hischem dont il avait pris la place parce qu'il aurait été incapable de gouverner ; c'est pour cette raison, dit-on, que le trône fut laissé à Abd-er-Rhaman.

Ce prince dompta les Berbères en 1823, licencia les Bokharis qui s'étaient révoltés (1830), et repoussa un autre soulèvement qui eut lieu à Fez en 1834.

La conquête d'Alger par les Français (1830), qu'il avait vue sans regret à cause de la rivalité des deux Etats, finit par lui causer quelque crainte ; les chefs de douairs de la province d'Oran demandèrent sa protection ; il les soutint, mais ses essais furent infructueux. Il se mit alors en relation avec *Abd-el-Kader*, qui, lui aussi, se prétendait chérif et dont la mission divine avait été solennellement reconnue par les chefs arabes de la plaine depuis le 18 septembre 1832.

Après avoir guerroyé deux ans contre les Français, Abd-el-Kader était, en 1842, repoussé dans le Maroc. Par fanatisme religieux cinq cents Berbères

du Maroc attaquèrent à l'improviste le camp français; en 1844, un corps français sous les ordres du
maréchal *Bugeaud* s'empara d'Oudjda par repré-
sailles; des négociations ne purent aboutir à cause
de l'influence d'Abd-el-Kader dont le pouvoir gran-
dissait dans la province de Fez où il s'était réfugié. Le
prince de *Joinville* bombarda Tanger, puis débarqua
à Mogador des troupes qui s'emparèrent de la place.

Pendant que ces événements importants se pas-
saient sur la côte occidentale du Maroc, le maréchal Bugeaud surveillait la frontière orientale
qui se garnissait de 30,000 cavaliers marocains et
de troupes nègres d'environ 10,000 fantassins ap-
puyés de 11 bouches à feu. Le corps français avait
8,500 hommes d'infanterie, 1,800 cavaliers dont
400 irréguliers et 16 bouches à feu. Le premier
choc des cavaliers marocains fut des plus violents,
mais l'infanterie qui lui était opposée était d'une
solidité à toute épreuve, et la lutte fut courte; le
camp marocain fut pris avec tout ce qu'il renfermait. La bataille d'*Isly* fut la consécration de la
conquête de l'Algérie (14 août 1844). L'empereur
du Maroc Abd-er-Rhaman conclut la paix, mais il
ne fut délivré de son hôte dangereux, qui avait
failli causer sa perte, que plusieurs années après;
il dut le combattre avec ses fils Mohammed et Soliman et le rejeter sur la frontière algérienne où le
général *de Lamoricière* reçut sa soumission (23 décembre 1847).

La paix de la France avec le Maroc n'en fut pas moins troublée peu après par les agressions des tribus frontières et le pillage d'un vaisseau français par les habitants de Saleh, la ville sainte du pays ; cette ville fut alors bombardée et les Salétins répondirent au feu des navires français (octobre 1851), mais les restitutions réclamées furent consenties.

Abd-er-Rhaman jusqu'à sa mort (1859) accorda les réparations demandées pour les attentats commis par ses sujets ; il fit même mettre à mort un chérif qui avait assassiné par fanatisme un négociant français, mais confiant dans l'alliance des Anglais, il ne fut jamais, dans ses relations avec les autres Etats, disposé à obéir à d'autres arguments que ceux de la force ; aussi sous son règne les progrès de la civilisation ne furent-ils pas aussi rapides que dans les Etats voisins.

Il laissa soixante fils dont l'aîné *Sidi-Mohammed* lui succéda, et eut à lutter contre les chérifs descendants de son grand-oncle Muley-Soliman, pendant que la France guerroyait contre les tribus frontières des Beni-Snassen qui furent soumises à une amende considérable.

Les Espagnols n'ayant pas obtenu les réparations, qu'ils exigeaient pour l'assassinat d'un national, les spoliations exercées par les habitants de Rif et l'enlèvement par surprise de six soldats espagnols de la garnison de Melilla, avaient envoyé à la fin du règne d'Abd-er-Rhaman une escadre dans les eaux de Tanger. Les Maures n'en firent pas moins des agressions contre Ceuta, et Sidi-Mohammed n'ayant donné que des réponses évasives, l'armée espagnole débarqua à Ceuta et marcha vers Tétouan à travers des chemins abruptes et impraticables; 40,000 Maures sous les ordres de Muley-Abbas, frère de l'empereur, furent culbutés et se reformèrent près de la ville où ils furent de nouveau battus. Tétouan se rendit ; l'empereur de Maroc dut céder à l'Espagne un territoire important autour de Melilla et payer 100 millions de contribution de guerre (26 avril 1860). Le paiement de cette indemnité ne put être fait qu'au moyen d'un emprunt, qui fut négocié à Londres avec garantie sur les droits de douane (1861).

Sidi-Mohammed devint plus circonspect avec les Européens au grand mécontentement de ses sujets; il accorda même, en 1864, la liberté du commerce à toutes les nations de l'Europe dans toute l'étendue de ses États. Ce fut la cause d'une révolte formidable qu'il parvint difficilement à comprimer à la tête d'une armée de 30,000 hommes ; fatigué de la lutte, il venait de mettre son royaume sous la protection de l'Angleterre lorsqu'il mourut en 1873.

Muley-Hassan a succédé à son père le 17 septembre 1873 et son règne n'a jusqu'à ce jour présenté aucune particularité remarquable, ou, pour mieux dire, le silence le plus complet entoure le règne de ce prince. Le Maroc a le tort de n'avoir pas en France pour le représenter un consul intelligent qui tienne le public au courant des événements de ce pays et qui lui fasse tenir une place parmi les nations civilisées; Tunis a des représentants, le Maroc n'en a point et le journal officiel n'a même pas annoncé en 1873 l'avénement du prince régnant dont aucun livre n'a jamais parlé. L'Exposition universelle aurait pu être une occasion favorable pour nouer des relations moins superficielles avec les Européens; mais l'empereur n'a point donné signe d'existence, on suppose qu'il vit encore, mais on n'en est point tout à fait certain, et il se pourrait qu'il eût un successeur que ses ministres tiendraient, comme lui, en tutelle, renfermé dans son harem.

FIN DE L'HISTOIRE DU MAROC.

GÉOGRAPHIE

DU MAROC.

Bornes. — L'Empire du MAROC est le plus occidental des États barbaresques; il est borné au N. par la mer Méditerranée sur une longueur de 425 kilomètres, à l'O. par l'océan Atlantique sur une longueur de 1265 kilomètres; au N.-E. par l'Algérie (province d'Oran), à l'E. et au S. par le désert de Sahara.

Possessions espagnoles. — Il est séparé par le détroit de Gibraltar de l'Espagne qui possède sur la côte septentrionale du Maroc *Ceuta*, *Mélilla* et plusieurs forteresses ou présides.

Climat. — La température moyenne du littoral est de 18 degrés; les chaleurs de l'été qui commencent en mars, sont tempérées par la brise de la mer et par la barrière que les montagnes opposent au vent du désert, et le climat est généralement sain; les pluies commencent à tomber abondamment vers le mois d'octobre.

Quant au versant de l'Atlas qui regarde le Sahara, il est inondé en hiver par les pluies et desséché en été par des chaleurs torrides. Les sommets des

ESPAGNE
Almeria
MAROC
El Hamada
Igidi
El Kabla
Bel Abbas
Tanesroufet
Bir Trahas
Tidickelt
Ain Salah
or Insalah
Bir Mouras
Bir Hajen
Toualet

montagnes gardent la neige pendant la plus grande
partie de l'hiver.

Montagnes et rivières. — Le pays est traversé
de l'E. à l'O. par la chaîne de montagnes de l'*A-
tlas*, dont la principale, le *Miltsin*, a 2,500 mètres
de hauteur.

De ces montagnes descendent l'*Oued-Tafna* avec
l'Isly son confluent, et la *Malouïa* qui se jettent
dans la Méditérranée ; l'*El-Kous*, l'*Oum-el-Bhia*, le
Tensift, le *Sous*, et plus au S. l'*Astaker* et le *Draha*
qui se jettent dans l'océan Atlantique.

Topographie. — L'Empire a deux capitales, *Maroc* au S.-O. et *Fez* au N.-E., séparées par des montagnes escarpées et reliées seulement par une route
qui oblique vers la mer et passe sous les murs de
Saleh.

Maroc (Marakach). Cette ville fondée en 1072, est
située dans une plaine fertile au milieu de bosquets
d'orangers ; l'air y est pur et l'eau est distribuée dans
tous les quartiers par un aqueduc souterrain qui
vient du Tensift et fait le tour des remparts. Quoique
l'enceinte ait 12 kilomètres de circonférence, la ville
ne contient que 50 à 60 mille habitants ; les rues en
sont étroites et sales ; elle renferme de vastes jardins dont quelques-uns ont 40 à 50 hectares, et
possède vingt mosquées principales. On y travaille
le maroquin, et les orfèvres, lapidaires, joailliers,
dont la plupart sont juifs, y exercent une industrie
florissante.

Le palais de l'empereur situé en dehors de l'enceinte de la ville occupe un espace de 1,500 hectares.

Fez renferme deux quartiers séparés par l'*Oued-Djenari*; l'ancienne ville fut bâtie par Edris-ben-Edris l'an 793 après Jésus-Christ; dans la nouvelle ville se trouve le palais impérial élevé en 1750 par Muley-abd-Allah. Parmi les mosquées les plus importantes, on remarque celle d'*el-Karouïn* qui possède 300 piliers de marbre. Cette capitale renferme près de 10,000 habitants; elle est renommée par ses articles de maroquin, de soie, de lainage, ses bonnets de laine rouge, ses burnous, ses haïks en étoffes de soie ou de laine, ses poteries, ses armes blanches et ses bijoux.

Les autres villes de l'intérieur entre Atlas et la côte sont peu importantes. Cependant *Taroudant* au sud de Maroc, dont elle est séparée par les montagnes, a 25,000 habitants et possède une enceinte de fortes murailles; au seizième siècle, elle s'organisa en république et avait déjà formé longtemps auparavant un royaume indépendant; ses habitants sont industrieux et travaillent le cuir avec succès. Il faut citer encore *Méquinez*, près de Fez, qui renferme dans sa triple enceinte 40,000 habitants; située dans une jolie vallée, elle sert de résidence ordinaire à l'empereur qui y enferme le trésor impérial.

Sur la Méditerranée les ports sont plus nombreux: *Oudjda*, situé à l'est près de la frontière algérienne a été pris par les Français en 1844 et 1859 et rendu au Maroc ; *Tétouan ;* cette ville a 30,000 habitants ; tombée au pouvoir des Espagnols en 1860 elle fut rendue au Maroc ; elle est à 7 kilomètres de la mer et ses deux petits ports sont mal abrités contre les vents d'ouest ; elle renferme 40 mosquées ; on y fabrique les cuirs et les armes à feu ; son commerce d'importation et d'exportation est très-important.

Une portion des côtes de la Méditerranée, sillonnée de montagnes et appelée *Riff*, est habitée par une population d'anciens pirates qui a conservé des mœurs farouches et grossières.

Sur le détroit de Gibraltar, *Tanger* (12,000 hab.) est un des ports les plus importants ; il fut bombardé, en 1844, par les Français. C'est là que résident la plupart des consuls européens ; il n'a qu'un commerce de transit qui peut être évalué à 20 millions par an. La tolérance religieuse y est plus grande que dans les autres villes : les Juifs n'y sont tenus de marcher pieds nus que lorsqu'ils passent vis-à-vis d'une mosquée, tandis que dans la plupart des autres villes ils ont des quartiers séparés et sont obligés de marcher pieds nus lorsqu'ils en sortent.

Les autres ports de la Méditerranée appartiennent aux Espagnols ; ce sont : *Ceuta* en face de Gibraltar et les forteresses ou présides de Pégnon de Vélez, Alhucémas et Melilla.

Sur l'océan Atlantique :

Larache, ville moderne de près de 3,600 habitants, a un fort bâti par les Espagnols qui l'occupèrent 79 ans; son petit port n'est accessible qu'aux vaisseaux de moins de 200 tonneaux.

Saleh (20,000 hab.) est la ville sainte de la contrée; peuplée de corsaires dès le quinzième siècle, elle s'organisa en république indépendante de 1672 à 1755; ses habitants ont conservé le fanatisme féroce qui a rendu si longtemps ces côtes redoutables aux chrétiens.

Rabatt près de Saleh (30,000 hab.) est un peu plus abordable aux Européens et plusieurs consuls y résident, mais le port est inaccessible une partie de l'année.

Casablanca (2,000 hab.) fait un grand commerce de sucre, café, bougies avec la France, de coton et de thé avec l'Angleterre.

Azamore (3,000 hab.) était autrefois un port très-commerçant, mais la côte est dangereuse pour les navires, et la ville est dépourvue d'eau potable.

Safi (8,000 hab.) était un port des plus florissants avant l'établissement de Mogador; les Portugais s'en étaient emparés en 1508 et l'abandonnèrent en 1641.

Mogador (18,000 habitants dont 8,000 Maures et 7,000 Juifs), bâtie en 1760 sur les plans d'un ingénieur français, rivalise avec Tanger pour le commerce extérieur, malgré le peu de sûreté de sa rade; elle est fortifiée du côté de la mer et du côté de la terre et fut bombardée par les Français en 1844; elle renferme plusieurs monuments; les rues sont sales et étroites comme dans toutes les autres villes, mais elles sont régulières et d'un accès facile.

Agadir (Santa-Cruz) plus au sud n'a plus qu'une centaine d'habitants, et son port est abandonné pour celui de Mogador; les Portugais l'avaient bâtie en 1500 et la perdirent en 1526.

Sur le versant de l'Atlas qui regarde le Sahara se trouve la grande *Oasis de Tafilelt* qui renferme 365 villes, la plupart entourées de murailles et dont les principales sont *Tafilelt* et *Darah;* c'est dans cette oasis qu'habite la tribu des *Fileli* à laquelle appartient la dynastie régnante. Les habitants de ces villes, qu'on évalue à plus de cent mille, sont des Arabes, des Berbères, des noirs et des métis de ces trois races; ils se livrent à l'agriculture, à l'industrie et au commerce; ils trouvent dans les productions de la terre des récoltes abondantes, excellent dans la préparation des peaux, fabriquent les tapis et les maroquins et organisent des caravanes pour l'Afrique centrale dont ils exportent les produits. C'est de ce pays que sont parties la plupart des insurrections dont est remplie l'histoire du Maroc.

L'*Oasis de Figuig* plus à l'est est moins importante et ne compte que 3,500 habitants.

Les *Oasis de Touat et de Tidikelt* situées au milieu du Sahara, à une certaine distance du Maroc, reconnaissent la suzeraineté de l'empereur.

LE MAROC

A L'EXPOSITION DE 1878

Le Maroc fait partie du syndicat oriental — Perse, Maroc, Annam, Siam, Tunis — et son exposition se compose de deux parties. La première est au Champ de Mars et comprend trois salles, dont l'une renferme les articles d'ameublement et de costume, tandis que les deux autres contiennent les produits alimentaires et les produits divers, bruts ou ouvrés.

La seconde partie est au Trocadéro, sur la gauche du pont d'Iéna. A l'extrémité d'une rue bordée de bazars, et où des juifs étalent des produits qui ne sont pas tous du pays, s'élève la villa ou pavillon marocain. Comme le pavillon égyptien et le pavillon tunisien, c'est à l'extérieur un édifice sombre et triste qui ne dit rien à l'œil et qui ne présente que quelques étroites fenêtres sur le fond blanc et uniforme de ses murs. Le visiteur, après avoir monté un petit perron, pénètre dans un vestibule, puis dans une cour intérieure

sur laquelle prennent entrée un salon, une chambre
à coucher, une salle à manger, une cuisine. Les
autres pièces sont la salle des bains et les communs. Ses plafonds peints, son dallage en mosaïque
variée, les moulures de ses murs, les meubles et
les tentures, les tissus et les broderies qui le tapis-
sent, rendent ce pavillon remarquable, et ce qui
achève de lui donner de la couleur locale, ce sont
les ouvriers indigènes qu'on y voit travailler à des
broderies sur tissus et sur cuirs.

Il lui manque cependant, pour que l'illusion soit
complète, le soleil ardent et le ciel profond de
l'Orient, les bouquets d'aloès, d'agavés, de cactus,
de palmiers nains, qui sur les lieux mêmes om-
bragent la cour, les jets d'une eau claire et limpide
qui la rafraîchissent et retombent dans un bassin
de marbre. Il y manque encore un encadrement en
harmonie avec cette architecture et cette décoration intérieure. Un visiteur qui pénètre dans le
salon de la villa marocaine peut, sans trop tour-
menter son imagination, se figurer quelque musulman accroupi sur son divan et poursuivant d'un
œil vague, à travers les spirales de fumée odorifé-
rante qui s'échappent de son narguileh, la pensée
incessante de ces voluptés que Mahomet lui réserve
dans le ciel et qu'il s'est ménagées lui-même sur
cette terre. Mais que le passant monte sur la terrasse où s'est installé le café marocain et la scène
splendide qu'il découvre devant lui, le cours de

la Seine, le pont de la Concorde, les Invalides, le palais de l'Industrie, le Trocadéro, le Champ de Mars,
le Point-du-Jour et son viaduc, les hauts-fourneaux
de Grenelle, les coteaux de Meudon et de Sèvres,
tout le réveillera de son rêve éphémère, et malgré
la musique monotone que les virtuoses du café
feront entendre à son oreille, tout lui rappellera
qu'il se meut au sein d'une de ces civilisations
occidentales, où le travail est la grande condition
de l'existence quotidienne et interdit à la fois la
paresse du corps et la somnolence de l'esprit.

Certes, qu'on ne se fasse pas illusion ; tous les habitants du Maroc ne sont pas logés dans des constructions aussi confortables ; on ne nous a montré
qu'un des côtés du pays, et il y a d'autres habitants
que ceux des villes. Les Arabes du désert et des oasis
et les Berbères composent le fond de la population
marocaine, mais dans des proportions fort inégales
puisqu'il n'y a qu'un Arabe contre trois Berbères.
Comme à Tunis et en Algérie, ces races vivent côte
à côte, mais sans se confondre, malgré la parité de
religion. L'Arabe est pasteur ou nomade. Il habite
les landes du Sahara pendant l'hiver et le printemps, époques de l'année où il y trouve de la végétation et de l'eau ; vers la fin du printemps, les
puits commençant à se tarir et les herbes à se dessécher, il passe alors dans les villages des oasis, y
charge ses chameaux de dattes et d'étoffes de laine,
et s'achemine en longues caravanes avec ses trou-

peaux et ses bagages vers le Tell où les blés mû-
rissent. Le Berbère habite dans les montagnes;
c'est l'ancien habitant du pays qui a fui lorsque
le musulman, monté sur son rapide coursier, s'est
avancé en conquérant. Il a couvert de vergers le
Riff, devenu sa citadelle; il est en minorité dans les
villes, mais il occupe déjà près des trois quarts du
sol rural qu'il féconde de ses labeurs.

Ce sont aussi des Berbères que ces Touareghs
auxquels leurs habitudes errantes et pillardes ont
valu le surnom de flibustiers ou d'écumeurs du
désert. Montés sur leurs *maharas*, ces chameaux
de course qui font trente lieues d'une traite sans
être fatigués, armés d'une longue lance et d'un
sabre recourbé, ils sillonnent le Sahara dans tous
les sens, du Fezzan à Tombouctou; ils pillent et
massacrent toutes les caravanes qui n'ont pas eu
soin de se munir de leur sauf-conduit et de leur
payer tribut. Contrairement aux usages arabes,
leurs femmes vont le visage découvert et eux-
mêmes ne portent pas de turban. Ils le remplacent
par un grand bonnet de laine rouge et cachent
leur visage sous un long voile noir. Suivant une
version, cette singulière coutume serait une puni-
tion d'un de leurs chefs qui, mécontent de leur
conduite pendant un combat, leur aurait jadis imposé l'obligation de se voiler comme font les
femmes; mais l'explication paraît hasardée et il est
plus probable que le voile des Touareghs est un

moyen de se garer contre la réverbération des sables sahariens, ou bien un masque qui les empêche d'être reconnus des voyageurs qu'ils détroussent, et c'est aussi par une considération de même nature qu'on a rendu compte de la couleur sombre de leurs vêtements.

I

AMEUBLEMENT, TISSUS, VÊTEMENTS ET ACCESSOIRES.

Les meubles exposés par le Maroc dans l'une des trois salles du Champ de Mars le sont au nom du gouvernement marocain : ils comprennent un meuble riche en bois noir, incrusté d'ivoire et d'argent; des bibliothèques du même bois et incrustées de la même façon; des étagères en bois peint et un porte-fusil en bois peint également. Ils sont peu nombreux, comme on le voit, mais l'ameublement d'une maison orientale n'est pas compliqué, même chez les gens les plus riches. Quand on est fataliste et qu'on professe : « être mieux assis que debout, mieux couché qu'assis, mieux mort que couché », qu'a-t-on besoin en vérité de s'entourer de ces mille inventions que multiplient nos tapissiers et que nous recherchons souvent par gloriole plus que par besoin ? Et que faut-il au *farniente* oriental, si ce n'est un divan pour s'étendre, des tables basses pour disposer à portée de la main

une tasse de café brûlant, des plateaux à terre
pour recueillir les cendres de la pipe, et sur les
murs quelques inscriptions du Koran, qui rappellent le néant de l'homme et proclament que Dieu
est Dieu et que Mahomet est son prophète ?

Aussi nous semble-t-il que le riche et beau
meuble, en bois noir, avec incrustations d'ivoire et
d'argent, et ceux en forme de bibliothèque que
nous signalions tout à l'heure, sont plutôt par leur
destination, comme par certains de leurs détails,
un ressouvenir d'habitudes et de goûts étrangers
qu'un produit franchement et spontanément indigène. Sans doute le Maroc bien qu'il se soit sous-
trait jusqu'ici plus que l'État de Tunis, son voisin,
au contact européen, n'a pu toutefois y échapper
entièrement, et les juifs de Fez et de Maroc, ceux
surtout de Méquinez et de Tanger, ne laissent
pas d'être plus accessibles que leurs autres concitoyens aux influences européennes; mais s'ils ne
vivent pas dans la même ignorance que les Arabes
leurs maîtres, que les Berbères du Riff ou les Touareghs du Sahara, ils ne lisent guères que quelques
volumes, les commentaires de la *Kabale* et de
leurs docteurs, dans les moments libres que leur
laissent le négoce et la banque; quant au bon musulman, il se contente de réciter des versets du Koran appris par cœur depuis son enfance, et dans
cette disposition d'esprit, on ne voit pas trop à
quoi pourrait lui servir une bibliothèque.

Des étagères lui conviennent mieux pour recevoir les potiches, les vases, les brûle-parfums, les poteries fines et décorées de son harem, de même que les faïences ordinaires, les plats, les bols et les assiettes de sa salle à manger ou de sa cuisine ; des échantillons de ces divers objets figurent au Champ de Mars, et ils témoignent du bon goût naturel de ceux qui les ont fabriqués, de même que les ouvrages en maroquin, les porte-monnaie, les porte-feuilles et objets guillochés, tournés, ou sculptés en bois, en ivoire, en écaille, en nacre. Il faut d'ailleurs se souvenir ici que tous ces objets sont le produit de l'industrie manuelle s'exerçant à l'aide des procédés les plus primitifs. Le génie européen, toujours en quête des moyens les plus propres à économiser la main-d'œuvre et à multiplier les produits, a inventé toutes sortes de machines ; il y en a qui filent, qui tissent, qui cousent, d'autres qui travaillent la pierre, le métal, le marbre et le bois, d'autres enfin qui fauchent le blé, le vannent et le battent. Mais dans les pays tels que le Maroc, où la population est éparse, la consommation faible et la monnaie rare, l'industrie mécanique serait un contre-sens.

Les peuples demeurés primitifs par certains côtés sont, en général, des forgerons habiles et ils excellent dans l'art de façonner le fer, l'acier, le cuivre, le bronze. Tels sont les Indiens, les Japonais, les Chinois, même les Cambodgiens et les Laotiens.

Tels sont aussi les Tunisiens et les Marocains,
ainsi qu'on peut s'en convaincre pour ces derniers
en jetant un coup d'œil sur leurs plateaux en cuivre repoussé, ou bien encore sur leur orfévrerie
décorative de table en or ou en argent. Leurs cuirs
rouges découpés pour ameublement, leurs tapis
ordinaires, qui viennent de Rabat et de Tétouan, et
les tapis riches fabriqués à Maroc ne démentent
pas leur antique réputation dans ce genre d'industrie. Ils se distinguent, comme tous les produits
similaires de l'Orient, par leurs couleurs franches,
primitives, harmoniques.

Mais n'est-ce pas chose caractéristique, que toutes ces expositions orientales brillent surtout, pour
ne pas dire uniquement, par leurs objets de luxe ?
Comme en Orient une classe riche et noble par
naissance personnifie encore la nation et que la
masse du peuple ne compte pas, on ne travaille
point pour lui, ou ce qu'on fait pour lui ne vaut
pas la peine d'être montré. Nous voyons cependant
figurer dans l'exposition marocaine des tissus de
coton pur, unis ou brodés, des tissus de laine pure,
des tissus de poil de chameau pur, ou de poil de
chameau mélangé de laine, à côté d'étoffes de soie
pure ou lamée d'or et d'argent, de châles de soie
pure ou mélangée de poil de chameau, de broderies
de soie sur coton, de soie sur soie, unies et bro-
chées. De même des costumes en poil de chameau
pour hommes, femmes et enfants se mêlent aux

robes d'hommes en soie brochée d'or; des costumes de femmes en mousseline brodée, aux burnous en soie; des babouches en cuir uni s'étalent auprès de babouches en cuir brodé de soie, ou de souliers en velours brodés d'or.

La joaillerie et la bijouterie sont largement représentées de même que les armes. Il y a des bijoux anciens et nouveaux en or, en argent, en cuivre; des bracelets, des colliers, des anneaux de jambes; des pendants d'oreilles, des parures de tête, des épingles et des agrafes. Le gouvernement marocain expose des fusils anciens de Tétouan, des fusils longs ordinaires, des fusils à la crosse incrustée et au canon damasquiné, des armes blanches anciennes, des haches d'armes damasquinées et incrustées d'argent et d'or sur acier, des piques damasquinées et des poignards ordinaires. C'est en partie l'arsenal des anciens Sarrasins qui, à la suite des Croisades, s'étaient approprié quelques-unes des armes défensives ou offensives des chrétiens; mais ce qui est bien oriental, ou pour mieux dire marocain, ce sont des coupe-jarrets damasquinés. Dans les splendides panoplies que montrent l'Inde, la Perse, la Turquie, l'Égypte, Tunis, on chercherait vainement une arme de cette espèce qui rappelle beaucoup plus la faulx de Jacques Bonhomme ou du paysan vendéen de 1793 que l'armement des brillants cavaliers du grand Saladin, l'heureux rival de Richard Cœur de Lion.

II

PRODUITS DIVERS BRUTS ET OUVRÉS.

Un bloc figurant un rocher de corail représente les produits de la pêche et un groupe composé d'une antilope dévorée par deux vautours, les produits de la chasse, sans parler de peaux de lions et de panthères.

Avec un peu de cette ignorance géographique qui était, selon Gœthe, un des points caractéristiques de notre pays, il serait facile de penser que ces peaux viennent de quelques lions, habitants du Sahara. Mais « le lion du désert » est un mythe, et la vérité est que le lion, s'il rôde parfois sur la lisière du Sahara, ne se rencontre jamais dans ses parties centrales, pas plus au surplus que la gazelle ou l'autruche. C'est un animal qui aime beaucoup les bois, les sources et surtout les prairies où s'engraissent les beaux troupeaux de bœufs. Des fourmis, des scorpions, de grands lézards et la *leffa*, cette vipère à cornes dont le poison tue si vite qu'on la surnomme le *serpent-minute*, voilà toute la faune saharienne, de même que des artémises, des chardons, des buissons épineux, et çà et là quelques herbes nourries par le ruisseau invisible que le sable distille goutte à goutte, et rajeunies chaque matin par la rosée d'un ciel pur, composent toute sa flore ordinaire. C'est seulement dans ses oasis, dont la plus importante est celle de Tafilelt que le dattier agite sa crête sur les arbres fruitiers et que ceux-ci à leur tour abritent des fourrages et des champs de maïs ou de blé et d'orge.

Le type d'embarcation que le gouvernement marocain expose, nous remémore que les natifs du Riff ont longtemps écumé la mer, comme les Touareghs à cette heure encore écument le désert ; personne n'ignore les déprédations maritimes des anciennes régences barbaresques. Pendant des siècles, les hardis pirates d'Alger, de Tunis, de Tripoli et du Maroc, furent, avec leurs rapides chabres et leurs longues galères, les vrais maîtres de la Méditerranée. Ils ne se bornaient point à capturer les navires marchands qui parcouraient cette mer ; ils faisaient de fréquentes descentes sur les côtes de l'Espagne, de l'Italie, de la Provence, pillaient les monastères dont ils enlevaient les nonnes pour en approvisionner les harems de Stamboul.

> La belle fille, il faut vous taire ;
> Il faut nous suivre : il fait bon vent.
> Vous ne changez que de couvent :
> Le harem vaut le monastère.
> Sa hautesse aime les primeurs,
> Nous vous ferons mahométane.
> Dans la galère capitane
> Nous étions quatre-vingts rameurs (1).

(1) V. Hugo : *Les Orientales.*

Alger était leur quartier général : fortifiée par le corsaire Barberousse, cette ville repoussa l'attaque de Charles-Quint, brava jusqu'à trois fois la marine de Louis XIV, et en 1816, défiait encore les efforts de lord Exmouth.

Parmi les produits non alimentaires figurent des graines oléagineuses, des palmes, des cires, du poil de chameau travaillé, des laines brutes, des cotons bruts de diverses provenances, et surtout du Soudan; on ne nous dit point de quelle partie de cette vaste région vient ce coton ; mais il est très-probable que c'est du Soudan central, c'est-à-dire le pays que les monts Kongs séparent du littoral et qui s'étend de ces monts jusqu'au Nil Blanc et du Sahara au massif équatorial. C'est ce qu'on appelle aussi la Nigritie, traduction du terme arabe *Blad-es-Soudan*, ou Pays des noirs. Dans cette vaste étendue, il y a en effet de nombreux terrains très-propices à la culture cotonnière, et dans toute la vallée du Djoliba ou Niger, telle est l'opulence du sol que le cotonnier atteint des hauteurs de cent pieds. L'entrepôt commercial de ces régions est la ville de Tombouctou, capitale d'un pays qui formait au quatorzième siècle un vaste empire, devenu successivement le vassal du Maroc et du Bambarra, et d'où partent continuellement des caravanes à destination de la Tunisie, du Maroc et de la régence de Tripoli.

Chose étrange, mais aujourd'hui avérée, à cette

même époque le royaume de Tombouctou possédait toute une littérature ; on y rencontrait des
écoles de hautes études qui ne le cédaient en rien
aux universités de Cordoue, de Tunis, de Bougie,
de Tlemcen et du Caire ; des bibliothèques considérables et des professeurs, des théologiens, des jurisconsultes que ces princes, amis des belles-lettres,
comblaient de leurs faveurs ; un des plus savants
explorateurs de nos antiquités algériennes montra
à M. Thierry-Mieg un manuscrit de cette littérature qu'il possédait et qui était la copie d'un ou-
vrage du savant nègre Ahmed-Baba ; il rappelait
entièrement par son aspect général, sa reliure et
son format, les manuscrits européens de la fin du
moyen âge.

Les produits alimentaires sont représentés par
des froments, des orges, des seigles, du riz, du
maïs, du millet ; les légumes et les fruits par des
pommes de terre, des patates douces, des haricots,
des lentilles, des fèves, des pois, des amandes, des
noisettes ; cette nomenclature seule suffirait à montrer, si on ne le savait par ailleurs, que le Maroc
est un pays d'une admirable fertilité. Le fait est
que son Tell vaut à lui seul les Tells de la Tunisie et
de l'Algérie réunis et que la contrée l'emporte vi-
siblement par sa richesse, comme par sa beauté ;
ce n'en est que plus grand dommage qu'elle soit
sous le joug d'un pouvoir despotique et arriéré,
qui, loin de songer pour son compte à tirer parti

de tant de ressources, est un obstacle à ce que les particuliers le fassent pour lui. Les vallées du Maroc, entre des mains industrieuses, rivaliseraient avec les merveilles des *Vegas* de Valence et d'Andalousie au temps de la domination maure. Aujourd'hui elles ne donnent pas, entre les mains de l'indolent Arabe et même de l'industrieux Berbère, le quart des moissons qu'elles pourraient aisément produire, et qui, grâce à un développement de côtes longues de 16 à 1,800 kilomètres et faisant face à deux mers, seraient assurées d'un écoulement prompt et facile.

Il y a également un assortiment de fruits secs, entre autres de figues et de dattes des oasis ; un proverbe arabe dit que le *dattier doit avoir la tête au soleil et les pieds dans l'eau ;* et l'on peut ajouter d'une façon générale que la fertilité des oasis n'est autre chose au fond qu'une affaire d'humidité. C'est de la quantité d'eau que dépendent l'extension comme la réussite des cultures, et les Romains, qui le savaient, n'avaient pas manqué de faire de grands travaux d'irrigation. Les Arabes, ou plutôt les Berbères, car ceux-ci forment la grande population des oasis, les ont assez bien entretenus, et nous n'avons fait nous-mêmes que suivre la tradition romaine en jalonnant de puits artésiens le désert algérien.

Pour irriguer une oasis, les habitants font une saignée à l'oued (rivière) le plus voisin et, s'ils ne

disposent que d'une source plus ou moins abondante, ils en rassemblent l'eau et la font circuler
dans l'oasis tout entière par des milliers de rigoles.
Ces canaux, semblables aux artères du corps humain, sont disposés de telle sorte qu'il y a au-dessus
de chaque verger une prise d'eau, dont une digue
ferme l'entrée. Comme l'eau serait insuffisante pour
arroser tous les jardins continuellement et à la fois,
chaque propriétaire a son jour et son heure assi-
gnés pour l'ouverture de sa digue et l'entrée dans
son enclos d'une quantité d'eau déterminée, que
lui mesure avec un sablier un homme spécialement
chargé de ce soin, qui pour cette raison reçoit le
nom de *gardien des eaux*.

L'industrie est active dans les oasis. Les femmes
y tissent des burnous et des haïks sur le rustique
métier du pays ; les hommes y écrasent le grain
sous des meules que mettent en mouvement des
turbines de construction grossière ; ils fabriquent
de la poterie et se livrent aux travaux agricoles. A
l'époque des moissons, c'est une scène pleine
d'animation et de mouvement; la cueillette des
dattes surtout offre un spectacle intéressant; un
Arabe monte, comme un singe, le long d'un palmier, s'accroche des mains et des pieds aux ru-
gosités de son écorce grimpant ainsi, les jambes
raides et sans que jamais ses genoux touchent
l'arbre ; arrivé au sommet, il cueille un à un les
régimes, ainsi qu'on appelle les tiges chargées de

fruits, et les laisse tomber un à un. D'autres personnes les recueillent au pied de l'arbre, en détachent les dattes, et en remplissent des sortes de tamis d'une grandeur déterminée. Un mesureur qui se tient à côté, enlève avec une râcle tout ce qui dépasse les bords et compte le nombre de mesures. Puis, les dattes sont versées dans des paniers de paille tressée.

Sous la rubrique *Condiments et stimulants* on a rangé des épices, du poivre, des piments, du gland doux, du café qualifié de *nègre*, et du thé. La mention du thé parmi les produits du Maroc ne laisse pas de nous surprendre et un mot d'explication n'eût point été ici superflu. Nous ne connaissions jusqu'ici d'autres thés que ceux de la Chine, du Japon et, depuis quelques trente ans, de l'Inde anglaise, et nous nous étions laissé dire que la transplantation de cet arbuste en Algérie avait complétement échoué. Le climat et le sol du Maroc sont pourtant les mêmes que le climat et le sol de l'Algérie, et la question se pose dès lors de savoir comment ce qui a échoué dans l'une a réussi dans l'autre. Nous n'avons aucun élément pour la résoudre, pas même l'indication qui ne manquerait pas d'importance, et que l'organisateur aurait pu nous donner, des localités où l'on a récolté le thé inscrit à l'actif de l'Exposition marocaine, nous sommes d'autant plus perplexes que les exposants sont peu ou point des habitants du Maroc!

5.

Quoi qu'il en soit du plus ou moins d'intérêt de cette exposition de produits marocains, on ne peut dire s'il est permis d'y voir le présage, chez le gouvernement du Maroc, de dispositions moins ombrageuses que par le passé, envers l'Europe et sa civilisation, ou bien une simple velléité de rapprochement née d'une occasion tentante et fugitive. Ce pays favorisé de la nature, qui touche presque à l'Europe par le cap Spartel, en est sous le rapport de la civilisation moderne bien plus éloigné que le Japon. Les défiances de son gouvernement d'une part, l'esprit turbulent et le fanatisme de ses habitants de l'autre, font encore du Magreb, en plein dix-neuvième siècle, une terre presque inconnue. La géographie de cette contrée n'est encore qu'ébauchée, et *à fortiori* notre ignorance est à peu près complète en ce qui touche ses productions minérales et végétales; ses climats si dissemblables, ses dialectes, ses mœurs et les ruines historiques qui jalonnent son sol.

Des voyages tels que celui de M. Charles Tissot, qui, envoyé comme ministre plénipotentiaire au Maroc, a parcouru en 1874 la zone atlantique du pays de Tanger à Saleh, ne pourraient assurément qu'aider à dissiper ce mystère. Aussi croyons-nous utile de signaler aux futurs explorateurs les intéressantes découvertes archéologiques qu'un rabbin juif du nom de Mardochée-Abi-Serour a faites dans la province atlantique de Sous, au sud de la chaîne de l'Atlas, aujourd'hui stérile, mais qui fournissait au onzième siècle le Maroc tout entier d'indigo et de sucre. Dans la partie montagneuse de cette province, il a découvert des tombeaux, des tours, des murs élevés et une longue muraille, d'une épaisseur de 2^m,50, qui relie deux des chaînons du massif. Dans un autre massif plus méridional, Mardochée-Abi-Serour a rencontré d'autres ruines couvertes d'inscriptions et de sculptures dont il a pris soixante-huit estampages et dont les sujets représentent des animaux étrangers maintenant au Maroc, tels que l'éléphant, le rhinocéros bicorne et la girafe, avec des chevaux, une autruche et quelques petits mammifères.

M. Henry Duveyrier, notre savant explorateur et géographe, fait à ce sujet la remarque que cette circonstance donne déjà une date approximative à ces sculptures. Il y a dix-huit cents ans, ainsi que le témoignage de Pline en fait foi, l'éléphant vivait en Mauritanie jusque dans les environs de Tanger et de Saleh, et l'Ouâdi-Draah, au nord duquel l'itinéraire de Mardochée s'arrête, était alors un fleuve infecté de crocodiles. Tout porte à penser qu'à cette époque le gigantesque réseau de fleuves et de rivières, maintenant taris, qui sillonne le Sahara des deux côtés du tropique du Cancer, n'était pas encore complétement à sec. Avec un climat si différent du climat désertique, toutes les contrées au sud de l'Atlas pouvaient, à l'époque de Pline, n'être habitées que par des nègres, et il appelle en effet Éthiopiens Daratites le peuple qui habitait le bassin du *Daradus*, l'Ouâdi-Draah actuel.

Mais à quelle race nègre appartenaient ces Daratites, premiers occupants du Maroc méridional? La science s'était posé bien des fois la question sans oser la résoudre. Aujourd'hui les découvertes du rabbin Mardochée le lui permettent, et elle ne se hasarderait pas trop peut-être en rattachant les Daratites de Pline à une branche de la famille Mandingue. Les Azêr et les Kadjaga de la souche Djouli, qui composent encore le fond des oasis de Chetou, d'Oualan, d'Oulata, ont conservé le souvenir des temps où ils domestiquaient et dressaient l'éléphant disparu depuis des siècles de leur territoire. Refoulés vers le sud, les Djouli n'ont pas entièrement oublié leur ancien goût pour l'architecture, ainsi qu'en témoignent les palais, avec leurs hautes murailles flanquées de tours, que vit Mungo Park, et les dessins ou les peintures qui ornent les maisons des riverains du Rio Nunez.

Les résultats du voyage du rabbin Mardochée ont donc une portée considérable. Géographiquement il a tracé l'itinéraire d'une partie très-intéressante et inexplorée du Maroc méridional ; historiquement, il a fourni des notes et des estampages de monuments dont l'existence n'était pas même soupçonnée et qui ouvrent des aperçus tout à fait nouveaux sur les premières populations du Sahara nord-occidental. On entrevoit déjà un lien de parenté entre certaines épigraphes taillées sur les rochers des environs de Boghar en Algérie, à l'est de Rhât, à Anaï au sud du Fezzan, et celles que le rabbin a rapportées de la province marocaine de Sous. La manière des gravures a été sur tous les points la même : il n'y a de différence que dans le choix des sujets gravés, et ces différences peuvent s'expliquer soit par un état particulier de civilisation des peuples qui vivaient anciennement dans les pays de l'est, où l'influence de l'Égypte s'est fait sentir, soit par un climat relativement plus humide et plus chaud dans les contrées de l'ouest soumises à l'action du voisinage de l'Océan et abritées au nord par de très-hautes montagnes.

Peut-être ces deux causes se sont-elles traduites simultanément par ces différences locales. Dans tous les points au nord du Maroc, le bœuf est l'animal le plus communément représenté. L'éléphant et le rhinocéros n'ont été trouvés jusqu'ici que dans les sculptures au sud du Maroc. Mais ici la figure humaine manque de même que ces personnages allégoriques ou ces divinités à têtes d'animaux que Barth découvrit dans la vallée de Telizzarhen et qui rappellent tant les dieux et les déesses de l'ancien Panthéon égyptien (1).

(1) *Bulletin de la Société de géographie*, août 1876, *Année géographique*, 15ᵉ année.

MAROC

TABLE DES MATIÈRES

Introduction sur le gouvernement et la statistique.... 3

Aperçu général de l'histoire du Maroc........... 12 à 62

   I. Temps préhistoriques. — Rois de Mauritanie..... 12

  II. Domination romaine (40 av. J.-C. à 427 ap. J.-C.). 17

  III. Invasion des Vandales (427 à 534)............... 21

  IV. Domination des empereurs grecs (534 à 698)...... 23

  V. Domination des khalyfes ommyades de Damas (698
    à 750) et des khalyfes abbassides de Baghdad
    (750 à 768)...................................... 25

  VI. Dynastie des Edrissites (768 à 912)............ 29

  VII. Dynastie des Fatymites (912 à 972) 30

  VIII. Dynastie des Zirites (912 à 1051)............... 30

  IX. Dynastie des Almoravides (1051 à 1147).......... 31

  X. Dynastie des Almohades (1147 à 1269)........... 33

  XI. Dynastie des Mérinides (1269 à 1524)........... 35

  XII. Dynastie des cherifs hassani (1524 à 1667)........ 36

  XIII. Dynastie régnante des Alides (depuis 1667)....... 40

84   TABLE DES MATIÈRES.

Géographie du Maroc................................... 56

Le Maroc à l'Exposition de 1878................. 62 à   81

  I. Ameublement, tissus, vêtements et accessoires...... 66

  II. Produits divers bruts et ouvrés.................... 71

FIN DE LA TABLE DES MATIÈRES.

3275-78. — CORBEIL, typ. et stér. de CRÉTÉ.